KB051813

DIGITAL POWER
2022
디지털 대전환과 미래 변화

HadA

디지털 파워 2022

디지털 대전환과 미래 변화

2021년 11월 4일 초판 1쇄

지은이	강신천, 김문구, 김상규, 김상배, 김승현, 김용진, 김 은, 김정수, 김준연, 김진형, 김호원, 박강민, 박성수, 박수용, 박수정, 박현제, 배규식, 손민정, 신원규, 오지선, 유재흥, 이명호, 이승환, 임춘성, 조길수, 최병권
펴낸곳	HadA
펴낸이	전미정
책임편집	최효준
디자인	고은미, 정진영
교정·교열	강찬휘
출판등록	2009년 12월 3일, 제301-2009-230호
주소	서울 중구 퇴계로 243 평광빌딩 10층
전화	070-7090-1177
팩스	02-2275-5327
이메일	go5326@naver.com
홈페이지	www.hadabooks.com
ISBN	978-89-97170-66-1(03330)

정가 19,800원

ⓒ 강신천, 김문구, 김상규, 김상배, 김승현, 김용진, 김 은, 김정수, 김준연, 김진형, 김호원, 박강민, 박성수, 박수용, 박수정, 박현제, 배규식, 손민정, 신원규, 오지선, 유재흥, 이명호, 이승환, 임춘성, 조길수, 최병권, 2021

도서출판 하다는 ㈜늘품플러스의 출판 브랜드입니다. 이 책은 저작권법에 따라 보호받는 저작물이므로 무단 전재와 무단 복제를 금지하며, 이 책 내용의 전부 또는 일부를 이용하려면 반드시 저작권자와 ㈜늘품플러스의 동의를 받아야 합니다.

DIGITAL POWER
2022

디지털 대전환과 미래 변화

따뜻한 디지털 사회를
지향하며

박현제 소프트웨어정책연구소 소장

지금은 쌍전환의 시대

코로나19로 인한 혼란은 민첩성, 적응성 및 변화의 시급성을 가속화
하고 있다. 때문에 최근 우리는 경제·사회·기술 등 다양한 영역에서 전
례 없는 큰 변화의 시기를 경험하고 있다. 코로나19에 따른 경제적인
위기, 기후 및 환경 변화에 따른 사회적인 위기는 개인뿐만 아니라 기
업의 경영전략과 생존에도 큰 영향을 끼치고 있다. 산업 구조와 비즈
니스 모델이 붕괴되고 있으며 경제의 디지털화가 빠르게 가속화되고
있다.

　다보스포럼은 향후 10년 동안 경제에서 창출되는 새로운 가치의 약
70%는 디지털 기반 플랫폼 비즈니스 모델을 기반으로 할 것이라며 디
지털 파워의 중요성을 강조하고 있다. 디지털 전환이 중요한 이유는

이러한 환경 변화를 헤쳐나갈 수 있는 가장 중요한 기술이자 수단이 될 수 있기 때문이다.

디지털 전환과 더불어, 코로나19로 인해 환경 및 생태 위기에 대한 경각심이 증대하면서 그린(Green) 전환에 대한 요구도 심화되고 있어, 이 두 가지를 합쳐서 쌍전환(The Twin Transitions)이라고도 한다. 또 나날이 심해져 가는 미·중 간의 패권 경쟁과 이에 따른 글로벌 공급망 및 물류 체계의 혼란, 글로벌 경제 질서의 재편 등 세 가지 현상을 2022년도를 전망하는 핵심 키워드로 요약할 수 있다.

글로벌 기술 패권과 한국의 선택

4차 산업혁명과 함께 첨단기술 분야에서 미국과 중국의 경쟁이 점점 더 빠르게 전개되고 있다. 최근 벌어지는 경쟁은 좁은 의미의 기술경쟁을 넘어 산업과 무역뿐만 아니라 외교와 동맹 및 군사·안보 영역에까지 그 범위가 확장되고 있다. 특히 최근에는 기술 이슈가 국가안보와 지정학적 경쟁의 쟁점으로 부각되는 양상마저 보이고 있다.

미·중 패권경쟁은 디지털 플랫폼 경쟁으로도 확대되고 있다. 클라우드 컴퓨팅을 기반으로 데이터 주권을 포함하는 데이터 플랫폼, 이커머스, 핀테크, SNS, 디지털 콘텐츠 플랫폼 등으로 확대되고 있다. 그야말로 디지털 분야를 중심으로 두 강대국이 글로벌 패권경쟁을 벌이고 있는 것이다.

미래 국력을 좌우할 첨단기술 분야의 미·중 갈등은 바이든 행정부 출범 이후에 더 심화되고 있다. 최근 미국의 인도·태평양 전략과 핵심 기술을 중심으로 한 동맹외교가 구체적인 모습을 드러내고 있으며, 중국의 일대일로 구상과 디지털 실크로드 전략도 이에 맞서는 양상을 보이는 가운데 한국의 전략적 고민은 깊어지고 있다.

본격화하는 기업과 산업의 디지털 전환

디지털 기술은 4차 산업혁명이라는 이름 아래 인터넷, 인공지능, 사물인터넷, 빅데이터, 클라우드 등으로 진화하면서 각 산업의 가치사슬과 생태계, 상업적 거래와 계약, 인간의 노동과 일상생활에 이르기까지 전방위적으로 확산되어 왔다. 그러던 중 최근 코로나19는 디지털 전환의 트렌드를 더욱 가속화시켰다. 포스트 코로나 시대에도 디지털 전환은 여전히 중요할 것으로 예상되며, 국가의 성장동력을 확충하고, 일자리 창출을 통해서 국민의 생활을 윤택하게 하는 데 기업과 산업의 디지털 전환은 그 중요성을 더해갈 것이다.

기업들은 디지털 기술을 활용한 제품, 서비스를 도입하고 있지만, 이것은 단지 디지털 전환의 초기 단계일 뿐이다. 디지털 기술을 기반으로 기존 산업의 가치사슬을 해체하여 새로운 사업모델을 구축함으로써 새로운 고객가치와 프로세스, 가치사슬을 만들어야 할 것이다. 기존에 쌓아둔 모든 것을 버리고 새로운 시도를 하는 것은 매우 어려운 일이다. 반면 처음부터 새로운 비즈니스로 시작하는 스타트업은 다르다. 따라서 모든 기업이 스타트업의 정신과 방식으로 재탄생해야 할 것이다.

현재 시가총액 상위 10위에 포진한 대표적인 GAFAM(구글, 애플, 페이스북, 아마존, 마이크로소프트)은 모두 인터넷 초창기에 새로운 비즈니스 생태계를 만든 기업들이다. 퍼스트 무버 스타트업의 성장을 통해서 글로벌 유니콘으로 성장하고 이를 통해 기존의 기업들과의 동반성장을 꾀할 수 있을 것이다.

디지털 시대의 갈등

2018년 다보스포럼은 인공지능 기술 한 개만으로도 2022년까지 글로 벌 차원에서 7,500만 개의 일자리가 없어지지만, 1억 3,300만 개의 새 로운 일자리가 생길 것이라고 예측했다. 일례로 최근 GPT-3 등 급속 하게 발전하는 지능화 기술은 다수의 노동자가 고용되어 있는 기존의 일자리를 빠르게 소멸시키고 있으며 이와 더불어 디지털 기술이나 플 랫폼을 활용하는 새로운 일자리를 빠르게 창출하고 있다. 인공지능 기 술에 의한 일자리 변화는 이제 일하는 방식의 변화로도 연결되고 있는 추세이다.

전반적으로 디지털 기술이 확산되고 더욱 고도화된 기술이 보급되 면 특정 업종, 직종, 직무는 자동화되어 없어질 것이다. 이와 함께 새로 운 업종, 직종 혹은 기존 업종과 직종에서 새로운 직무가 만들어지고 또한 직종과 직무는 있더라도 일하는 내용이 크게 바뀌어 단순한 과업 은 더욱 자동화될 것이다. 더불어 분석 능력과 문제해결 능력을 요구 하는 과업은 대폭 증가할 전망이다. 과거의 기술이 주로 단순 업무를 자동화했다면, 디지털 기술은 중간숙련 일자리를 줄이고 저숙련과 고 숙련 일자리를 늘리고 있다. 결과적으로 중산층의 기반을 무너뜨리면 서 노동시장의 양극화를 심화시킬 수도 있을 것이다.

GAFAM을 비롯한 글로벌 플랫폼과 카카오, 네이버, 쿠팡, 배달의 민족과 같은 국내 플랫폼 기업은 혁신의 아이콘으로서 산업 간 영역을 파괴하면서 새로운 가치를 창출하고 있다. 이로써 거대 기업으로 성장 하며 디지털 전환을 선도하고 있는 것이다. 하지만 이제는 생태계를 파괴하고 독점하는 파괴자의 모습으로 비추어지고 있다.

플랫폼 노동은 기존 사업모델을 대체하거나 새로운 사업영역을 개척하면서 빠르게 확산해 기존 노동 질서를 바꾸고 있다. 플랫폼 노동의 확대에 따라 전일제 정규직의 표준적 고용관계가 약화되면서, 소득과 일자리의 불안정성, 노동조건 악화, 사회적 보호 배제, 결사 자유 기회 부재 등과 같은 우려를 낳고 있다.

디지털 기술의 확산에 따라 디지털을 신속하게 사용한 새로운 사업과 비즈니스 모델의 등장은 관련 업종의 생계가 걸린 경제적 갈등, 신산업과 기존 산업 간의 갈등으로 이어지고 있다. 디지털 기술을 활용하는 속도에 대해서도 대기업과 중소기업의 격차 역시 점차 커질 것으로 전망된다.

2022년에 주목하는 디지털 기술

2022년에 주목해야 하는 대표적인 기술 세 가지를 선택하라면 바로 인공지능, 메타버스, 블록체인 기술이 아닐까 한다. 첫째, 인류사회는 인공지능으로 매우 빠르게 변화되어 자동화 사회로 다가가고 있다. 이미 인류는 인공지능을 통해 다양한 편익을 누릴 수 있으며, 이에 대한 기대감 역시 커지고 있다. 하지만 2021년도 연초에 우리나라 인공지능 업계를 강타한 '이루다 사건' 등의 경우에서 보듯이 인공지능이 가지고 있는 취약점에 대한 우려도 커지고 있다. 이에 해외 선진국과 선도 기업들은 수년간 제기되어 왔던 인공지능 윤리, 신뢰성 문제에 대응하기 위한 정책과 전략을 수립하고 있으며, 신뢰할 수 있는 인공지능 기술 개발에 박차를 가하고 있다.

둘째, 2021년을 뜨겁게 달군 기술이라면 뭐니 뭐니 해도 메타버스이다. 인터넷의 다음 버전이 될 것이라는 기대를 받으면서 2022년도에는 우리 정치, 사회, 문화 및 산업 각 분야에서 그 활용 범위를 넓혀

갈 것으로 예측된다. 메타버스는 인공지능 블록체인 등의 다양한 기술과 결합하면서 실제 세계와 가상세계를 연결해 소통과 업무, 경제활동을 할 수 있는 플랫폼으로 역할을 확대해나가고 있다.

셋째, 블록체인은 여전히 중요하다. 탈중앙화되어 중개자의 개입 없이 신뢰를 제공하고, 분산시스템을 운영할 수 있는 시스템으로 각광받던 블록체인이 그동안의 투기, 불법거래와 같은 오명의 질곡에서 벗어나 그 본연의 역할을 되찾고 있다. 블록체인 기술을 기반으로 암호화폐를 활용해 금융을 거래하는 디파이(탈중앙화된 금융)와 디지털자산의 소유권과 거래를 가능하게 하는 NFT 등이 활성화되고 있다. 이미 우리의 백신 인증서가 블록체인을 활용한 예에서 보듯이 스스로 관리할 수 있는 디지털 인증 분야에서 널리 활용되고 있다.

우리는 무엇을 할 것인가?

델 테크놀로지스와 인텔(2019)의 디지털 전환 인덱스 보고서에 따르면 한국 기업은 5단계 디지털 성숙도에서 유독 최하위 비중이 컸다. 디지털 전환 계획이 없는 그룹의 비율이 글로벌 평균보다 2배 이상 높았다. 한국 기업이 느끼는 자사의 디지털 성숙도는 전체 42개 국가 중 37위로 하위권에 속한 것으로 나타났다.

CISCO·IDC(2020)의 아태지역 14개국 디지털 성숙도 조사에서도 국내 기업들의 디지털 전환 수준은 아시아 태평양 14개국 중 6위에 머물렀다. 한국은 디지털 전환에 대한 기업의 전략이 아직 정립되지 못하고 주요 활동에서 기술이 적용되는 정도가 초보적인 수준이라는 뜻이다. 이렇게 낙후되어 있는 우리의 디지털 전환을 가속화하기 위해 우리가 시급하게 해야 할 것은 다음 세 가지 과업이다.

첫째, 무엇보다도 우리 국가와 사회, 기업, 개인의 디지털 역량을 함양하는 것이다. 이를 위해 가장 우선적으로 해야 할 것은 디지털 역량을 갖춘 인재 양성이다. 우리 노동자들은 부상하는 신기술에 대응하여 재교육을 제대로 받고 있는가? 노동시장에 새롭게 진입할 우리 미래 세대는 새로운 환경이 요구하는 신기술을 충분히 교육받고 글로벌에서 경쟁할 능력을 키워 가고 있는가?

미국 전역에서 연간 40,000명의 컴퓨터과학 학사 학위자가 배출되고 있고, 유명 대학들은 학교당 1,000명 수준으로 배출하고 있다. 젊은 세대는 컴퓨터와 인공지능이 우리 사회와 경제를 바꾸고 있다는 것을 잘 알고 있고 배우고 싶어 한다. 이에 대학들이 신속히 반응하는 것이다. 인구가 많은 중국과 인도가 배출하는 컴퓨터과학 전공자들의 숫자는 무서울 정도로 많다. 이에 비해 우리나라가 배출하는 컴퓨터과학 전공자는 과거와 거의 변동 없이 매우 적다.

삶과 일의 방식이 바뀌고 새로운 기술이 자동화될 수 있는 모든 직업을 대체하는 큰 변화의 시기에, 우리 젊은 세대가 미래직업을 준비할 수 있도록 초·중등 교육에서부터 도와주어야 한다. 새로운 디지털 시대에 디지털 파워는 선택의 문제가 아니다. '읽기', '쓰기', '셈하기'와 함께 모두가 기본적으로 갖춰야 할 기초 소양이다. 단순히 컴퓨터를 사용하는 것에 그치지 않고 데이터 분석 기술과 프로그래밍 역량을 향상시켜 디지털 기술을 활용할 수 있도록 도와주어야 한다.

디지털 시대를 영위할 수 있는 소양뿐만 아니라 고급일자리 측면과 인재 양성 측면도 주목해야 한다. 우리나라에서는 현재 능력 있는 컴퓨터 전공자의 수가 절대적으로 부족한 상황이다. 때문에 소프트웨어 개발 기업은 물론 디지털 전환을 추진하려는 일반 기업들도 인재 부족으로 신음하고 있다. 이러한 현상은 앞으로도 지속되어 향후 5-10년 사이에 100여만 명의 컴퓨터 전공자가 추가로 필요할 것이라고 추정하고 있다.

둘째, 플랫폼 경제의 진화에 따른 플랫폼의 발전전략과 시대에 대한 제도를 마련해야 한다. 미국, 중국, 유럽 모두가 합심해서 밀어붙이고 있는 어젠다가 플랫폼 기업에 대한 규제이다. 우리의 경우 중국처럼 정부 주도의 통제형 모델을 따라갈 수는 없고, GAFA 등 글로벌 경쟁력을 갖춘 거대 플랫폼이 자리 잡고 있는 개방형 미국 모델로 가기도 어렵다. 자국 플랫폼이 없어 역내 디지털 주권을 강조하는 유럽의 경우도 네이버, 카카오, 쿠팡 등 토종 플랫폼을 보유한 우리와는 입장이 달라 보인다.

과도한 플랫폼 독점과 플랫폼 노동의 열악한 환경을 개선하기 위한 적절한 규제는 꼭 필요하다. 하지만 스타트업 플랫폼이 자유롭게 성장할 수 있는 여건 조성, 스타트업이 유니콘으로 성장할 수 있는 기회 제공, 국내 플랫폼 글로벌 진출 및 미·중 글로벌 플랫폼과의 경쟁 등 한국적 플랫폼 거버넌스의 조건과 지향해야 할 전략적 방향에 대해서 논의가 필요할 것으로 보인다.

셋째, 디지털 소외와 격차를 줄여야 한다. 디지털이 사회 전반을 재편하며 과거와는 다른 방식과 질서를 요구하고 있다. 그렇기 때문에 적절한 조정기제가 작동하지 않는다면 디지털 기술과 정보 접근, 활용의 차이가 경제, 사회, 문화적 불평등으로 이어지고 교육과 직업의 기회에 대한 차별로 연결될 것이다. 디지털 소외와 불평등 문제는 개인은 물론 기업, 업종, 지역, 나아가 국가 경쟁력에까지도 심각한 영향을 미칠 것이기 때문이다.

따뜻한 디지털 시대를 지향하며

우리가 디지털 파워에 열광하고 디지털 전환을 먼저 성공적으로 달성하기 위해 노력하는 것은 우리의 경쟁력을 높이고 국가적으로는 성장 동력을 확보하기 위해 피할 수 없는 길이다. 또한 디지털 기술을 잘 활용할 경우, 경제적인 것뿐 아니라 우리 사회와 문화를 더욱 풍요롭게 하고, 민주주의를 향상시키는 데 도움이 될 것이다.

한편으로는 디지털 기술과 정보 접근, 활용의 차이가 발생하여 경제, 사회, 문화적 불평등으로 이어지고, 교육과 직업의 기회에 대한 차별이 양극화 확대로 진행될 우려를 갖고 있다. 우리는 디지털의 발전 흐름에 올라타 개인과 기업, 지역의 역량을 함양해야 한다. 아울러 우리 사회 모두가 소외 없이 혜택을 누릴 수 있는 방향으로 전략을 수립하고, 이러한 측면으로 국가적 역량을 집중해서 연구개발, 교육체제, 기업생태계의 제도를 정비해 나아가야 할 것이다.

CONTENTS

Part. 2

디지털 전환 시대의
혁신과 경쟁

Part. 3

디지털 시대의
노동과 사회의 변화

CONTENTS

Part. 4

인공지능과
양자컴퓨터의
미래

Part. 5

메타버스와
신기술
패러다임의 변화

DIGITAL POWER
2022

Part. 1

세계환경
변화와
디지털
패권경쟁

1

**DIGITAL POWER
2022**

디지털 대전환과
글로벌 통상환경의 변화

신원규 숭실대학교 연구교수

디지털 대전환: 글로벌 통상협력의 위기와 기회

상품과 서비스의 세계화를 주도하던 국제 경제질서는 위기에 직면해 있다. 다자주의 자유무역은 웬만한 개발도상국 국민 대다수도 핸드폰이나 컴퓨터 등 첨단 IT 상품을 사용할 수 있도록 도와줬다. 그만큼 우리는 전 세계 자유무역과 글로벌 공급망으로 받은 혜택이 크다. 하지만 이제 각국이 값싼 가격에 상품을 생산하고 교역을 통해 전 세계 파이를 키운다는 원칙을 글로벌 통상환경에 그대로 적용하기에는 새로운 도전과제가 많아졌다. 특히 미·중 간 통상분쟁은 기술과 안보의 패권전쟁으로 확산되어, 이미 글로벌 통상환경에 상수화된 구조다.

통상문제가 이념, 안보, 환경, 사회, 노동, 인권 등 정당성과 공정성 문제로 연결이 되다 보니 상황이 어렵다. 이 모든 위기는 선진국과 개도국의 무역불균형과 국내외 불평등 문제로 심화되었는데, 선진국발 글로벌 금융위기로 촉발되었다. 이때부터 싹트던 자국우선주의와 보호무역주의는 전 세계(특히 미국)를 상대로 거대한 무역흑자를 이어나가던 중국을 원흉으로 지적했다. 이에 대해 미국의 트럼프 정부는 안보와 기술을 앞세운 무역전쟁으로, 바이든 정부는 이에 민주주의와 인권까지 얹어 대응을 강화하고 있다.

미국은 중국이 국제 경제질서의 원칙을 따르기보다는 자신만의 성장방식을 통해 그 결실만을 따먹는다고 본다. 오바마 정부는 TPP와 같은 메가 지역주의를 통해 중국을 포석하려 했지만 중국의 성장 속도를 따라가지 못했다. 반면교사로 오바마 정부의 부통령이었던 바이든은 오바마의 글로벌 연대 방식과 트럼프 정부의 속도감 있는 일방주의를 벤치 마크하여 전방위로 중국을 압박하고 있다.

특히 4차 산업 기술과 관련된 글로벌 공급망과 디지털 규범을 소위 민주주의 가치동맹국(EU와 일본)과 함께 규범을 제도화해 새로운 판을 구상하고 있다. 미·중 분쟁은 전통과 신 통상의제 다층 영역에서 갈등하는 구도로 상품보다는 서비스, 서비스보다는 첨단기술 및 디지털 등 신통상 분야에서 안보와 연계된 패권 싸움으로 확전 되어 동맹국에게 양자택일을 강요할 공산이 크다. 이에 따라 글로벌 공급망을 재편해야 하는 한국과 같은 소규모 개방국가는 수심이 깊어진다.

이 와중에 코로나19 팬데믹이 발생했다. 코로나19 팬데믹은 비대면(언택트) 온라인 비즈니스와 경제사회 전 영역에서 디지털 대전환에 불을 붙이고 있다. 그간 지지부진했던 WTO 전자상거래 협상과 디지털 무역에 대한 국제규범 논의가 다자, 복수, 양자의 다층적 구조로 진행되다가 2021년 G7 회의 이후로 새로운 국면을 맞이하고 있다. 하지만 한국의 디지털 통상은 아직도 아날로그이다.

우리가 수세적으로 갈지, 공세적으로 갈지 그 기준을 어디에 둬야 할지 아직 판단하기 어렵다. 왜냐하면 우리의 디지털 기술은 세계 일류이나, 현재 글로벌 무대에서 내로라 할 수 있는 디지털 빅테크가 없기 때문이다. 무엇보다 디지털 통상의 정책과 제도적 인프라가 이류이다. 하지만 한번 정하면 빠르고 역동적으로 치고 나가는 우리 기업과 젊고 유능한 인재가 많다. 아직 늦지 않았다. K-POP의 성공이 이를 증명한다.

디지털 통상 규범의 주요 이슈 및 전망

그간 글로벌 디지털 규범에 세 가지 주요 쟁점은 ①데이터 현지화 금지, ②개인정보 보호, ③디지털세이다. 첫째, 데이터 현지화 금지에 대한 부분은 미국과 같은 디지털 통상의 선도자 입장으로, 글로벌 디지털 기업의 데이터 수집과 활용을 데이터가 발생한 지역으로만 제한하지 말자는 것으로, 데이터의 자유로운 이동을 강조한다.

둘째, 개인정보 보호의 경우 기업이 소비자로부터 수집한 데이터에 대해 권리를 주장할 것이 아니라, 개인이 생성한 데이터의 주인인 "소비자의 데이터 주권"을 보장하라는 것이다. 실제 데이터를 수집하여 기업의 디지털 재화의 판매전략과 이익으로 환원하는 주체가 기업인 이상, 개별 소비자 입장에서는 개인정보의 보안 문제와 침해에 대한 보상 문제가 향후 중요하게 논의될 수 있다.

마지막으로 디지털세 부분인데, 코로나19가 장기화되면서 디지털 통상에서 가장 논의가 빠르게 진전되고 있는 분야이다. 전 세계가 집에서 머무는 시간이 늘어날수록, 디지털 기업의 수익이 급증하고 있다. 한편 정부의 경기 부양책을 위한 세수는 날로 부족한데, 이들 다국적 기업에게 청구하기에 딱 좋다. 2021년 초만 하더라도 구글, 애플, 페이스북, 아마존과 같은 다국적 디지털 기업을 대상으로 하던 디지털세가, 이제는 한국의 삼성과 LG 등 소비재를 파는 기업에도 적용되는 글로벌 최저법인세 논의로 확대되었다.

2021년 7월에 G7/G20과 OECD에서 디지털세에 대한 합의를 위한 두 가지 기본 원칙(Pillar)이 제시되었다. G7에서 합의한 첫 번째 원칙(Pillar 1)의 핵심은 전 세계 매출과 이익률이 상위에 있는 다국적 기업을 대상으로 해외 매출액의 10%를 초과하는 이익의 20% 이상을 과세할 수 있는 권리를 소비시장 소재국가에 주는 것이다. 두 번째 원칙(Pillar 2)의 핵심은 글로벌 최저한세율을 최소 15% 이상으로 하자는 것이다. 최저세율은 명목법인세율이 아닌 실효세율로 각종 감면 혜택을 차지하고 실제 기업이 낸 법인세 금액을 기반으로 산출한다.

G20에서는 이익률(세전이익/매출액)이 200억 유로(약 27조 원) 이상인 소비재를 파는 전 업종(채굴업과 금융업 제외)의 기업으로 적용 범위를 확대했다. 또한 동 합의사항을 2022년까지 이행을 위한 다자 협약으로 발전시키고 2023년까지는 발효가 되도록 합의했다. 동 다자 협약은 각국의 개별적 유사 제도(디지털 서비스세 등)를 대체토록 논의가 되었다. 이는 다자주의 차원에서 합의를 통해, 지역 또는 양자 간에 진행 중인 관련 국제규범에 대한 논의를 일단락한다는 측면에서 큰의의가 있다. 하지만 문제는 디지털세에 대한 논의가 아직 미국 내에서 초당적으로 합의된 의제가 아니기 때문에, 미 의회의 관련 법안에 대한 비준 등, 각국에서 동 법안에 대한 실질적인 수용과 법정비가 이뤄지기까지 상당한 시간이 소요될 수 있다는 것이다. 이 기간이 늘어

날수록 모호해졌던 디지털세와 글로벌 최저법인세의 영역이 다시 분리되어 논의될 것이고, 전과 같이 디지털세와 관련된 규범은 각국의 개별, 지역, 양자 협정에서 논의될 여지가 크다.

한편, 우리는 디지털세의 도입이 경제학적으로 시장확대(Market Expansion) 전략과 향후 시장지배력(Market Power)을 통한 소비자와 시장으로의 조세비용 전가에 대한 가능성을 주목해야 한다. 디지털 플랫폼 기업은 사실상 소비자의 플랫폼 사용에 대한 경험과 네트워크의 축적에 대한 편의를 소비자의 효용으로 제공하기 때문에 일정의 독점력을 갖는다. 우리가 한번 사용하게 된 디지털 플랫폼을 쉽게 바꾸지 않는다는 것을 생각해 보자. 디지털세는 진출 기업이 공세적인 박리다매의 전략과 영업이익률을 낮추기 위해 매출을 늘리는 등 시장확대(Market Expansion) 효과를 가져올 수 있다. 이 효과는 다른 기업의 시장 진입을 어렵게 만들고, 기 진출 기업의 시장지배를 확장하는 등 시장경쟁에 부정적인 영향을 줄 수 있다. 이러한 논리는 필경 디지털 기업뿐 아니라 소비자 충성도가 높은 제조업 기업에도 적용될 수 있다. 또한, 제조업의 서비스화에 따라 구독 서비스와 이를 제공하는 제조상품에 디지털세 이외에도 많은 국내외 조세와 복잡한 행정비용 등이 따라붙어, 다양한 혁신적 시도를 하는 벤처기업의 글로벌 진입 의욕을 꺾을 수 있다. WTO를 통해 기껏 상품과 서비스의 관세장벽을 제거해 왔는데, 국경을 뛰어넘는 디지털 영역을 통해 또 하나의 장벽이 만들어지고 있다.

한국의 글로벌 디지털 통상규범 추진현황과 시사점

한국의 글로벌 디지털 통상규범 형성에 대한 참여 정도는 싱가포르, 뉴질랜드, 칠레를 회원국으로 2021년 1월에 발효된 디지털경제동반자협정(DEPA, Digital Economy Partnership Agreement) 협상에 참여해 보겠다는 정도로 시작 단계이다. DEPA는 포괄적·점진적 환태평양 경제동반자협정(CPTTP)이나 미국·캐나다·멕시코협정(USMCA)과 달리 디지털 분야만 다룬 협정으로, CPTPP 수준의 데이터 자유화를 지향하고 회원국의 제도적 조화를 강조한다. 한국이 초기 자유무역협정(FTA) 체결 대상국으로 여러모로 부담이 적은 칠레나 싱가포르를 택한 것과 같이, 이번에도 DEPA 협상을 통해 규범도 학습하고 우리 디지털 산업에 대한 입장 정리를 서서히 진행하려는 것이다. 신중하게 접근한다는 인상 보다, 한국 정부의 글로벌 디지털 규범에 대한 입장을 이제야 정리하고자 한다는 느낌이 더 크게 든다.

〈 다층적 디지털 규범의 형성과 한국의 디지털 통상 자유화〉

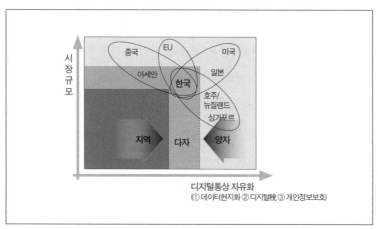

플랫폼 산업의 향방을 결정하고, 이에 대한 글로벌 규범을 다루는 다자-지역-양자의 디지털 무역협상에 적극적이지 못하다는 것은, 한국이 디지털 기술 및 산업 경쟁력에 비해 규범을 주도하기에는 역량이 부족하거나, 이에 대한 적극적인 참여가 부족하다는 것을 방증한다. 예컨대, 한국은 2019년 개정 기회가 있었던 한미 자유무역협정(FTA) 과 2022년 초 발효를 목표로 하는 역내포괄적경제동반자협정(RCEP) 에서 전자상거래 챕터 이상의 실질적인 디지털 산업 분야에 대한 산업적 수요와 논의에 참여하거나 디지털 자유화와 통상환경을 위한 새로운 의제를 제안하지 못했다. 또한, 미 의회가 발의한 '2021년 전략경쟁법'에서 디지털 통상 협상 우선 대상 국가로 일본, 대만, EU만을 지목한 사례를 보자. 한국 IT 기업이 우수한 기술력, 디지털 역량, 디지털 콘텐츠의 국제경쟁력을 가지나, 미국 빅테크 기업이 국내에서 벌어들이는 수익이 절대 작지 않다는 것을 생각해 본다면, 디지털 통상과 관련 글로벌 규범의 발전에 있어 일찍이 정부의 관심과 노력이 충분했다고 보기 어렵다.

한국은 디지털 통상 규범 형성에 허브 역할이 가능한 산업 인프라와 기업을 보유하고도, 정부의 규범 및 제도적 지원에 있어서는 수세적이라는 것이다. 따라서 우리 정부와 관련 산업이 디지털 자유화와 개방에 더 적극적으로 나설 필요가 있다. 최근 CJ가 티빙으로 넷플릭스와 디즈니의 국내 진입에 대항하고자 하는 사례는 고무적이다. K-콘텐츠 (영화, TV쇼, 음악, 교육, e-스포츠)의 국제경쟁력을 생각하면 가능성 있는 싸움이다. 단, 이들의 글로벌 도전과 성장을 지원해 줄 수 있는 국가 차원의 디지털 통상전략이 아쉽다.

K-POP의 세계적인 성공은 치열한 경쟁에서 살아남기 위해 음원의

생산과 홍보, 판매 등 전반적인 과정을 일찌감치 디지털화하고, 소비자와 접점에 있는 콘텐츠 개발과 혁신 R&D(안무와 뮤직비디오 제작, 관련 산업 육성)에 집중한 발 빠른 디지털 대전환 덕분이다. 또한 경쟁이 심하고 규모가 작은 국내시장에서 벗어나 애초에 해외시장 진출을 고려하고 이를 활용한 전략이 빠른 성장의 비결이었다.[1] 이런 면에서 글로벌 법인세는 이제 국내시장 규모가 한정된 우리 기업에게 긍정적 영향을 주는 제도라고 보기 어렵다. 점차 적용기업의 이익률에 대한 기준을 지속적으로 줄여 갈 방향이라고 하니, 우리 기업이 글로벌시장에서 크게 돈을 벌어 보기도 전에 벌써 기운이 빠진다.

코로나19 시대 디지털 대전환과 글로벌생산분업(GVC)의 변화

코로나19 팬데믹으로 가속화된 디지털 대전환은 국제통상환경도 큰 영향을 주고 있다. 1990년 초반에 서비스 산업을 주력 성장 산업으로 전환한 선진국은, 이제는 앞다투어 디지털 대전환에 박차를 가하고 있다. 디지털 대전환은 서비스 상품뿐 아니라 기존 제조업의 생산, 유통, 품질관리, 판매 등 생산의 전 단계에 구조적인 변화를 가져올 수 있다. 이는 그간 글로벌 통상환경에서 효율성 중심으로 운영되었던 국제생산분업(GVC) 각 단계의 편익을 재구성하는 등, 미·중 통상전쟁하에 진행 중이던 GVC의 지리적 재편을 안정성과 소비자 중심 형태로 변화시키고 있다.

미래의 GVC는 앞에서 논의된 디지털세(글로벌 최저법인세)로 인한 비용 증가, 미·중 분쟁과 보호무역주의, 코로나19로 인한 안정성이 강조된 형태로 리쇼어링(국내 생산), 니어쇼어링(인접국 생산), 적정 쇼어링 등의 고비용 생산설비가 예상된다. 그러므로 고비용 차세대 GVC의 생산단계(Production)의 부가가치는 처음에는 2세대 GVC(WTO 출범 초기 동아시아 및 중국 등의 저임금형 GVC)와 1세대 GVC 사이 수준으로 결정될 수 있다.

하지만 4차 산업 기술의 핵심인 인공지능-디지털화(빅데이터), 표준화-모듈화(3D 기술), 플랫폼화된 기술이 GVC에 접목된다면, 생산 과정과 생산 전후 과정이 'N'회 반복될수록 생산성과 수익구조가 바뀔 수 있다(그림 참조). 즉 베타버전의 제품이 출시되고 신속한 업데이트 및 오차 수정에 대한 맞춤형 생산, 품질관리 DB 축적을 통해 GVC 운용 및 관리혁신(Organizational Innovation)이 내재화되는 생산성 증가 효과에 따라, 스마일커브의 밑단 영역의 부가가치가 상승할 수 있다.

그간 비용 절감의 대상으로 글로벌 분업을 통해 비용 감소를 추구하던 생산파트가 이익 증대의 구간이 될 수 있다. ①자동 및 지능화된 디지털 기술이 결합된 통합관제 시스템, ②모듈러 디자인 설계 방식의 부품과 솔루션으로 표준화된 생산방식의 적용은 신속하고 유연하게 시장의 다양성과 고급화에 대응할 수 있도록 하여, 이익 창출의 개념으로 전환된다. 소위 베타버전 이후 맞춤형 R&D의 역할을 제품과 연결된 소프트웨어나 앱을 통해 소비자의 피드백으로 계속 진화시킬 수 있는 시장주도의 혁신형(W형) 디지털 GVC시대가 도래하고 있다.

이러한 새로운 생산구조에서는 시장학습과 소비자 고급화(안전성, 친환경, 디자인 등 새로운 소비자의 니즈)에 대한 피드백이 혁신의 원동력과 부가가치로 치환되기 때문에, 그 생산기지의 인공지능 기술과 디지털 생산의 운용 여부 및 시장(소비자) 요소가 효율성만큼이나 중

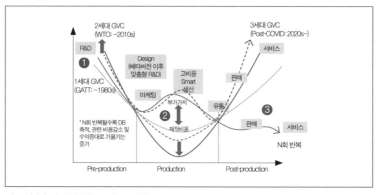

〈 코로나 시대 3세대 시장주도혁신형(W형) GVC의 수익구조 변화 가능성 〉

Y축: 부가가치, X축: 생산단계(준비, 생산, 생산 후)

요해질 것이다. 또한, 생산 이후 단계의 부가가치를 결정하는 유통, 판매 및 서비스 부분의 부가가치는 생산제품이 얼마나 디지털화 또는 서비스화가 되었는지에 따라 더 증가할 수 있다. 예컨대, 제3세대 GVC의 성공 여부는 생산단계 전반에 있어 디지털화와 함께, 고급 소비자를 확보하는 방안과 제조업의 서비스화(가령 구독경제) 과정에서 장벽이 될 수 있는 규제라 볼 수 있다.

서비스업의 구독경제와는 달리, 특히 제조업 구독경제의 해외진출과 GVC 참여를 통한 신 부가가치 창출에는 여러 도전과제가 존재할수 있다. 예컨대, 상품과 서비스가 묶여서 판매되거나 결합된 형태인경우, 이러한 상품에 대한 분류는 각국의 자의적 해석과 이에 따른 규제정책이 문제가 될 수 있다. 그러므로 과거보다 서비스와 결합된 상품의 첨단 ICT 제품(핸드폰, 컴퓨터 등 최신 가전제품과 소비자의 데이터를 통해 진단하는 헬스 및 의료기기 등), 각종 구독경제 상품은 관세나, 디지털세 등의 명시적인 국경세보다 다양한 비관세장벽(표준, 인증, 관련 정책 및 규범)과 신생 비관세 장벽의 발생 여부와 디지털 관련 규범의 개정 및 변화 여부 등, 그 불확실성과 변동성에 취약할 수 있어 관련 규범의 국제협정을 통한 제도화 및 표준화가 필요하다.

코로나19로 가속화된 디지털/환경 대전환 시대에는 GVC의 지리적 재편도 비용적 사고와 함께, 중장기적이고 시장 혁신적인 이익을 같이 고려해야 한다. 이제는 GVC의 지리적 재편을 결정할 때, 미·중 통상분쟁이라는 외생적 요인과 함께 GVC 자체에 영향을 끼치는 생산의 디지털 및 자동화 정도와 이와 관련된 법 제도, 소비시장 및 비즈니스 환경 등 GVC의 구조를 변화시키는 내생적 요인에 대해 면밀한 검토가 필요하다.

글로벌 기업의 GVC 재편에 중요 고려 요인은 주요 부품의 안정적인 공급, 소비자와의 연결성, 지속적인 업데이트가 필요한 디지털 전장비 운용의 용이성 여부이다. 그러므로 모듈화된 부품을 자체적으로 업그레이드하고, 그 재고를 관리하고 유통할 수 있는 스마트 물류창고와 까다롭고 니즈가 많은 소비자에게 제품을 판매하고 서비스를 총괄(체험, 관리, 제품 및 콘텐츠 업데이트 등)할 수 있는 센터를 구축할 수 있는 곳이 차세대 GVC 재편에 용이한 곳(국내든 국외든)이 될 것이다.

스마트화된 생산과 판매/서비스 총괄센터를 유치하기 위해서는 디지털 산업에 대한 자유화와 해당 GVC 투자국가와의 디지털 통상환경과 규범의 조화 내지 상호인정(Mutual Recognition)이 매우 중요해진다. 예컨대, FTA 협정을 통한 해당 서비스 협정에 대해 양허 및 유보(미래유보)를 확인하고, 신규 비즈니스와 GVC 재편을 위한 양국 간 GVC 협력방안에 대해 본격적으로 논의해야 한다. 지금 당장 전 분야로 확대할 수 없다면 시급하고 진출이 비교적 용이한 분야부터 필요한 규범과 양자협력 사항에 대한 검토작업을 시작해, 산업별 협력(가령, 한미 6G 기술협력)을 추진하는 병행 전략이 필요하다.

자국우선 보호주의와 디지털 통상 디바이드

미국과 EU 등 선진국은 디지털세, 데이터 현지화 금지, 개인정보 보호 관련 디지털 통상규범을 자국의 형편에 따라 규범 간 상충되지 않는 방향으로 개별적이라도 계속 추진할 가능성이 높다. 향후 디지털 관련 규범협상에서 우리 정부는 얻을 수 있는 측면과 받을 수 있는 두 가지 측면을 동시에 고려해서 대응책을 준비하되, 디지털 통상 강국으로 나아가기 위한 규범과 환경을 개선하는 방안으로 입장을 정리하는 것이 좋다. 예컨대, 우리는 글로벌 법인세가 디지털세를 포괄하는 글로벌 규범으로 확정되어 대체하는 시간을 넋 놓고 기다리기보다는, 디지털세에 대한 입장을 정리할 필요가 있다.

아직 우리 통상산업 구조가 제조업 중심임을 고려할 때, 디지털 서비스가 주된 수익원인 디지털 기업과 디지털을 활용하는 기업(디지털 콘텐츠와 디지털 전장을 활용하는 기업)을 구분하여 차등적으로 접근하는 방식도 생각해 볼 수 있다. 제조업-서비스업이 결합된 기업(구독 경제 등)의 경우, 디지털 서비스를 탑재한 제조상품 판매와 디지털 서비스에 대한 이익률이 개별 적용될 수 있도록 원칙을 제시하여 기술적으로 정교화하는 작업이 필요하다. 단, 이러한 세금 산정에 대한 기술적 부담을 우리 기업에게 전가시키는 행위는 지양해야 한다. 세금 산정 등의 실무도 디지털화하여 사용자 입장에서 이중과세 등에 대한 보상(원천징수 및 지원공제 또는 환급)이 손쉽게 되도록 제도적 장치를 마련해야 한다. 그래야 향후 디지털 관련 세금에 대한 재화가격의 상승에 대응하고, 국경세에 대한 기업의 행정 부담을 최소화할 수 있다.

한편, 글로벌 규범 협상에 대한 접근으로, 위와 같은 국내 제도와 디지털 기업에 대한 구분 및 표준(인증)이 중요한 이슈가 될 것이므로 규범을 적극적으로 선도할 필요가 있다. 별도의 서비스 및 디지털 개별협정으로 대응하는 것이 부담이라면, 기존 양자 기술(디지털) 협력이나 FTA와 같은 통상협정 틀을 활용하는 것도 방법이다. 기 준비된 우선순위 분야를 정하여 국가-분야별로 쪼개고 모듈화하여 개별협상을 진행하고, 향후 관련 협정을 확장(FTA 신규 체결이나 FTA 개정협상)할 때 부속서로 첨부시키는 방법이다. 이를 바탕으로 같은 수준의 협정과 분야를 묶어서 복수 국가 및 다자협상에 총괄적으로 정리하고 업데이트하는 방식이다. 이와 같은 방식은 급변하는 디지털 관련 규범을 유연하고 신속하게 대응하는 데 유리할 수 있다.

디지털세냐 글로벌 최저 법인세냐 하는 명칭이 중요한 것이 아니다. 중요한 것은 이제 제품이 아닌 기업에 세금을 물리겠다는 착상이다. 이 배경에는 결국 자국우선주의가 자리 잡고 있고, 국경을 초월하여 활동하던 다국적 기업의 글로벌 공급망과 해외투자를 통해 이뤄지던 무한자유주의는 제동이 걸렸다. 이면에는 코로나19 불황과 저성장 시대에 세수 확보를 위한 정부의 세수 마련책, 근본적으로는 정치적으로 가장 큰 과제인 사회적 불평등과 일자리 창출이 있다.

국내 소비자로부터 이윤을 얻는 소비재 기업이든, 디지털 서비스 기업이든, 국경을 초월하여 활동하는 다국적 법인에 직접 소득세를 부과하는 형태인 글로벌 최저 법인세든, 국내기업에서 활동하지 않는다면 이에 해당하는 비용을 지불해야 한다는 입장이 대세가 되고 있다. 해외로 나간 국내기업의 유턴과 해외기업과 국내기업 간의 공정한 경쟁환경을 장려한다는 취지이다. 그렇다면, 정부가 세수 확보와 국내 양질의 일자리 창출이라는 두 마리 토끼를 잡을 수 있을까? 세수는 늘릴

수 있을지언정, 결국 두 종류의 세금은 어떤 형태로든 소비자에게 조
세부담으로 돌아갈 공산이 크다. 또한 국내로 돌아올 수 있는 기업은
생산의 자동화와 국경세로 인한 추가 비용과 인건비에 대한 셈을 마친
경우일 것이다. 그렇다면 결국, 코로나19로 인해 삶이 각박해진 서민
의 지갑만 더욱 얇아질 것이고, 불평등 문제는 오히려 심화될 것이다.

선진국의 서민들은 그렇다 치더라도 고래 싸움에 새우 등 터지는 개
발도상국이 안타깝다. 자국우선주의와 보호주의는 힘 있는 국가와 힘
은 부족하지만 시장의 규모나 기술력이 있는 국가에게는 일말의 기회
라도 줄 수 있다. 하지만 그나마도 글로벌 공급망의 허드렛일을 담당
하던 개발도상국의 일자리와 자체기술이 없는 대부분의 개발도상국은
살길이 막막하다. 이러한 논리는 시장 왜곡을 감수하고도 추진한 최저
임금 정책으로 가장 손해를 본 그룹이 누구였는지 생각해 보면 어렵지
않게 추론할 수 있다.

벤처기업이 국내의 치열한 경쟁에서 살아남고자 버둥거리다가 이
제 갓 해외에서 실적을 내보려고 하니 법인세, 디지털세, 환경세와 같
은 통행세가 기다리고 있어 해외사업이 부담스럽다. 가뜩이나 글로벌
불균형 문제로 국제 경제질서에 균열이 생겼는데, 자국 우선과 보호주
의 관점으로 국가에서 문제를 해결하겠다고 나서는 모양새가 불균형
을 더 가속화하고 심화시키는 것 같아 우려되는 부분이 있다. 정부는
적극적으로 지원하는 코칭스태프이지, 시장을 주도하는 선수가 아니
다. 이 점을 명심해야 한다.

2
DIGITAL POWER
2022

글로벌 디지털
패권경쟁과 한국

김상배 서울대학교 교수

미·중 경쟁, 글로벌 패권이 향하는 곳은?

4차 산업혁명의 전개와 함께 첨단기술 분야에서 미국과 중국의 경쟁이 가속화되어 전개되고 있다. 최근 벌어지는 경쟁은 좁은 의미의 기술경쟁을 넘어 산업과 무역뿐만 아니라 외교와 동맹 및 군사·안보 영역에까지 그 범위가 확장되고 있다. 특히 최근에는 기술 이슈가 국가안보와 지정학적 경쟁의 쟁점으로 부각되는 양상마저 드러내 보이고 있다. 그야말로 디지털 분야를 중심으로 두 강대국이 글로벌 패권경쟁을 벌이고 있는 것이다. 미·중 양국과 밀접한 안보동맹과 경제관계를 유지하고 있는 한국 입장에서는 이러한 '글로벌 디지털 패권경쟁'의 양상을 정확히 파악하고 적절한 대응전략을 모색하는 일이 무엇보다도 중요하다. 미·중 디지털 패권경쟁의 양상을 3개 범주, 10대 이슈로 나누어 살펴본다.

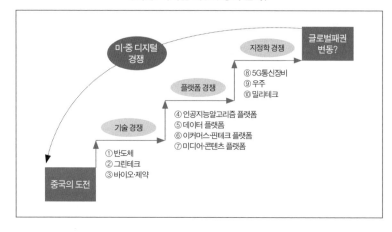

〈미·중 디지털 패권경쟁의 진화〉

미·중 기술경쟁과 글로벌 공급망 갈등

최근 미·중 기술경쟁의 가장 큰 현안은 반도체다. 미국의 원천기술이
전 세계 거의 모든 반도체에 사용되는 가운데 최근 쟁점이 된 것은 파
운드리이다. 이 분야에서 미세 가공기술을 갖춘 업체는 계속 감소하여
현재 7나노급 이하의 최첨단 미세 가공이 가능한 곳은 대만의 TSMC
와 한국의 삼성, 미국의 인텔뿐이다. 여기에 중국이 추격 중이지만 중
국 업체인 SMIC는 14나노급만 가능하다. 중국의 낮은 반도체 자급률
도 문제다. 중국은 전 세계 반도체 수요의 45% 내외를 차지하고 있는
데, 반도체 수입액은 원유 수입액을 상회한다. 이에 '중국제조 2025'는
70% 자급률의 목표를 내걸었다.

최근 미국은 반도체를 대중국 압박의 핵심 수단으로 활용하고 있다.
트럼프 행정부는 5G 통신장비 문제로 논란이 된 화웨이의 공급망을 차
단하기 위해서 TSMC를 압박하고 SMIC를 제재했다. 바이든 행정부도

기존의 대중국 제재를 유지하는 가운데, 미국 내 생산 비중이 44%밖에 안 되는 반도체 공급망의 복원력을 강화하기 위해 리쇼어링을 추구하는 한편, 미국의 반도체 기술혁신과 생산역량 증대를 위한 포괄적인 계획을 수립했다. 이에 대해 중국도 반도체 기술역량을 강화하는 지원책 확대로 맞섰다. 2020년 8월 중국 국무원이 반도체 산업 진흥책을 발표한 데 이어, 2021년 3월에는 실행 계획을 발표한 것이 대표적 사례이다.

반도체와 함께 쟁점이 된 분야는 배터리, 전기차, 친환경 소재 등과 같은 이른바 그린테크(GreenTech)이다. 반도체와는 달리 배터리 분야는 중국 업체들이 앞서가고 있다. 전기차용 배터리는 중국이 세계 1위를 차지했다. 2020년에 34.9%의 시장 점유율을 확보하며 2위인 한국(36.2%)을 제쳤다. 그러나 배터리는 기술력보다는 생산력이 중요한 분야인 데다 반도체만큼 업체 간 기술격차도 크지 않고 대체기술이 나올 가능성이 큰 분야라는 점이 향후 중국의 우위에 영향을 미칠 변수다. 중국의 전기차 시장은 빠르게 성장하고 있어 2021년 기준으로 중국은 170만 대, 북미는 50만 대가 판매될 것으로 전망된다. 친환경 소재 분야에서 중국의 희토류 생산은 전 세계의 약 80%를 차지하고, 친환경 소재 및 물질의 점유율도 약 45%이다.

이들 분야는 미국의 대중국 의존도가 높은 분야여서 미·중 갈등이 악화될 경우 미국의 공급망에 악영향을 미칠 가능성이 있다. 바이든 행정부가 '친환경 자동차 사업에서 100만 개 일자리 창출'을 공약하는 등 전기차, 배터리, 친환경 소재의 자국 내 개발 및 생산을 적극적으로 추진하고 있지만, 2050년 탄소 제로를 실현하기 위해서는 소재와 물질에 대한 수요가 약 6배 늘어날 것으로 예상된다. 이러한 상황에 대응하기 위해 미국은 한국, 일본, EU 등과 그린테크 공급망 협력 강화의 필요성을 거론하고 있다. 향후 전기차 시장에 유럽 자동차 업체들의 본격 진입이 변수가 될 것이다. 다만 여타 분야와 달리 그린테크는 미·중 협력도 매우 필요한 분야여서 안보 이슈를 제외한 분야에서의 협력도 기대된다.

코로나19 팬데믹으로 인해 바이오·제약 기술경쟁이 세간의 화두로 떠올랐다. 미국의 초고속작전(Operation Warp Speed)에서 드러났 듯이 코로나19 백신은 다른 백신에 비해 10배 빠른 속도로 개발됐다. mRNA 방식과 같은 기술혁신도 유발되었다. 이 분야의 미·중 경쟁도 치열히 전개되어 미국은 화이자 이외에도 모더나, 노바백스, 얀센 등을 개발했고 중국은 시노백, 시노팜, 칸시노 등을 개발했다. 그러나 중국 백신의 안전성과 그 개발과정, 특히 임상시험의 불투명성은 논란거리 다. 미·중 간에는 코로나19 백신외교 경쟁도 전개되고 있다. 코로나19 국면에서 리더십 공백을 드러냈던 미·중이 백신의 전략적 배분을 통해 리더십 회복을 위한 경쟁을 벌인 것이다.

코로나19 팬데믹으로 바이오·제약 산업의 공급망 취약성도 불거졌 다. 미국은 의료장비와 의약품 생산을 해외에 의존하고 있다. 특히 중 국산 의료장비나 부품이 미국 수입에서 큰 비중 차지하는데 초음파 진 단기기에서는 2018년 기준 22%가 중국산이었다. 코로나19로 인한 원 료의약품 공급 지연이 발생하면서 이를 국가안보 위협으로 인식하기 시작했으며, 결국 바이든 행정부는 '100일 공급망 검토'에 제약 산업을 포함시켰다. 미국은 대중국 의존도를 낮추기 위해서 다양한 노력을 펼 치고 있지만 중국의 공격적 R&D 투자, 자체적 신약 파이프라인 구축, 규제철폐 정책 등으로 인해 미·중 간 바이오·제약 분야 기술격차는 점 차 줄어들고 있다.

미·중 디지털 플랫폼 경쟁의 전개

최근 미·중 경쟁의 또 다른 특징은 단순한 기술경쟁의 양상을 넘어 플랫폼 경쟁으로 진화하고 있다는 점이다. 소프트웨어 또는 인공지능 알고리즘은 예전부터 표준 경쟁 또는 플랫폼 경쟁의 주요 대상이었다. 오늘날에도 미·중 양국은 미래 국가전략 차원에서 인공지능 전략을 추진하고 있다. 미국은 'AI이니셔티브'나 'AI국가안보위원회(NSCAI)' 등을 통해 적극적인 인공지능 전략을 선보였고, 중국도 군민융합 차원에서 인공지능 기술 우위 확보에 주력하고 있다. 인공지능 분야에서 미국은 원천기술, 중국은 응용기술에서 우세라는 평가다. 인공지능 플랫폼 경쟁의 양상은 미국의 GAFA가 오픈소스 개발플랫폼 및 범용플랫폼을 제공하며 경쟁의 판을 주도하는 가운데, 중국은 BAT 등이 국내의 방대한 로컬 데이터를 활용한 독자적 생태계 구축을 모색하고 있다.

인공지능 분야에서 미·중 갈등은 아직 본격적으로 시동을 건 것은 아니다. 기술혁신에 먼저 치중하고 제재는 나중에 하자는 분위기가 대세다. 그러나 만약에 미국이 인공지능 분야의 설계·장비·전문기술의 수출을 통제한다면, 장차 큰 갈등 거리가 될 수 있다. 최근 인공지능 규제 정책·윤리 등을 놓고 양국 간의 마찰이 빚어진 바 있다. 2019년 10월 미국이 인권 탄압과 국가안보 등을 빌미로 중국 신장·위구르 자치구의 불법 감시에 연루된 지방정부 20곳과 기업 8곳을 블랙리스트에 올렸다. 여기에는 센스타임, 메그비, 이투 등 중국의 대표적 안면인식 인공지능 기업이 포함되었다. 한편 2020년 하반기 틱톡의 미국 시장 퇴출 논란 과정에서 드러난 것처럼 장차 미·중 기업 간에 디지털 콘텐츠 추천 인공지능 알고리즘을 둘러싼 경쟁이 벌어질 가능성이 크다.

디지털 플랫폼 경쟁에서는 인공지능을 활용하여 이미 축적된 데이터를 분석하는 것이 경쟁의 핵심이다. 이러한 데이터를 담아내는 인프라가 클라우드 컴퓨팅이고, 이런 점에서 클라우드 시장 경쟁은 데이터 플랫폼 경쟁을 의미한다. 글로벌 클라우드 분야는 아마존 AWS, 마이크로소프트 애저, 구글 클라우드 플랫폼이 3강 체제를 이루고 있다. 중국 클라우드 기업들도 급속히 성장하며 추격하고 있다. 그중 알리바바가 선두인데 중국 시장에서의 성공을 기반으로 아시아로 확대 중이지만 그 영향력은 아직 중국 내에 머물고 있다. 미국은 거대 테크기업들을 중심으로 클라우드 전략을 추구하지만, 2010년의 클라우드 퍼스트(Cloud First)와 2017년의 클라우드 온리(Cloud Only) 등에서 보는 바와 같이 미국 정부도 강력히 지원하고 있다. 여기에 중국이 국가 주도의 보호주의적 전략으로 맞서고 있는 형국이다.

미·중 양국 간 대립의 핵심에는 데이터 국지화(Localization) 또는 데이터 주권의 이슈가 있다. 미국과 중국은 2019년 G20 정상회의에서 데이터의 초국적 이동과 데이터의 국지화 문제를 놓고 설전을 벌였다. 최근에는 데이터 안보 이슈가 쟁점이다. 미국은 2020년 제시한 '클린 네트워크' 구상 일부로서 '클린 클라우드'를 강조한 바 있다. 이러한 미국의 정책은 중국이 독자적인 클라우드 역량 구축의 행보를 자극했다. 오래전부터 중국은 미국 클라우드 기업의 자국 시장 진입을 제한해 왔는데, 2017년 「네트워크안전법」에 이어 2020년 「데이터보안법」의 제정 시도를 통해서 이를 강화하고 있다. 흥미로운 것은 최근 중국 정부가 자국 기업들의 데이터 해외 유출도 견제하기 시작했다는 사실이다.

온라인 플랫폼 경쟁은 오프라인 공간까지도 포함하는 이커머스 분야로 확장되고 있다. 글로벌 이커머스 분야의 선두 기업은 아마존

AWS다. 그러나 아마존은 중국 시장에 대한 이해 부족 등으로 고전을 면치 못하다가, 결국 2019년 7월 중국 내 사업에서 손을 뗐다. 중국 이커머스 시장은 알리바바가 점유율 61%로 장악했는데, 거대한 플랫폼을 수립하는 차원을 넘어서 생활 전반에 걸쳐 일종의 생태계를 구축했다. 2016년부터 알리바바는 해외시장에 진출하기 시작했다. 특히 동남아 지역사업에 중국의 사업모델을 적용한 데 이어, 일대일로 구상의 대상 국가들을 상대로 넓혀가고 있다. 장차 북미와 유럽 및 일본을 점령한 아마존의 권역과 동남아 및 기타 일대일로 대상 지역을 겨냥한 알리바바 권역의 충돌이 점쳐지는 대목이다.

이커머스 플랫폼 경쟁과 연동되어 핀테크(FinTech), 특히 모바일 간편결제 분야에서도 미·중 양국은 경쟁을 벌이고 있다. 모바일 결제는 미국의 페이팔이 원조이지만, QR코드나 안면인식 결제 등을 활용한 핀테크 분야는 중국이 앞서갔다. 중국인의 90% 이상이 모바일 결제 수단으로 알리페이나 위챗페이를 사용한다. 알리페이는 신용카드 보급이 더딘 동남아 지역으로도 확장했다. 이러한 중국의 기세에 대한 미국의 견제도 만만치 않다. 2018년 CFIUS가 앤트파이낸셜의 머니그램 인수를 제지하더니, 2020년 들어서는 앤트그룹을 블랙리스트에 추가하며 제재의 칼을 뽑아 들 가능성도 내비쳤다. 이러한 미·중 핀테크 갈등의 기저에는 미국 주도의 국제 신용카드 기반 SWIFT 시스템에 대한 중국 CIPS 시스템의 도전이 자리를 잡고 있다.

미·중 디지털 플랫폼 경쟁의 불꽃은 2020년 후반기에 SNS 분야로 옮겨붙었다. 미국의 페이스북과 인스타그램은 광고 기반의 '개방형 SNS 플랫폼' 모델로 시장을 주도했다. 온라인 동영상 플랫폼 분야에서 유튜브의 약진도 주목할 만하다. 중국 정부는 2003년부터 페이스북,

유튜브, 트위터 등 해외 주요 SNS의 사용을 금지했다. 그 사이 중국 텐센트의 위챗이 일종의 '폐쇄형 메신저 플랫폼'을 앞세워 온라인 종합백화점과 같은 매우 폭넓은 비즈니스를 전개했으며, 이를 바탕으로 글로벌화를 통한 해외시장 확장을 모색하고 있다. 2020년 9월 미국 정부는 바이트댄스의 틱톡이나 텐센트의 위챗에 대한 사용 금지를 시도하기도 했다.

디지털 콘텐츠 플랫폼, 특히 OTT 경쟁에서의 선두주자는 미국의 넷플릭스다. 넷플릭스는 시네매치 알고리즘, 오리지널 콘텐츠 전략 등을 내세우며 앞서가고 있다. 여기에 '원 소스 멀티 유즈 전략'을 내세운 디즈니 플러스가 추격하는 모양새다. 중국에서는 아이치이, 유쿠, 텐센트비디오 등의 디지털 콘텐츠 기업들이 급성장하고 있다. BAT는 영화산업에도 진출하고 있다. 이들 중국 기업은 단순 콘텐츠 공급모델을 넘어서 인터넷 커뮤니티형 모델을 추구한다. 최근 중국 시장의 포화로 인해 동남아와 같은 해외시장에서 미·중이 경쟁할 가능성이 커졌다.

한편, 사용자들의 시간을 확보하는 경쟁의 전개라는 차원에서 디지털 게임 비즈니스는 OTT 서비스의 가장 큰 경쟁자로 손꼽힌다. 콘솔 게임 분야는 마이크로소프트·소니·닌텐도 등 미국과 일본 업체들이 장악하고 있지만, 모바일 게임 분야의 신흥강자는 중국, 특히 텐센트이다. 최근 모바일 게임산업의 성장 가능성을 보고 미국 플랫폼 기업들도 적극 진출 중이다. 2020년 CFIUS는 라이엇게임즈와 에픽게임즈에 개인정보 처리 내규 자료를 제출하라고 요구했는데, 이러한 행보는 이들 업체의 지분을 보유한 텐센트에 대한 제재의 전주곡으로 해석되기도 했다.

기술경쟁의 안보화와 미·중 지정학 경쟁

미국과 중국이 벌이는 기술경쟁 또는 디지털 플랫폼 경쟁은 최근 부쩍 국가안보의 렌즈를 통해서 해석되고 있다. 5G는 통신인프라와 산업 및 서비스뿐만 아니라, 국가안보에 미치는 잠재적 영향을 놓고 양국이 벌인 갈등을 여실히 보여준 분야이다. 중국 기업인 화웨이가 5G 기술의 선두주자인데, 2017년 기준으로 화웨이의 세계 통신장비 시장 점유율은 28%로 세계 1위를 차지했다. 이러한 화웨이의 기술적 공세에 대해 미국은 사이버 안보 또는 데이터 안보 문제를 빌미로 제재를 가했다. 오랜 역사를 갖는 미국과 화웨이의 갈등은 2018년에 재점화되어 그해 12월 멍완저우 화웨이 부회장의 체포로 절정에 달했다. 2019~2020년에는 화웨이 공급망을 차단하기 위한 미국 정부의 제재가 이어졌다.

화웨이 사태의 특징은 사이버 안보 분야의 동맹외교와 밀접히 연계되었다는 점이다. 미국의 화웨이 제재 전선에 '파이브 아이즈'로 알려진 미국의 동맹국들이 동참했다가 분열되고 다시 결집하는 행보를 반복했다. 트럼프 행정부는 인도·태평양 전략의 일환으로 화웨이에 대한 제재를 추진했으며, 바이든 행정부에서도 다차원적인 국제협력을 추구하고 있다. 이에 대한 중국의 대응도 일대일로 구상의 대상인 파트너 국가들과의 연대외교 추진이다. 중국은 일대일로 참여국들을 대상으로 5G 네트워크 장비를 수출하는 방식으로 미국의 공세에 대응하였다. 화웨이는 사업 분야를 인공지능, 사물인터넷(IoT), 자율주행 자동차 등으로 다변화했으며, 중국 정부는 중장기적으로 5G 경쟁의 충격을 완화하는 구조적 대응책도 모색하고 있다.

우주 분야의 미·중 경쟁도 큰 쟁점이다. 2000년대 들어서 중국의 도전적 행보가 이어졌는데, 중국 최초 유인우주선 선저우5호 발사(2003), ASAT 실험 성공(2007), 우주-사이버-전자 통합 '전략지원군' 창설(2016), 양자통신위성 발사(2016), 우주정거장 텐궁2호(2016), 창어4호 달 뒷면 탐사(2019), 베이더우 위성항법시스템 마무리(2020). 텐원1호 화성 착륙(2021), 중국 로켓 창정5B호 추락(2021) 등이 그 사례들이다. 우주굴기로 알려진 중국의 행보에 대응하여 미국 트럼프 행정부는 우주군 창설(2019)을 포함한 우주정책을 가속했다. 특히 2025년까지 인류 최초의 달기지 건설(5년 이내에 유인화)을 목표로 한 중국과 경쟁하며, 미국은 유인 달탐사와 달 연구기지 건설을 포함한 아르테미스 프로젝트(2024년까지)를 적극 추진하고 있다. 미국의 화성 우주헬기(인저뉴어티) 비행에서도 나타났듯이 최근에는 화성 탐사 경쟁도 벌이고 있다.

우주 분야의 미·중 경쟁은 민간 행위자들이 참여하는 상업화 관련 분야에서도 진행되고 있다. 최근 뉴스페이스(New Space)로 알려진 우주개발의 새로운 패러다임의 변화는 미·중 우주경쟁의 새로운 차원을 엿보게 한다. 또한 4차 산업혁명의 진전으로 인한 위성활용 서비스, 위성항법시스템, 우주영상 및 데이터활용 서비스 등의 활성화 과정에서도 미·중 두 나라는 경쟁을 벌이고 있다. 예를 들어, 중국은 2020년 10월 55번째의 베이더우 위성을 쏘아 올리면서, 미국의 전 지구적 위성항법시스템에 상응하는 자체적인 베이더우 시스템을 완성했다. 이와 더불어 중국은 일대일로 대상국들을 대상으로 하여 베이더우 서비스를 제공하면서 우주 분야에서도 중국의 영향력을 높여가고 있다.

4차 산업혁명 시대의 첨단 군사기술, 이른바 밀리테크(MiliTech) 분야의 미·중 경쟁에도 주목해야 한다. 민간 인공지능 기술경쟁과 더불어 인공지능·로봇기술을 적용한 자율무기체계(AWS) 경쟁이 가속화되고 있다. 이와 관련하여 2014년 11월 이후 미국은 게임체인저(Game Changer)로서 '3차 상쇄전략'을 추진하고 있으며, 중국도 2017년 10월 제19차 당대회 이후 군민융합 차원에서 현대화된 육군, 해군, 공군, 로켓군, 전략군 등의 건설을 추진하고 있다. 첨단 무기체계뿐만 아니라 사이버-물리 시스템(CPS)의 구축이나 제조-서비스 융합 등도 미·중 경쟁의 중요한 항목이다. 이러한 과정에서는 4차 산업혁명 시대의 민군 겸용(Dual-use) 기술혁신을 지원하기 위한 양국의 군사혁신 모델 경쟁도 진행 중이다.

전통적으로 군사안보 분야의 첨단기술은 다자 또는 양자 차원의 수출통제 대상이었다. 그런데 최근에는 그 범위가 점점 더 확대되는 추세이다. 미·중 기술 갈등의 맥락에서 미국의 제재는 중국의 민간기업에 대한 제재에까지 확장되었다. 예를 들어, 2021년 6월 미 바이든 대통령은 중국의 핵, 항공, 석유, 반도체, 감시기술 분야 59개 기업에 대한 미국의 투자를 금지하는 행정명령을 내렸다. 첨단분야 민군 겸용 기술의 수입규제와 연계된 '정치화'도 거세지고 있다. 미국은 데이터 유출과 감시를 이유로 중국의 민간기업인 DJI의 드론을 '잠재적 위협'이라고 경고하며 군사시설 주변에서 사용을 금지했고, 미군 기지에 하이크비전, 다후아 등 중국 기업이 납품한 CCTV의 사용에 대한 우려를 표명했다.

미래 권력이 걸린 미·중 경쟁 속에서

2018~2020년을 달구었던 화웨이 사태는 미·중 패권경쟁에서 첨단기술과 사이버 안보 문제가 지닌 국제정치학적 중요성을 극명하게 보여준 사건이었다. 게다가 한국에도 불똥이 튀면서 5G통신장비 도입 문제가 단순한 기술·경제적 사안이 아니라 외교·안보적 선택이 될 수도 있음을 보여주었다. 미래 국력을 좌우할 첨단기술 분야의 미·중 갈등은 바이든 행정부 출범 이후에도 지속될 것으로 예상된다. 실제로 최근 미국의 인도·태평양 전략과 사이버 동맹외교가 구체적인 모습을 드러내고 있으며, 중국의 일대일로 구상과 디지털 실크로드 전략도 이에 맞서는 양상을 보이는 가운데 한국의 전략적 고민은 깊어지고 있다. 화웨이 사태와 같은 도전이 다시 한번 제기된다면 한국은 어떠한 전략을 모색해야 할까? 이 글에서 살펴본 3개 범주, 10대 이슈들은 모두 이러한 종류의 고민을 담고 있다는 점에서 향후 좀 더 면밀한 분석 작업이 필요하다.

3

글로벌 플랫폼 패러다임과 혁신 거버넌스: 플랫폼 규제 담론과 후발국 논리를 중심으로

김준연 소프트웨어정책연구소 책임연구원

시계 제로의 플랫폼 생태계

4차 산업혁명의 경쟁은 요소 기술 간 경쟁이라기보다 산업 혹은 산업의 경계를 넘는 생태계 차원의 경쟁이자 플랫폼 기반의 경쟁으로 전개되고 있다. 이러한 플랫폼 경쟁은 기본적으로 선발자의 독점성 이슈가 있고, 플랫폼 혁신의 원천이 되는 데이터는 축적과 연결을 통해 새로운 가치를 생성하며, 기존 산업의 경계를 허물거나 새로운 산업의 탄생을 촉발하기도 한다. 하지만 데이터 주권과 안보 차원의 이슈로도 연결되는 상황이라 산업혁신론을 넘는 국익 차원의 전략적 접근도 요구된다고 할 수 있다.

최근 글로벌 플랫폼 생태계는 미국의 반독점 규제, 유럽의 권역 내 주권보호와 공정거래, 그리고 중국의 데이터 안보에 기반한 시장보호주의가 상호 경쟁하며 진화하는 상황이다. 특히 미국의 반독점 당국인 연방거래위원회(FTC)는 소위 GAFA(구글, 애플, 페이스북, 아마존)로 대변되는 미국 빅테크기업이 2010~2019년 총 616건의 기업 인수를 진행했다며 특정 회사와 공급업체를 결합하는 '수직합병' 관련 지침을 폐기[2]하는 등 규제의 분위기가 고조되고 있다.

바이든 대통령도 백악관 국가경제위원회 기술·경제 특별보좌관에 팀 우, FTC 위원장에 아마존의 반독점 패러독스[3]로 유명한 리나 칸, 법무부 반독점국의 최고책임자로 조너선 캔터를 각각 임명해, 이른바 반독점 규제를 강하게 주장하는 뉴브랜다이즈 운동(New Brandeis Movement)의 대표적 인사들로 구성했다. 경제력의 집중에 대한 규제(Fighting 'Bigness')를 강조하는 의지를 강하게 피력하고 있는 것이다.

한편 유럽연합(EU)은 정도의 차이는 있지만 '디지털 시장법' 제정 필요성을 강조하는 추세이고 온라인 플랫폼 사업자(게이트키퍼)를 지정하고 경쟁제한행위를 사전규제해 경쟁법 집행을 강화하고 있다. 글로벌 플랫폼 규제의 트렌드는 국내에도 예외 없이 불어닥치고 있다. 최근 공정위를 중심으로 온라인플랫폼공정화법, 전자상거래법, 전기통신사업자법 등 플랫폼 생태계에 대해 다양한 규제 입법이 동시에 진행되고 있다.

이번 장에서는 최근 플랫폼을 둘러싸고 각국이 추진하는 규제의 담론을 살펴보고, 우리 상황을 고려한 보다 현실적인 방향이 무엇인지를 모색하고자 한다. 우리는 2020년 3월 6일 여객자동차운수사업법 개정안(일명 타다금지법)이 국회를 통과하면서 170만 명이 이용하던 플랫폼이 하루아침에 불법이 된 경험을 가지고 있다. 또한 2015년 12월 국회를 통과한 '자동차관리법'[4]으로 온라인 중고차 경매 플랫폼, 헤이딜러가 폐업되었으며, 2016년에는 콜버스 혹은 풀러스 등이 규제와 입법 리스크를 넘지 못하고 폐업했다.

　그리고 이번엔 국회와 공정거래위원회가 디지털 공정경제 달성이
라는 기치하에 네이버·카카오의 독과점 남용 행위를 제재하기 위한 온
라인 플랫폼 공정화법[5]과 전자상거래법 개정[6]을 서두르고 있다. 이와
함께 알고리즘 투명화를 강조하는 온라인 플랫폼 이용자 보호법 개정
안과 플랫폼 기업의 M&A 허가를 강화하는 내용,[8] 데이터 공유하도록[9]
전기통신사업법 개정도 국회에 발의되어 있는 실정이다. 따라서 우리
의 현실을 감안한 플랫폼 규제의 담론은 무엇인가라는 이슈는 시의적
절해 보인다. 먼저 플랫폼 규제에 대한 대표적 견해 두 가지를 소개하
고, 이어서 미국, 유럽과 중국의 플랫폼 규제 동향을 살펴본 후, 마지막
으로 독점과 혁신을 넘는 한국적 논리를 탐색해 보려 한다.

디지털 플랫폼 독점 규제론과 혁신론

먼저 산업의 경계와 기업의 개념, 비즈니스 관행까지도 바꾸고 있는
디지털 플랫폼 생태계에 대한 양대 이슈에 대해 알아보고자 한다. 즉
독점적 플랫폼 기업이 건전한 생태계의 교란종이라고 취합하는 부정
론과 어느 정도의 독점이야말로 혁신의 출발이자 새로운 비즈니스를
창출의 이유가 된다는 긍정론에 대한 것이다.

　디지털 플랫폼은 알고리즘에 의해 데이터 수집·분석·저장 비용이 감
소하며 생산 측면의 비효율성 감소와 수요 측면의 소비자 후생 증대라
는 효과를 창출한다. 하지만 규모의 경제(Economies of Scale)와 범위
의 경제(Economies of Scope)가 동시에 작동하면서 강력한 네트워크
효과로 인해 지배적 플랫폼으로 시장쏠림(Tipping), 즉 독과점 현상을

초래할 수도 있다. 또한 경쟁 과정에서 시장 경쟁자 제거를 위해 교차보조(Cross-Subsidization), 공격적 기업인수(Killer Acquisition)[10] 등 반시장적 효과를 발생한다고 알려져 있다.

한편 이와는 반대로 독점이 오히려 혁신으로 연결된다는 견해도 있다. 플랫폼의 혁신을 지지하는 입장에서 지금의 디지털 플랫폼 기업들은 19~20세기 전통 산업의 독점과 달리 독점 유지력이 낮고, 글로벌 기업과 경쟁하거나 막대한 투자를 단행하기 위해 독점 플랫폼 기업 육성이 불가피하다는 것이다.[11] 특히 온라인서비스는 다른 플랫폼으로 갈아타는 전환 비용(Transaction Cost)이 낮아서 독점기업도 지속적으로 혁신을 하지 않으면 독점이 지속되기 매우 어려운 구조라는 것이다. 실제로 독점한 것처럼 보였지만 결국 역사 속으로 사라진 라이코스, 싸이월드, 야후 등 우리에게 익숙한 수많은 인터넷 기업과 서비스들이 대표적 사례이다.

오히려 독점기업이어서, 또는 독점에 대한 기대가 있어 소비자 후생을 위한 막대한 투자와 도전에 나설 수 있는 '독점의 역설'도 있다.[12] 7년간 5조 원의 누적 적자를 통해 구축한 쿠팡의 로켓배송이나 냉동식품 새벽배송을 위해 막대한 예산을 투입한 마켓컬리, 테슬라의 스페이스엑스(Space-X)와 같은 신경로창출형 혁신(New Path Creating Innovation)은 사업 성공 시 독점적 이익에 대한 기대가 없다면 애초에 시도조차 불가능한 프로젝트이다.[13]

특히 디지털 기업이라면 한계생산비용이 제로이기 때문에 규모의 경제와 범위의 경제를 보다 적극적으로 향유하기 위해서라도 덩치를 키워야 한다. 이런 특성에 비춰볼 때 특정 기업이 시장을 독점한다면 오히려 소비자 후생이 극대화될 수 있다. 과거 슘페터 역시도 독점기업이기 때문에, 또는 독점에 대한 기대가 있어 소비자 후생을 위한 막대한 투자와 도전에 나선다는 점을 간파하여 독점의 역설을 주창한 바 있다.

사업자가 자기 분야에서 독점적 지위를 가진 경우, 외부에서는 경쟁압력이 없을 것이라고 생각하지만, 결과적으로 완전 경쟁 상태와 마찬가지로 행동하게 될 것이라고 주장했다. 또한 경쟁이 독점보다 언제나 바람직하다는 명제는 성립하지 않고 오히려 자본주의 사회에서 성공적인 혁신자가 차지하는 독점이윤은 정당하다고도 했다. 영업이익 대부분을 확장적 투자에 쏟아붓고 장기성장을 구가하는 아마존이 대표적 사례이다.

플랫폼 독점을 규제해야 한다는 입장에서도 국가별로 처한 환경에 대한 고려가 필요하다는 견해가 있다.[14] 유럽에서 반독점 규제에 대한 논쟁이 2010년 초중반에 등장하기 시작했는데, 이는 플랫폼과 데이터에 대한 규제가 독점과 혁신의 차원이라기보다, 'GAFA'로 대변되는 미국 빅테크기업들이 유럽 시장을 잠식하는 것에 대응하기 위한 차원이

〈아마존의 매출액과 영업이익(1998-2019)〉

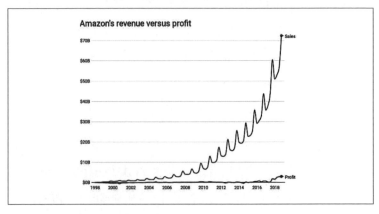

라는 주장이다. 다음으로는 최근 추진되는 각국의 플랫폼 규제에 대한 동향을 살펴보도록 하자.

글로벌 플랫폼 규제 동향

최근 미·중 기술패권의 갈등이 지속되고 있고 EU도 자국의 데이터 주권과 디지털 산업 육성에 박차를 가하는 분위기이다. 하지만 유일하게 모두가 합심해서 밀어붙이고 있는 어젠다가 바로 플랫폼 기업에 대한 규제 프레임이다.

먼저 미국은 가장 강력한 플랫폼 기업들을 확보하고 있지만, 높은 수준의 규제를 준비하고 있는 상황이다. 2019년 6월 3일 법사위원회 산하에 있는 '반독점, 상업, 그리고 행정법 소위원회(Subcommittee on Antitrust, Commercial, and Administrative Law)'가 주도하여 구글을 비롯한 4대 플랫폼 기업에 대한 조사가 시작되었고, 2020년 10월 〈디지털 시장의 경쟁조사(Investigation of Competition in Digital Market)〉란 보고서를 미국 하원 사법위원회 반독점 소위원회에서 발표했다. 이 작업의 연장선으로 2021년 6월 11일 미국 하원에는 거대 플랫폼을 대상으로 하는 반독점법안 패키지가 민주당과 공화당 간 초당적 협력으로 발의되고, 23~24일 이틀에 걸쳐 법제사법위원회를 통과했다.[15]

주로 GAFA의 높은 시장지배력이 자국 경제와 민주주의 체제에 미치는 영향을 분석한 반독점법안은 미국 온라인시장 선택과 혁신법률,[16] 플랫폼 독점종식법률,[17] 서비스 전환활성화를 통한 경쟁과 호환성 증진법률,[18] 플랫폼 경쟁과 기회법률,[19] 기업 인수합병 신청비용 현대화 법률[20]의 내용을 담고 있다.[21]

사실 과거 미국 정부는 플랫폼이 소비자에게 무료로 혹은 낮은 비용으로 서비스를 제공한다는 이유에서 규제에 적극적이지 않았다. 현행 경쟁법상 시장지배력은 유료 시장에만 성립될 수 있는 개념이다. 그렇기 때문에 가격과 소비자 효용이라는 판단 기준으로는 아마존과 같이 수년간 적자를 보며 가격을 올리지 않은 채 사업의 범위와 시장 점유율을 넓히는 기업들은 플랫폼 독점으로 규제할 수 없었다.[22] 아마존을 이용하는 소비자는 싼 가격으로 편리하게 물건을 구매할 수 있어 소비자 효용은 오히려 증가했고, 독점이면서도 비싼 가격을 요구하지 않기 때문에 아마존은 전통적 독점 규제의 대상 자체가 아니었기 때문이다.

다만 리나 칸은 아마존이 소비자에게 물건을 싸게 파는 대신, 자신과 계약한 생산자와 노동자에게 비용을 전가하며 점유율을 점차 높여 경쟁업체가 쉽게 진입할 수 없는 독점적인 지위를 가지게 된 후에는 원래 무료 서비스에도 수수료를 받기 시작했다고 주장하고 있다. 또한 독점기업에 대한 규제의 초점을 소비자의 후생 극대화에서 불공정경쟁 방지, 즉 경쟁 극대화 쪽으로 옮겨야 한다고 주장하고 있다.[23] 한마디로 플랫폼 기업들이 부를 독식하면 불평등은 더욱 심화되며 사회 정치적 불안도 야기할 수 있다는 입장인 것이다.

시장집중도 측면에서 기업별로 살펴보면, 구글의 미국 검색 시장 점유율은 82%, 페이스북의 미국 SNS 시장 점유율은 70%, 아마존의 미국 온라인소매시장 점유율은 75%, 애플의 미국 스마트폰 시장 점유율은 55%이며, 구글과 애플이 전 세계 앱스토어 시장의 90% 이상을 점유하고 있는 상황이다. 이러한 상황에서 2020년 10월 미국 법무부는 인터넷 검색 시장의 높은 점유율과 시장지배력을 이용해 구글과 유튜브에게 유리하게 검색 엔진을 운영하고 있다며 구글의 모회사 알파벳을 반독점법 위반으로 고소했다.

또한 법무부는 구글과 애플이 담합해서 검색 서비스가 질적으로 떨어졌으며, 소비자의 선택권도 줄게 됐다며 조사를 진행 중이다. 구글 CEO인 순다르 피차이는 애플 CEO 팀 쿡과 2018년 양사 협력 방안의 논의하고 애플의 사파리에서 구글 엔진을 사용하는 대가로 연간 80억 달러에서 120억 달러를 지불했다고 한다. 법무부 조사에 따르면, 구글 트래픽의 절반 가까이가 애플 기기에서 나온다고 한다.

바이든 행정부가 들어선 이후, 법무부 반독점국장으로 구글에 맞서 마이크로소프트, 옐프 등이 제기한 반독점 소송을 담당했던 조너던 캔터를 임명했고(2021. 7. 20.), 연방거래위원회(FTC)의 위원장으로 아마존 반독점의 역설로 유명한 리나 칸을 임명했다. 백악관 국가경제위원회 대통령 특별고문으로는 『큰 것의 저주』(2018)라는 저서를 통해 빅테크에 대한 규제를 촉구하며 공정경쟁을 방해하는 페이스북을 해체할 것을 주장한 팀 우를 임명했다. 바이든 정부는 빅테크가 주도하는 플랫폼의 지배력이 과도하게 커져 시장과 소비자에게 불이익을 주고 있다고 보고 2021년 7월 9일에는 기업 간 경쟁을 촉진하고 독과점 관행을 규제하도록 하는 행정명령에 서명하기도 했다.

개인정보 보호차원에서 미국은 별도의 전담기구가 없는 상황인데,[24] 〈Stigler Committee on Digital Platforms〉(2019) 보고서에서는 전통적으로 경쟁당국에서 다루지 않았던 개인정보 보호, 데이터 이용제한 등 이슈를 전문적으로 다룰 수 있는 디지털청(DA: Digital Authority) 신설을 제안했다.[25] 또한 2021년 6월 통과한 법안에는 연방거래위원회(FTC)에 디지털 시장국을 설치해 플랫폼 기업의 자사 우대 관행을 막는다는 내용이 담겼다. 이러한 흐름을 종합해 볼 때, 바이든 행정부에서 플랫폼 규제는 그 수위를 점차 높여갈 것으로 예상되지만 그 내용은 소비자 후생을 보호하기 위한 시장집중화 해소에 초점을 둘 것으로 보인다.

중국의 경우, 인터넷 초창기에 중국 시장을 장악한 야후(1999년), 이베이(2003년), 아마존(2004년), 구글(2005년), 우버(2009년) 등 미국 플랫폼들을 차단하기 위해 자국 기업에게 유리한 배타적인 정책으로 이른바 BAT(바이두, 알리바바, 텐센트)로 불리는 토종 플랫폼을 키워냈다. 이 과정에서 중국 플랫폼들은 서구 플랫폼 기업이 수집하기 어려운 사생활 정보와 생체 데이터까지 끌어모아 광범위한 빅데이터를 만들기도 했다. 중국 정부와 당의 지원 없이는 불가능한 일이며 토종 플랫폼을 사실상 정부 영향력 아래 두고 통제하는 모델이기에 가능한 것이었다.

그러나 최근 △독과점 구조 완화 △공정한 시장경쟁 질서 확립 △소비자 권익 보호 △금융 관리감독 강화 등 다양한 규제가 진행되고 있다. 이와 함께 독점 및 불공정한 경쟁행위를 집중 단속하기 위한 위법행위 처벌사례가 발표되는 등 중국도 자국 플랫폼에 대대적인 규제를 가하기 시작했다.

우선 시장감독관리총국, 중앙사이버보안·정보화위원회판공실(中央网信办), 국가세무총국은 합동으로 2020년 11월 6일 27개 자국 내 온라인 플랫폼 기업의 대표를 소집하여 공정하고 합법적인 경영활동의 중요성 강조했다. 2021년 4월 13일에는 시장감독관리총국, 인터넷정보판공실, 세무총국이 공동으로 바이두(百度), 디디(滴滴), 징둥(京东),

어러머(饿了么), 허마셴셩(盒马鲜生), 핀둬둬(拼多多) 텐센트(腾讯) 등 34개 온라인 플랫폼 기업 대상으로 온라인 플랫폼 기업 행정지도회를 개최하여 독점 및 시장경쟁 침해, 양자택일(二选一) 강요 등 위법행위 적발 시 엄중 처벌을 경고하고 각 기업에 한 달 이내로 자체적인 조사 및 개선을 요구했다. 또한 시장감독관리총국 홈페이지에 해당 온라인 플랫폼 기업들이 제출한 '준법경영서약서(依法合规经营承诺)'를 공개하기도 했다.[26]

중국 온라인 플랫폼 기업에 대한 독점 및 불공정행위 규제는 주로 2020년 후반부터 집중적으로 진행되었다. 중국 정부는 2020년 12월부터 2021년 4월경까지 알리바바인베스트먼트(阿里巴巴投资), 위에원그룹(阅文集团), 펑차오 네트워크(丰巢网络), 텐센트(腾讯), 바이두(百度) 등 기업을 대상으로 「반독점법」 제48조, 제49조에 의거하여 각각 벌금 50만 위안 부과했다.[27] 특히 2021년 4월 10일 시장총국은 알리바바(阿里巴巴)에 반독점법 위반 사례 중 역대 최대 벌금 규모인 182억 2,800억 위안(약 3조 원)을 부과하며 시장에서의 지배적 지위를 이용하여 자사 플랫폼에 속한 업체가 경쟁사 플랫폼에 입점하지 못하도록 강요하는 거래를 제한하는 행위, 즉 양자택일(二选一)에 대해 행정처분을 내렸다.[28]

2020년 12월 개최된 중앙경제공작회의에서는 2021년의 8대 중점임무 중 하나로 '반(反)독점 강화 및 자본의 무질서한 확장 방지'를 제시했으며, 2021년 8월 30일 개최된 중앙전면심화개혁위원회(제21차) 회의에서도 반독점 규제와 공정경쟁 정책을 추진하는 것이 사회주의 시장경제의 완성이자 공동부유를 촉진하는 공정한 시장경쟁 환경을 조성이라고 강조하는 상황이다.

최근 중국은 민영기업인 디지털 플랫폼이 헬스케어, 유통, 의료, 금융 등 신성장 산업을 주도하고 있는 반면, 국유기업은 주로 은행, 철강 등 전통산업을 영위하는 데 머물러 있다. 중국 정부는 플랫폼을 규제하는 대외적 명분으로 반독점법 해소를 위한 소비자 보호를 통한 공정 경쟁 환경 조성을 주장한다. 하지만 중국이 빅데이터를 일종의 사회적 핵심 자산으로 보고 국가의 통제권 아래 편입시킴으로써, 해외 플랫폼의 자국 시장진입을 효과적으로 차단하고, 동시에 통치 체제와 권력을 강화하고 있다는 견해도 있다.

관변지로 알려진 구시망(求是网)의 보도에 의하면,[29] 중국 공산당 중앙정치국회의는 플랫폼 경제에 대한 국가의 감독 범위를 강화할 것이라고 강조했지만, 또한 발전과 규제를 동등하게 중시할 것임을 강조하고 있다고 했다.

시장집중도 측면에서 보면, 메신저와 모바일 주문 등 일부 영역을 제외한 전자상거래는 타오바오 56%, 징동 17%, 핀두어두어 7%, 배달은디디 30%, 선저우주완처 30%, 자오자오 17% 등이며, 음원은 쿠고우 32%, QQ 25%, 쿠워 22% 등으로 독점의 이슈가 없지는 않다. 하지만 그렇다고 미국처럼 단독 기업에 의한 높은 독점성을 보이는 상황은 아니기에 기업분할까지 강제하는 상황으로 가지는 않을 것으로 보인다. 특히 반독점 강조가 자국 기업에게만 해당하는 상황이 아니기에 중국의 플랫폼 독점에 대한 정책 초점은 양자택일과 같은 자사 우대는 견제하면서 건전한 시장경쟁 체제를 보장하는 동시에, 국가에 의한 데이터 검열과 통제를 통해 체제안보를 확보하고, 자국시장 보호를 균형 있게 추진할 것으로 예상된다.

한편 EU는 디지털 플랫폼에 대한 거버넌스를 일종의 역내 주권이라는 개념으로 접근하는 측면이 강하다. 2019년부터 EU는 본격적으로 플랫폼 공정성·투명성 규칙을 도입해 온라인중개서비스와 검색엔진을 규율하기 시작했다. 이에 더해 이용약관 또는 서비스 변경 이전 이용자에게 통보하도록 하고 노출 순위 기준 등을 공개하도록 했으며, 2020년 12월에는 역내 공정한 거래환경조성의 차원에서 디지털시장법(DMA)과 디지털서비스법(DSA)[30] 초안을 발표해서 추진 중이다.

이러한 제도의 추진 배경에는 유럽 시장에서 구글의 독점력 강화가 자리하고 있다. EU는 2010년부터 구글에 대한 독점조사에 착수하여 2017년 24억 유로(약 3조 원)에 달하는 과징금을 부과했다.[31] 2018년에는 구글이 안드로이드 스마트폰 운영체제로 시장지배력을 남용했다며 43억 4,000만 유로(약 5조 7,000억 원)을,[32] 2019년에는 온라인 광고 시장의 지배적 지위를 남용해 불공정경쟁을 이끌었다는 이유로 14억 9,000만 유로(약 1조 9,000억 원)의 과징금을 부과하는 등, EU와 구글의 치열한 법적 공방이 10년 동안 진행되었다.[33]

한편 아마존도 제3자 판매 정보 남용 등 반(反)독점법 위반이 주요 혐의로, 아마존이 플랫폼 사업자이면서 자사 제품을 판매하는 유통 사업자라는 이중 지위를 남용했는지를 EU경쟁당국이 조사 중이다. 아마존이 독립적 상품 판매업자들의 민감한 정보를 악용해 경쟁 우위를 점하고 있는지 여부가 핵심 쟁점이다. 이들은 모두 미국의 빅테크기업으로서 유럽 시장장악력이 매우 높은 상황이기 때문에, 이에 대해 유럽 정책 당국이 효과적인 견제 기제를 형성하는 차원으로 이해된다. 아래 그림은 플랫폼 기업의 지역별 분포를 나타내는데, 중국은 아시아지역의 대표적 플랫폼 기업을 확보하고 있는 반면, 유럽은 대표적인 플랫폼 기업이 매우 약한 상황임을 알 수 있다.

〈글로벌 플랫폼 기업의 지역별 분포(2018)〉

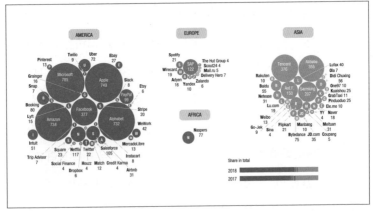

출처: Digital Economy Report 2019(UNCTAD)

　EU는 데이터에 대해서도 '개인정보보호법(GDPR)'이라는 일종의 가이드라인을 제시하고 있다. EU 시민권자의 개인정보를 다루는 기업에 정보 보호 의무를 강화하고, 모든 외국 기업은 EU에 지사가 있건 없건 개별적으로 EU의 심사를 거쳐야 EU 내 거주자의 개인정보를 EU 밖으로 가져갈 수 있게 했다. 또한 EU 시민은 인공지능 등이 자동으로 시행하는 평가를 거부할 권리를 지니며, 불필요한 정보를 삭제하는 '잊힐 권리'도 개인이 보유하게 된다. 출장이나 여행으로 EU 역내에 있는 본국 직원 정보, 유럽 직원의 인사 정보를 본국에서 관리하는 것 등도 모두 규제 대상이다. 이를 어길 시 최소 1,000만 유로(약 129억 원)의 과징금을 내게 했다. 최근 EU는 반독점 규제의 하나로 구글, 아마존, 페이스북 등의 빅데이터를 중소 IT 기업이 활용할 수 있도록 하는 규정도 추가로 검토 중이다.

　유럽은 미국과 중국의 초대형 플랫폼 기업들로부터 종속되는 것에 대한 우려의 차원에서 GAIA-X[34]라는 거대 데이터 플랫폼 프로젝트를 추진하고 있다. GAIA-X는 다자가 참여하는 연방형 데이터 거버 넌스를 구축하고 글로벌 플랫폼 기업들에 대응하여 EU의 데이터 주 권을 확보함으로써 관련 산업과 서비스를 진흥하기 위한 전략이다. GAIA-X 통솔 기구인 데이터 및 클라우드 연합(Association for Data and Cloud: AISBL)은 2021년 2월 1일 벨기에에 설립되어 운영 중에 있다. 이 프로젝트의 공식 웹사이트에도 미국 주도의 플랫폼 종속성에 대한 대응으로 추진한다는 배경이 공식적으로 설명되어 있다.

이상의 내용을 보면 최근 디지털 플랫폼의 영향에 대해 각국이 처한 입장에 따라 규제의 종류, 목적 등 온도 차가 서로 약간씩 다르다는 것을 알 수 있다. 즉 미국은 경제 집중화에 대한 우려와 소비자 후생에 초점이 맞춰져 있다면, 중국은 공정거래환경과 자국 시장보호라는 경제적 차원을 넘어 안보 차원의 전략이 중심에 자리하고 있다. 또 유럽은 데이터의 역내 유통을 강조하는 GDPR과 GAIA-X 등을 통해 글로벌 디지털 플랫폼의 종속성을 경계하는 분위기가 강하다. 한편 유럽과 중국의 규제 배경에는 공통적으로 소비자 후생과 집중화를 강조하는 시장종속성과 주권이라는 비경제적 요인이 자리하고 있음을 알 수 있다. 아래 표는 주요국의 플랫폼 독점 방지 관련 내용을 정리한 것이다.

〈주요국의 플랫폼 독점 방지 관련 연혁 및 내용〉

국가	주요 연혁	주요 내용
미국	2019.6. GAFA에 대한 조사 시작 2020.10. 디지털시장 경쟁조사보고서 발간 2021.6. 반독점 법안 패키지 통과	온라인시장 선택과 혁신, 독점 종식, 서비스 전환 활성화, 호환성 등 내용 수록 디지털시장국 설치, 자사 우대 관행 통제

국가	주요 연혁	주요 내용
중국	2020.11. 플랫폼 관련 기업 대표 소집 2020.12. 중앙경제공작회의에서 반독점 　　　　강화 및 자본의 무질서한 확장 　　　　방지 제시 2021.4. 34개 온라인 플랫폼 행정지도 2021.8. 중앙전면심화개혁위원회 회의에서 　　　　반독점 규제와 공정경쟁 정책추진	독과점 구조 완화, 공정한 시장 질서 확립, 소비자 권익보호, 금융관리 감독 강화 등의 내용 수록 토종 플랫폼 대상 정부 영향력 강화
EU	2018. 개인정보보호법 발효 2019. 플랫폼 공정성과 투명성 규칙 도입 2020.12. 디지털 시장법과 디지털 서비스법 　　　　초안 발표	외국 기업이 EU 내 거주자의 개인정보를 EU 밖으로 가져갈 수 없도록 함

출처: 각종 언론사 보고를 필자가 재구성

한국의 온라인플랫폼공정화법과 미국의 반독점법

우리의 경우 중국처럼 정부 주도의 통제형 모델을 따라갈 수는 없고, GAFA처럼 거대 플랫폼이 자리 잡고 있는 개방형 미국 모델로 가기도 어렵다. 한편 자국 플랫폼이 없는 유럽의 경우도 네이버, 카카오, 쿠팡 등 토종 플랫폼을 보유한 우리와는 입장이 달라 보인다. 따라서 이번 단락에서는 한국적 플랫폼 거버넌스의 조건과 지향해야 할 전략적 방향에 대해서 논의하고자 한다. 최근 국내 플랫폼에 대해 적용하려 추진하고 있는 대표 이슈들을 하나씩 살펴보고 미국의 반독점법과 비교하며 설명하면 다음과 같다.

첫째, 자사 우대행위(Self-Preferencing)이다.[35] 2021년 9월 10일 공정위는 한국산업조직학회와 함께 알고리즘 공정성 투명성과 경쟁 이슈 토론회를 개최하고 네이버의 자사 쇼핑 콘텐츠 우선 노출, 쿠팡의 자사 PB상품 집중 노출, 카카오모빌리티의 등 '자사 우대행위'를 견제하기 위한 방안을 토론했다. 공정위는 '심판'과 '선수'의 이중적 지위(Dual Role)를 겸하는 사업자가 자신의 유리한 지위를 악용해서 경쟁을 왜곡하는 행위가 바로 자사 우대행위에 해당하며, 이에 대해 시장 경쟁 질서를 왜곡하지 않도록 규제할 방안을 마련하겠다는 입장이며, 온라인플랫폼공정화법에 이러한 내용을 촘촘하게 담아냈다. 온라인 플랫폼이 중소상공인이나 소비자를 상대로 불공정 거래를 강요하면 손해액의 최대 2배를 과징금(정액 과징금의 경우 10억 원)으로 부과하며, 적용 대상은 매출이 100억 원 이내이거나 중개거래금액이 1,000억 원 이내인 오픈마켓, 앱마켓, 배달앱, 숙박앱, 승차 중개앱, 가격비교 사이트, 부동산·중고차 등 정보제공서비스, 검색광고서비스 등의 업체이다.

긍정적으로 보이는 부분은 신산업 특성을 고려해 플랫폼 기업이 입점 업체에 보복행위를 하거나, 시정명령을 이행하지 않는 경우에만 형벌을 부과하고, 거래 상대방의 피해를 구제할 시정 방안을 사업자가 스스로 제안하고 실행하는 동의의결제도를 담았다는 점이다. 또한 자진해서 제안한 시정안이 타당하다고 인정되면 법 위반 여부를 따지지 않는다는 부분 역시 긍정적이다. 특히 적용 대상으로 국내 입점업체와 소비자 간의 거래를 중개하는 해외 플랫폼도 포함시켰다는 점은 역차별 이슈도 세심하게 고려한 것으로 보인다.

미국의 반독점법에서는 자사 우대행위를 불법으로 규정하고 있어 구글은 자신의 검색 엔진 결과에서 유튜브를 중단해야 하고, 아마존은 자신의 웹사이트에서 다른 판매자의 상품과 경쟁하는 자사 제품 판매를 금지해야 한다. 이 부분은 우리의 법이 다소 완화된 느낌이다. 문

제는 플랫폼이 검색의 품질을 훼손해가며 낮은 품질의 자사 제품만을
우대하면 사용자 기반을 잃기 쉬우며, 또한 자사 콘텐츠가 객관적으로
우수한 경우 알고리즘이 우선적으로 노출할 가능성도 있다. 그렇기 때
문에 방법론적으로 알고리즘이 과연 편향적인지, 자기 사업을 우대하
기 위해 짜여졌는지를 경쟁 당국이 판단하기는 매우 어려워 보이는 측
면이 있을 것으로 보인다.

둘째, 적용 대상이다. 온라인 플랫폼에 대한 규제가 적용되는 대상
기업의 선정에서 국가별로 시장의 크기가 다르다는 차이는 있지만 미
국은 미국 내 월간 활성 사용자 수(Monthly Active Users)가 5,000만
명 이상 또는 월간 활성 이용업체 수가 10만 개 이상이고, 연간 순매출
또는 시가총액이 6,000억 달러(약 700조 원) 이상인 플랫폼 기업이 대
상이다. 여기에 해당하는 기업은 아마존, 애플, 페이스북, 구글 4개로
대상이 매우 명확하다.

반면 우리의 경우, 온라인플랫폼법의 규율 대상은 총 매출액이 100
억 원 이상이거나 중개거래 총액이 1,000억 원 이상인 플랫폼 중 대통
령령으로 기준을 정하는데, 공정위에 의하면, 공룡 플랫폼 26개와 150
만 개에 육박하는 입점업체 사이에서 일어나는 불공정 행위가 대상이
될 수 있을 것이라고 설명하고 있다.

매출액, 거래액이 미국의 빅테크에 비해 100분의 1도 안 되는 네이
버, 쿠팡 등 국내 플랫폼은 물론이고, 이제 막 궤도에 오른 기업들까지
이번 법안의 적용 대상이 될 수 있다는 우려가 존재하는 대목이다. 여
기에는 '우리가 미국인가?'라는 질문과 함께 우리의 플랫폼 생태계는
미국의 GAFA와 같이 고도의 경제력 집중이나 시장쏠림이 아직 우려
할만한 수준은 아니라는 논쟁이 진행되고 있다. GAFA 시가총액의 합

은 미국 GDP의 약 28%에 달하지만, 네이버와 카카오의 시가총액의 합은 우리나라 GDP 대비 약 7%이다.

시장장악력에서 네이버 검색엔진은 2016년 87.9%에서 2021년 3월 52%로 하락하고, 오히려 구글은 42.3%까지 성장한 것을 보면 시장에서의 위치가 독점적이라고 하기 어렵다는 것이다.[36] 아래는 대표적인 플랫폼인 네이버와 카카오를 미국의 GAFA와 비교한 표이다. 네이버와 카카오 시가총액이 각각 66.4조 원, 53조 원인데 반해, 페이스북(1,211조 원)을 제외하면 모두 2,000조 원이 넘는 규모이고 글로벌시장의 장악력이 매우 높은 기업들이다. 또한 1억 명 이상의 글로벌 활성사용자(MAU)를 확보한 플랫폼 가운데 미국, 중국기업을 제외하면 딜리버리히어로(독일), 스포티파이(스웨덴), 얀덱스(러시아), 그랩(싱가포르), 그리고 네이버(라인), 카카오뿐이다. 자국어를 기반으로 한 인공지능, 자국 상공인에 맞는 상거래 서비스를 만들어 낼 수 있는 기업을 가진 것은 극히 소수의 국가만 누리는 특권이자, 데이터 안보의 이슈를 포함하고 있다.

〈한국, 미국 플랫폼 기업의 실적 비교〉 2020년 12월 기준, 단위 : 조 원

구분	네이버	카카오	구글	아마존	페이스북	애플
시가총액	66.4	53	2216	2065	1211	2844
매출액	5.3	4.1	215	454	100	323
영업이익	1.2	0.45	48	26	38	78

출처: 기업별 공시자료를 바탕으로 필자가 재가공

셋째, 기업결합이다. 최근 카카오·네이버 등 대형 플랫폼들이 문어발식 M&A를 통해 골목상권을 위협한다는 지적이 거세지고 있다. 이에 따라 공정위는 플랫폼이 네트워크 효과와 쏠림현상으로 인해 후발

사업자의 시장진입이 구조적으로 어려운 분야이기 때문에, 앞으로 기업결합 심사 대상 기준에 매출액은 물론 자산, 이용자 수, 거래액 등을 포함하는 내용의 '기업결합 신고요령' 고시 개정안을 마련하고, 2021년 말 공정거래법 전면개정안 시행에 맞춰 도입할 계획이라고 밝혔다.[37]

한편 미국의 현행 경쟁법상 일정 규모 이상의 기업결합은 경쟁당국의 심사 결과 경쟁제한 우려가 크지 않다면 허가되는데, 최근에는 통과된 플랫폼 경쟁과 기회 법률에서는 플랫폼이 스스로 해당되는 인수합병이 경쟁제한적이지 않음을, 즉 인수 대상이 플랫폼의 경쟁자가 아니며, 또한 인수 결과 플랫폼의 시장지배력이 강화되지 않음을 스스로 증명해야 하도록 하고 있다. 이는 입증의 책임을 정부 당국이 아닌 플랫폼에 전가한 것으로 인수합병이 더 어려워짐을 의미한다.

이에 대해서는 우리의 IPO 생태계가 경쟁사 죽이기와 같은 공격적 인수합병(Killer Acquisition)에 대해서 미국처럼 우려할 만한 수준인가라는 의문이 있다. 우리 스타트업에 대한 투자가 GDP에서 차지하는 비중은 0.28%(2018년 기준)로 미국(0.48%)과 중국(0.84%)에 비해 낮은 수준이다. 또 IPO나 M&A의 비중은 약 5.8%로 미국(12.3%)에 비해 낮은 편이다.[38] 사실 스타트업에 있어서 엑시트는 투자금 회수를 통한 재창업과 재투자를 의미하며 '창업 → 성장 → 회수'로 이어지는 스타트업 생태계 선순환에 있어 가장 중요한 요소로 평가되고 있다. 하지만 미국과 중국은 본격적인 성장의 단계인 시리즈 C 이후에도 20~30%의 스타트업이 투자 유치에 성공하는 반면, 우리의 경우, 시리즈 C부터 투자가 급격하게 감소해 스케일업(Scale-up)이 여의치 않은 것이 현실이다.

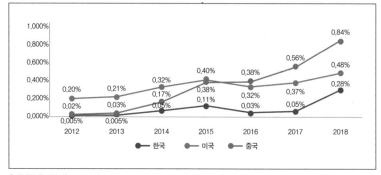

〈한·미·중 GDP 대비 스타트업 투자비중 추이〉

출처: 한국무역협회(2019. 5. 9.), "한·미·중 스타트업 투자 생태계 비교" 재인용

IPO가 어려운 상황에서 높은 가격으로 인수합병되는 것이 스타트업에게는 오히려 매력적인 출구전략이 되어 더 많은 스타트업이 시장 진입에 도전하게 할 수 있는 측면이 있기도 하다. 한편 지금까지는 주로 기업결합으로 인한 경쟁제한성 심사를 위해 관련 시장의 획정 기준과 방법에 집중되어 왔는데 산업과 시장의 경계가 더욱 모호해지는 빅블러의 트렌드에서도 시장 획정 기준을 엄밀하게 적용할 것인지 심도 있는 논의가 필요해 보인다. [39]

디지털 플랫폼 반독점 규제 시사

이번 장은 우리의 현실을 감안한 플랫폼 규제 거버넌스를 탐색하기 위해 디지털 플랫폼을 둘러싸고 각국이 추진하는 규제와 배경을 살펴보았다. 또 플랫폼 규제의 대표적인 세 가지 이유인 자사 우대, 적용기업 및 기업결합을 주로 미국적 맥락과 비교하며 살펴보았다.

먼저 플랫폼 독점에 대해서는 부정론과 긍정론이 모두 나름의 이유를 가지고 존재하는 상황이며, 각국은 각자가 처한 기술역량과 시장상황에 따라 나름의 방식으로 대응하고 있다. 먼저 미국은 뉴브렌다이즈운동, 다시 말해 독점에 따른 경제력집중과 소비자 후생에 대해 강경한 입장이고, 중국은 자국 시장보호와 통치 권력 강화라는 안보적 입장을 견지하고 있다. 유럽은 공정거래환경을 강조하면서도 GDPR과 GAIA-X 등을 통해 글로벌 디지털 플랫폼의 종속성을 경계하는 분위기가 강한 상황이다. 한편 국내의 경우도 온라인플랫폼공정화법, 전자상거래법, 전기통신사업자법 등 디지털플랫폼 관련 입법이 추진되고 있다.

우리의 플랫폼 거버넌스에도 공정한 거래환경과 글로벌경쟁력 강화라는 두 가지 해결과제가 있다. 다만 경제력집중도 견제를 강조하는 미국의 관점으로 우리 플랫폼의 글로벌경쟁력을 본다면 너무 이른 감이 있어 보인다. 그리고 정부 주도의 강력한 통제형 중국 모델은 민주주의 국가인 우리가 수용하기 어려워 보이며 자국 플랫폼이 없는 유럽의 모델은 네이버, 카카오, 쿠팡 등 토종 플랫폼의 약진이 이어지는 우리의 생태계와는 차이가 있어 보이기도 하다.

생각해 볼 수 있는 대안으로는 성장단계에 있는 신생 플랫폼을 육성하는 차원에서 우리 규제가 적용되는 대상 기업의 범위를 좁히고, 대상이 되는 거대 플랫폼 역시 글로벌 플랫폼과 비교하여, 규제 초점을 입점업체와의 공정거래 차원에서만 두는 것이 어떤지 제안한다. 우선 범위 확장과 경쟁을 제한하는 데에는 무게를 덜 두는 방향으로 하되, 공정거래환경 조성에 방점을 두자는 것이다. 이러한 관점에서 온라인플랫폼법 제정안과 전자상거래법 개정안의 내용은 플랫폼의 공정거래

의무는 강화하고, 플랫폼 간 경쟁제한에 비해서는 미국의 반독점법안보다 다소 약한 의무를 부과하는 것이 현 단계에서 바람직해 보인다.

이러한 제안의 배경에는 독점에 대한 긍정론과 유사하지만 취지가다른 견해가 있다. 글로벌 디지털 대전환의 시대에 초국적 기업이 변변한 토종 플랫폼 기업이 없으면 국내 시장은 외국 플랫폼의 놀이터가될 것이기에 토종 플랫폼 육성을 강조하는 후발국의 추격론이 그것이다. 앞서 살펴본 유럽과 중국의 경우도, 어느 정도 해외 플랫폼 종속에대한 우려와 토종 플랫폼 육성을 강조하는 측면이 있기에 일맥상통해보인다. 토종 플랫폼은 국내법에 따라, 필요할 경우 새로운 법을 만들거나 기존 법을 바꿔가면서 규제하면 된다. 하지만 해외 플랫폼은 좀다른 이야기다. 자칫 글로벌 시대에 국내 기업에 대한 규제 환경만 가혹하게 만들어 버린다면, 이는 곧 규모화 성장을 달성하지 못한 자국플랫폼에게 '기울어진 운동장'이 될 수 있다.

이렇게 본다면 독점과 혁신 혹은 공정거래환경과 글로벌경쟁력 확보라는 이슈는 구분될 여지가 있다. 예를 들어 플랫폼 종사자의 부당대우 혹은 플랫폼 입점업체와의 갈등, 자사 우대 등은 공정거래환경차원과 사회적 차원의 이슈로 시급히 해결해야 할 국내 이슈이다. 하지만 인수합병과 같은 기업결합은 규모화 성장에 대한 이슈이기에 적용 대상의 선정에서 여유를 가져도 될 것으로 보이기 때문이다.

중국의 차량 공유(혹은 콜택시) 플랫폼을 양분하던 우버와 디디추싱 간의 합병 과정이 대표적인 사례이다. 우리가 우버를 놓고 합법이냐 불법이냐에 대해 논쟁을 벌이고 있을 때, 중국 디디추싱과 우버는택시기사와 고객에게 막대한 보조금을 지급하며 '치킨게임'까지도 불사했다. 결국 정부의 적절한 개입으로 결국 2016년 중국 디디추싱이 우버차이나를 인수하고 자국 시장을 지켰으며, 동남아 그랩(Grab), 미국의 리프트, 인도의 올라 등 각국의 차량공유업체에 적극적으로 지분 투자를 진행해서 글로벌 기업으로 규모화 성장에도 성공했다.

물론 2021년 6월 디디추싱이 뉴욕시장에 상장하고 데이터 안보 등의 이유로 국가안전부의 안보 심사를 받는 등 우리와는 체제적 특징이 많이 다르긴 하다. 그렇지만 국내 시장을 지키고, 토종 기업을 육성하며 글로벌 기업으로 성장시키려는 데에는 우리도 중국과 입장이 다를 수는 없다. 유럽의 GAIA-X 데이터 플랫폼이 시사하는 바 역시 대동소이하다. 독일이 주창하고 EU가 수용한 공유형 데이터 플랫폼인데, 글로벌 플랫폼 기업 종속에 대한 심화 우려가 이 프로젝트의 공식적 출발점이었기 때문이다.

4 DIGITAL POWER 2022

미·중 디지털 대전: 중국 화웨이 훙멍OS의 전략

임춘성 소프트웨어정책연구소 수석연구원

국제적으로 막대한 영향력을 행사하는 초강대국 미국과 빠른 경제성장을 바탕으로 주변 세력을 점점 늘려가고 있는 중국이 차세대 글로벌 패권을 두고 정치·경제·군사·외교·과학기술 등 전 분야에서 경쟁을 벌이고 있다. 물론 경제적·기술적 측면에서 선진국인 미국과는 아직 많은 차이가 있고, 특히 미국은 절대적인 소프트 파워[40]를 가지고 있어, 중국이 미국을 추월하는 것은 중단기적으로는 어렵다는 게 중론이다.

〈2020년 기준 주요국 소프트웨어 시장 규모〉

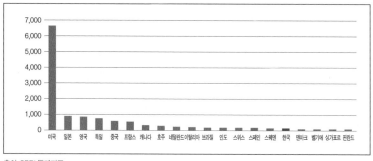

출처: SPRi 통계지표

〈4차 산업혁명과 운영체계 중요성〉

디지털화 시대배경
디지털 혁신에 맞는 새로운 운영체계 요구

국가 간 "치열한 경쟁"
독자적인 운영체계의 연구개발 필요

빅데이터와 클라우드 컴퓨팅
TB, PB급 빅데이터를 다양한 설비에
제공될 수 있는 운영체계 필요

IoT와 5G
5G 사물인터넷 시대의 새로운 운영체계 필요

인공지능의 발전
AIoT는 여러 설비 간의 협업을 하는
운영체계 필요

전 세계 정보보안 도전에 직면
인터넷보안사고는 다원화, 복잡화 추세를
보이며 더욱 빈번하게 발생하고 있어,
보다 안전한 운영체계를 필요

특히 미국은 시스템 운영의 핵심인 운영체계(OS)의 98% 시장지배력을 가지고 있다. 가장 중요한 모바일 분야 운영체계의 경우 2020년 IDC 자료[41]에 따르면 구글 안드로이드 84.1%, 애플의 iOS 15.9%로 시장을 양분하고 있어, IoT, 모바일, 웨어러블, 의료기기, 자율주행 자동차 등 4차 산업혁명의 핵심기술 분야에서 중국을 압도하고 있다.

이 장에서는 중국에서 가장 큰 전자회사인 화웨이의 최근 OS 자립에 대한 전략을 살펴보고, 그 시사점을 통하여, 시스템 운영체계에 대한 중국의 대응 전략을 살펴보고자 한다.

〈글로벌 스마트폰 운영체계 점유율〉

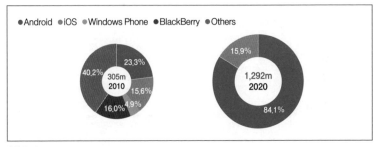

출처: Statista

심화되는 미·중 기술 갈등과 화웨이 OS

2019년 미국이 화웨이 및 계열사를 제재 리스트에 포함하는 등 미·중 간 디지털 기술 패권이 점차 심화되고 있다. 이에 따라 중국은 더 이상 구글 OS인 안드로이드 수급이 어려워지자, 자국산 OS 생태계를 갖추려는 행보를 보이고 있다. 화웨이는 2021년 6월 2일 온라인 신제품 발표회를 통해 독자 OS인 '훙멍(鴻蒙·영문명 Harmony) 2.0' 버전과 이를 탑재한 스마트워치 '화웨이워치3', 태블릿PC '메이트패드 프로', 무선이어폰 '프리버드4' 등을 발표했다. 모바일 운영체제는 구글의 안드로이드와 애플의 iOS로 양분되어 있어 글로벌 OS 시장에서 화웨이 OS가 자립에 성공할 수 있을지 업계의 관심이 쏠리고 있다.

훙멍OS는 단순한 스마트폰 운영체제를 넘어 노트북, 스마트워치, 자동차, 가전제품 등 서로 다른 종류의 기기를 연결하고 협업할 수 있도록 하는 공통 솔루션이다. 화웨이는 "분산 기술을 사용해 하나의 시스템으로 다양한 기기의 요구 사항을 충족하기 때문에, 이전에 독립돼 있던 기기들의 모든 하드웨어와 리소스를 통합해 개별 기기들의 기능을 자유롭게 활용할 수 있는 마이크로커널 구조"라고 설명한다.

〈마이크로커널 vs 모노리딕커널〉

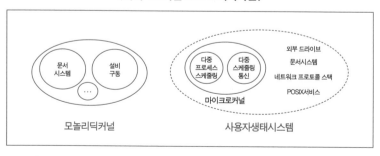

홍멍OS는 2012년, 화웨이의 자체 운영체제 기획을 시작으로 출범했다. 이후 2017년 5월 분산형 운영체제 1.0버전 연구개발이 착수되고, 기술 검증단계를 완료한 것이 홍멍 1.0 커널이다. 2018년 5월에는 '화웨이 홍멍'을 공식 상표로 신청하였으며, 2019년 8월 9일, 화웨이는 홍멍 시스템을 공식 발표하고 2020년 9월, 홍멍 2.0버전으로 업그레이드되었다. 홍멍OS는 소스를 공개하고 있다. 삼성전자가 2012년 출시한 범용 운영체제인 타이젠이 시장에서 성공하지 못한 사실을 반추하면, 화웨이의 홍멍OS 사례는 그 자체로도 매우 흥미로우며 시사하는 바가 크다.

화웨이 OS의 네 가지 자립전략

우선 생태계 측면에서 구글과 애플이 스마트폰 운영체제 시장의 99%를 차지하고 있는 가운데, 화웨이 홍멍이 독자적인 생태계를 구축할 수 있느냐가 홍멍OS의 성공을 가늠하는 요소이다. 최근 소식을 보면, 화웨이는 통신장비 사업에서 여전히 글로벌 1위를 사수하고 있지만, 스마트폰 사업은 핵심 부품 수급이 끊기면서 직격탄을 맞았다. 화웨이의 글로벌 스마트폰 시장 점유율은 2020년 2분기 20%대에서 2021년 1분기 기준 4%대로 주저앉았으며, 중국 내 화웨이 스마트폰 출하량이 전년 대비 32% 하락했다. 그리고 그 자리를 애플의 아이폰이 차지하면서 점유율이 약 33% 증가했다.

샤오미, 오포, 비보와 같은 경쟁기업 역시 탈 안드로이드에 부담을 느끼는 상황이다. 삼성 타이젠도 시장 진입 시기에 안드로이드와 iOS

로 양분되어 있는 시장구조로 인해 어려움에 봉착하고 결국에는 고사했는데, 화웨이 훙멍OS는 시장 구조적 난관을 어떻게 헤쳐나갈지 향후 예의주시가 필요하다.

이에 대한 화웨이의 첫 번째 핵심 전략은 공개 소프트웨어 전략이다. 화웨이는 리눅스 기반의 OS로서 훙멍 2.0 기본 코드를 중국 공업정보화부 산하 개방원자재단(Open Atom Foundation)에 기증했다. 오픈소스로 공개된 OS를 누구든 애플리케이션(앱) 개발에 활용할 수 있게 된 것이다.

두 번째 전략은 개발자 그룹 형성을 위한 콘퍼런스 네트워킹이다. 화웨이는 현지의 더 많은 개발자를 훙멍OS 생태계로 편입시키기 위해 모바일 서비스(HMS) 앱 혁신 콘테스트(일명 '앱스 업') 등 다양한 이벤트 행사를 개최하고 있다. 캐서린 첸 화웨이 수석부사장은 '빛나는 별들은 우리가 어깨를 나란히 하고 앞으로 나아가는 한 절대 사라지지 않는다'라는 주제로 개막 연설 무대에 올라 "HMS 생태계 번영은 기술의 발전뿐 아니라 화웨이와 개발자들 간의 긴밀한 협력에 달려 있다"며 "각각 빛나는 별은 HMS 생태계에 불을 붙이고, 보다 흥미롭고 창의적인 아이디어를 세상에 가져올 것"이라고 강조하기도 했다. 화웨이에 따르면, 2020년 말까지 HMS에 등록된 개발자는 400만 명을 넘어섰고, 13만 4,000개 이상의 앱이 HMS 코어에 연결됐다. 화웨이 앱 장터인 '앱갤러리'는 170개 이상의 국가·지역에서 사용되고 있다.

세 번째는 화웨이의 시장 차별화와 우회전략이다. 화웨이는 모바일의 양분된 OS 시장을 우회하여 IoT OS 시장으로 진입을 시도하고 있다. IDC 데이터에 의하면 2025년 중국 사물인터넷 시장 규모는 약 3,000억 달러로, 향후 5년간의 CAGR은 13.0%에 달할 것이고 전망하

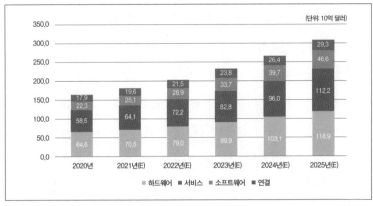

〈2020-2025년 중국 사물인터넷 시장지출 예측〉

(단위: 10억 달러)

■ 하드웨어　■ 서비스　■ 소프트웨어　■ 연결

출처: IDC, 흥업증권 경제 및 중국금융연구원 자료를 정리

고 있다. 이는 전 세계 사물인터넷 시장의 26.7%에 해당하는 수치로
전 세계 사물인터넷 시장 중 최대 규모에 이를 것으로 예측했다. 특히
5G, 인공지능과 사물인터넷은 서로 융합되어 하나의 새로운 시장을
만들어 낼 것으로 전망된다. 화웨이는 바로 이러한 자국 내 거대 IoT
시장 수요를 기반으로 OS 시장에 진입하려는 전략을 구사하고 있다.

　마지막으로 화웨이는 1+8+N이라는 일종의 기업연합 플랫폼 전략을
구사하고 있다. 1은 스마트폰 등의 소비자 단말기, 8은 웨어러블 제품
을, 나머지는 PC 등을 의미한다. 미국의 제재가 풀리기 이전까지는 스
마트폰보다는 웨어러블과 통신장비에 집중할 것으로 알려진 가운데,
화웨이는 자국 기업들과의 연대를 일종의 홍멍OS 플랫폼 파트너 그룹
으로 관리하며 시장을 확대해 나가고 있다. 킹소프트(Kingsoft), 디디
추싱, 바이두, 12306 등 애플리케이션 분야 파트너와 지우양, 메이디,
ROBAM 전기, 치후360 등 설비합작 파트너로 분류되는 약 300개 기
업이 화웨이 홍멍OS 생태계에 편입되어 활동하고 있다.

한편 이러한 기업연합 생태계는 빠른 속도로 확대되는 상황인데, 2021년 한 해만도 40여 개의 주류 브랜드가 추가될 것으로 전망된다. 최근에는 화웨이 쉬즈쥔(徐直军) 대표이사가 직접 "훙멍 운영체제 생태계는 스마트홈, 관광, 교육, 사무, 스포츠, 건강, 정부와 기업, 엔터테인먼트 등 다수 분야를 포함하여 1,000여 스마트 하드웨어 파트너사와 50여 개의 모듈 및 칩 솔루션 파트너를 보유하고 있으며, 2021년 1월 화웨이 HiLink 생태계 사용자 수는 5,000만 명을 초과했다"고 발표하며 기업연합전략에 대한 자신감을 드러내기도 했다.

화웨이 훙멍OS에서 중국의 출구전략을 보다

화웨이가 언제든지 타이젠을 버리고 안드로이드로 갈아탈 수 있었던 삼성과 다른 점은, 화웨이는 갈아탈 OS가 없다는 것이다. 또한, 중국은 14억 인구가 만들어 내는, 2020년 기준 GDP 14.7조 달러, 세계 2위 경제 대국이고,[42] 중국 정부의 적극적인 지원이 있다는 것도 삼성과는 다른 점이다.

화웨이의 시장 진입 전략이 효과적으로 작동한다면, 훙멍OS를 탑재한, 여러 장비가 중국 시장 내에 생태계를 형성할 가능성이 크고, 이를 통해 원활한 서비스가 이루어진다면, 시장에서의 위상은 크게 달라질 것이다. 다만 참여기업들이 소극적으로 대응해서 화웨이 생태계의 확장 폭과 속도가 기대에 미치지 못하거나, 미국 등 국제정세의 불확정 요인으로 인한 영향을 받을 수 있다는 것이 변수이다.

우리의 운영체계 전략은?

우리는 2021년 초 발표된, 현대차·애플이 협업을 논의하고 있다던 소식을 기억한다. 글로벌 운영생태계를 가지고 있는 애플의 고자세로 결국은 무산되었지만, 기계의 뇌에 해당하는 운영체제 없이는 결국 현대차는 애플의 자동차생산기지로 전락할 수밖에는 없다. 2000년대 초반 삼성전자와 똑같은 고민을 이번에는 현대차가 할 것으로 예상되는데, 중국이 OS 독립선언을 하고 있는 시점에서 우리도 고민이 깊어진다.

삼성-타이젠, LG-webOS, 티맥스OS, 행안부-개방형OS, 최근 현대-네이버 협업 등 많은 시도가 있었고 진행 중이지만, 아직은 뚜렷한 성과가 없다. 인공지능과 사물인터넷이 융합되는 새로운 디지털 혁신의 도래로 치열한 국가 간 경쟁을 하고 있는 가운데, 대한민국이 제조강국에서 진정한 4차 산업혁명의 선진국이 되기 위해서는 세계시장에 내세울 만한 운영체제 하나 정도는 가지고 있어야 하지 않을까? 그래서 화웨이 홍멍OS의 자립 선언, 중국의 출구전략에 더욱 관심이 가게 된다.

DIGITAL POWER
2022

지폐 없는 사회와 기축통화 패권을 둘러싼 주요 국가의 디지털 전환 전략

최병권 경제추격연구소 연구위원

디지털 전환에 따른 화폐금융시장 재편

화폐금융시장은 실물시장보다 보수적이다. 실물시장은 성장을, 화폐
금융시장(이하 "자본시장" 포함)은 안정성을 중요시하기 때문이다.
역사상 기술 진보도 먼저 실물시장에서 진행된 후에, 기술의 안전성
이 확인되면 화폐금융시장이 이를 수용하면서 전개되었다. 그런데 최
근 세계 각국의 화폐금융시장에 큰 변화가 일어나고 있다. 화폐금융시
장이 클라우드, 사이버보안, 인공지능, 사물인터넷, 빅데이터에 이어
서 블록체인과 분산원장기술(Distributed Ledger Technology)을 수
용하면서 디지털 전환을 가속화하고 있기 때문이다. 화폐금융시장에
서 디지털 전환은 새로운 예금과 대출 상품, 새로운 시스템을 넘어서
고 있다. 기존 글로벌 금융자산시장질서와 패권을 재편하고 있는 것
이다.

화폐금융자산의 거래는 중앙집권적 중앙은행과 결제기구, 감독기

구 아래서 시장참여자들이 상품거래에 수반하여 송금, 결제 및 청산을 진행한다. 거래적 기능에 추가하여 가치저장을 하는 투자적 기능도 수행한다. 그러나 최근에 화폐금융시장은 두 가지 관점에서 종전의 화폐금융의 역할을 뛰어넘고 있다. 첫째는 세계 각국이 코로나19에 따른 대응 과정에서 종이화폐를 남발하여 지폐의 가치가 크게 하락하였다. 종이화폐를 디지털 자산 등으로 대체하려는 시장참여자들의 욕구가 커지면서 '지폐 없는 사회(Cashless Society)'로 다가가고 있다. 다른 하나는 세계 기축통화 패권을 장악하기 위한 미·중과 그 연합국 간의 싸움이 격렬해지고 있다는 것이다.

본고에서는 미국, 독일, 일본과 중국 등 소프트 기술을 포함한 디지털 전환에 따른 주요국의 전략을, 새로운 세계 기축통화 패권과 지폐 없는 사회로의 이행의 관점에서 실물시장과 화폐금융시장으로 나누어서 살펴보고자 한다.

미국제조2014, 새로운 미국을 향하여

미국은 지금까지 세계 어떤 나라도 추격할 수 없을 정도로 디지털 전환에서 큰 발전을 이룩하고 있다. 미국제조2014(Manufacturing USA www.manufacturing.gov 2014)에서 미국은 디지털 전환의 국가전략적 방향을 제시하였다. 코로나19 이전에 미국은 "자유경쟁시장은 아름답다"라는 문구처럼 시장을 신뢰하고 정부가 디지털 전환에 적극적으로 개입하지 않았다. 정부는 시장이 잘 작동할 수 있도록 인프라를 구축하는 역할을 하였을 뿐이다.

국가제조혁신네트워크(National Network of Manufacturing Innovation Institute, NNMI)를 구축하여 각 분야별 4차 산업혁명 대응을 유도(Smart America Challenge)하였다. 디지털 전환의 핵심인 인공지능과 관련해서는 브레인이니셔티브 정책(BRAIN Initiative: Brain Research through Advancing Innovative Neuro-technologies Initiative 2013), AI이니셔티브 정책(2019)을 통해 인간의 뇌(Brain)를 중심으로 체계적인 인공지능 기술을 개발하였으며, 이를 바탕으로 원천기술을 확보 및 계획, 발표(The White House, 2013)하였다.

그러나 코로나19라는 비상사태에서 정부는 재정, 금융정책에 추가하여 기술 및 산업정책을 실시하면서 적극적으로 시장에 개입하였다. 슘페터(Schumpeterian)적으로 기술의 창조적 파괴와 동학적 과정을 시장에 요구하였다. 바이든 정부는 친환경, 신재생에너지 정책과 자율주행 자동차, 인공지능과 로봇 기술, 바이오, 반도체, 배터리 시장에 적극 개입하고 있다. 미국은 인프라 투자 계획(American Jobs Plan)으로 미국 전역에 500여 개의 대형 프로젝트를 만들었다. 국가의 전통 기반시설과 디지털 전환을 결합한 융복합으로 새로운 미국을 만들겠다는 발전전략을 추진하고 있다.

새로운 미국 건설을 위한 법과 재원 조달 정책도 마련하였다. 미국혁신 및 경쟁법(United States Innovation and Competition Act of 2021)이 발효를 준비하고 있다. 재원은 'Made in America Tax Plan'에 따라 법인세를 인상하고 부자증세를 통해 주로 조달할 예정이다. '파리기후변화협정(Paris Climate Agreement)' 탈탄소사회로의 그린 전환에 복귀하면서 국제사회의 신뢰를 다시 회복시키고 있다. 최종적으로 시장-국가-국제사회에서 디지털 전환의 최후의 승자는 인적자본에 의해서 결정되기 때문에 트리플 트랜스포메이션(그린 전환, 디지털 전환, 휴먼 전환)의 성공을 위해 새로운 디지털 인재 육성을 위한 교육 개혁을 추진하고 있다.

화폐금융시장에서 가장 중요한 변화는 중앙은행의 디지털 전환이다. 각국 중앙은행은 기존 국내외적 금융질서하에서 자국의 우위를 선점할 수 있는 디지털 화폐(CBDC) 발행에 관해 일정을 조율하고 있다. 미 연준도 디지털 달러 발행을 공식화하였다. 중국은 더 적극적으로 디지털 위안화 발행을 가시화하고 있다. 2022년 2월에 열리는 베이징 동계올림픽에서 디지털 위환화의 전면적 사용을 시도하고 있기 때문이다. 이것은 무엇을 의미하는가? 미래 시대에 세계 기축통화를 위한 패권 경쟁이 시작되었다는 것을 뜻한다. 또 하나는 지폐를 대체하여 지폐 없는 사회(Cashless Society)가 곧 도래할 것을 의미한다. 이런 의미에서 디지털 전환은 디지털 혁명이라고 부를 수 있고 4차 산업 혁명의 핵심이라고 평가할 수 있다.

미국 화폐금융시장에서 디지털 전환이 촉진된 것은 핀테크 등장이다. 미국은 2019년에 핀테크 관련 법률 Fintech Regulation in the USA를 제정하였다. 그러나 미국은 1995년에 이미 핀테크 인터넷 전문은행인 SECURITY FIRST NETWORKS가 SECURITY FIRST NETWORKS BANK를 설립하였다. 2000년도에는 40여 개가 설립되었다. 2021년 현재에는 ALLY BANK, DISCOVER BANK가 대형은행으로 발전하고 있다.

2017년 특별목적국법은행 인가기준을 개정하여 Trust Bank, Cash Management Bank, Credit Card Bank가 특별목적국법은행으로 탄생하였다. 미국은 한편으로 금산분리원칙을 유지하면서 다른 한편으로 최근 디지털 전환기술의 발전을 수용하고 촉진시키면서 금융산업의 역량을 확장하고 있다. 실물과 화폐금융시장을 균형 있게 발전시키면서 결과론적으로 균형발전 디지털 전환 전략을 추진하고 있는 것이다.

자본시장도 크라우드펀딩 JOBS법(Jump-Strat Up Our Business Startup Acts)을 제정하여 신생기업의 기업공시 촉진, 크라우드펀딩 등 자금조달을 다양화하고자 노력하고 있다. 자본시장에서는 핀테크를 기초상품으로 ETF가 등장하여 거래되고 있다. FINX(Global X FinTech ETF) ETF가 대표적이다. 이 펀드는 선진국 시장 핀테크 주식을 기초자산으로 만들어졌다.

미국은 가상통화 발전전략에서도 가장 앞서가고 있다. 가상화폐는 SEC가 2018년 연방증권법상 증권의 정의를 충족하는 디지털 자산이라고 인정하였다. 이에 따라 가상화폐는 증권의 한 형태로 인정받고 디지털 자산으로 거래할 수 있게 되었다. 상품거래위원회CFTC도 가상통화를 상품거래법상 상품에 해당한다고 보았다. 이 결정에 따라 가상통화를 상품 선물거래 등에 사용할 수 있게 되었다. 비록 암호화폐 거래소나 대출 플랫폼에서 투자자 보호에 대한 감독을 여전히 강화하고 있는 추세지만, 통화감독청(OCC, Office of the Comptroller of the Currency)도 스테이블 코인의 사용을 허락하였다.

최근 가장 뜨거운 주제는 SEC가 주식시장에서 가상화폐를 기초상품으로 하는 ETF를 승인하느냐이다. 만약 SEC가 승인한다면 마침내 가상화폐가 제도권 자본시장에 진입하는 역사적인 순간을 보게 될 것이다. 향후 가상화폐의 폭발적 발전을 기대할 수 있는 것이다. 현재까지는 캐나다에서만 암호화폐 ETF가 승인되어 거래되고 있다.

아마존이 비트코인 결제를 승인하였고, 구글 리브라 등 스테이블 코인이 국가 간 지급수단으로 활용될 가능성에 대비해 국제결제은행 (BIS) 등 국제기구가 감독체계 강화 방안을 추진하고 있다. 최근 주요 7개국(G7)을 중심으로 스테이블 코인에 대한 법적 문제가 해결되어야 한다는 의견을 모으면서 국제금융질서의 개편이 시작되고 있다.

미국의 최근 화폐금융시장 발전정책을 보면 첫째, 암호화폐 기반 ETF 출시 여부이다. 둘째, 가상자산 사업자(Cryptocurrency Company)의 미 연준 결제시스템(Federal Reserve Payment System) 접근성에 대한 정책적 논의이다. 끝으로, 미 연준이 디지털법정통화(CBDC 3.0)를 언제 발행할지에 대한 것이다. 무엇보다 중국이 디지털 위안화를 조만간 발행할 것이기 때문에 미국도 일정을 앞당길 것으로 예상된다. 디지털 달러와 디지털 위안화로 세계 기축통화 패권 경쟁이 시작되면서 디지털 자산과 화폐는 빠르게 지폐를 대체하게 될 것이고, 지폐 없는 사회로의 전환을 앞당길 것이다.

세계제조업 선도국가를 꿈꾸는 독일

코로나19 이전에 독일은 첨단기술전략(2010), 인더스트리 4.0(2011), 플랫폼 인더스트리 4.0등을 발표하면서 선진 주요국 중 처음으로 4차 산업혁명을 대비하는 국가발전 전략을 수립하였다. 인더스트리 4.0 에 추가하여 디지털 전환에 중소기업의 참여와 지원을 위한 중소기업 (Mittelstand) 4.0 - Digital Production and Work Processes(2016)

을 실시해 오고 있다. 추가적으로 기술혁신 과정에서 노동자들의 권익을 지키고 양질의 일자리 창출을 확보하기 위한 노동(Arbeiten) 4.0을 함께 추진하고 있다. 독일은 제조업 외에 의료 등 다른 분야에서도 디지털 전략을 효과적으로 추진하기 위해 디지털 전략 2025(2016)를 추진하고 있다. 독일은 제조업과 의료분야 등에서 세계선도국가가 되기 위해 디지털 전환을 국가발전전략의 핵심 정책으로 삼고 있다.

코로나19가 발생한 2020년 이후 독일 정부는 보다 적극적으로 시장에 개입하고 있다. 미래차, 산업용 로봇, 바이오&헬스케어, 인공지능 등 제조업 선도 분야에 집중 투자하는 불균형 발전전략을 추진하고 있는 것으로 분석되고 있다. 독일 연방정부는 2020년 자동차정상회담(Autogipfel)에서 '2022년 자율주행 자동차 상용화'를 결정하고 미래차 세계 선도국가전략을 진행하고 있다. 세계 최초로 자율주행 4단계를 위한 법적 프레임의 토대를 마련하였고, 도로 등 교통시스템을 정비하여 자율주행차4.0이 2022년부터 세계 최초로 운행될 예정이다.

독일 등 EU 국가들은 화폐금융정책에 대한 권한이 유럽중앙은행에 있기 때문에 CBDC도 유럽중앙은행이 준비하고 있다. 유럽중앙은행(ECB)은 2020년 10월 '디지털 유로(Digital Euro) 보고서'를 발표하였다. 2021년 내로 디지털 유로화 추진 여부를 결정할 예정이다. 독일은 유럽중앙은행의 추진 일정에 따라 디지털 유로 생태계(Ecosystem)에서 새로운 역할과 지위를 확보하고자 노력하고 있다.

독일의 금융산업은 가장 보수적인 산업 중 하나이다. 금융혁신도 뒤처지고, 핀테크 산업의 발전도 매우 더딘 편이다. 핀테크도 인더스트리 4.0 등을 추진하면서 부수적으로 나타난 결제서비스 정도로 생각하고 있다. 그러나 코로나19 사태로 핀테크 산업이 약진하면서 본격적으로 주목을 받기 시작하였다. 2020년 투자를 가장 많이 받은 독일 스타트업 TOP 10 중 N26등 4개 기업이 핀테크 분야의 회사였다. 인공지능 프로그램인 로보어드바이저(Robo-Advisor) 기업은 2013년만 해도 거의 전무했다. 그러니 코로나19 이후 비대면 금융거래가 확대됨에 따라 높은 성장을 하고 있다는 것은 주목할 만하다.

일본재흥전략, 소사이어티(Society) 5.0

일본은 일본재흥전략(New Growth Strategy in Japan, 2013)에 근거하여 일본판 4차 산업혁명 국가 정책인 소사이어티 5.0(2016)을 발표하였다. 잃어버린 30여 년을 극복하고 다시 일어나기 위한 전략이면서 4차 산업혁명을 성공하기 위한 국가 로드맵인 것이다. 로봇신전략(Robot New Strategy, 2015)은 세계 최고 수준의 산업용 로봇 기술을 토대로 새로운 산업혁명을 일으켜 세계를 선도하려는 전략이다. 신산업 구조비전(New Industrial Structure Vision, 2016)은 4차 산업혁명 시대 세계를 선도할 일본의 신산업을 발굴하고 지원하기 위한 선도전략이다.

일본은 2021년 2020도쿄올림픽을 통해 일본재흥전략을 완성하고, 헌법을 개정하여 군사적 재무장을 하고, 미일동맹, 영일동맹, 독일동맹을 강화하여 다시 세계 최강국으로 도약하고자 하였다. 그러나 코로나19 상황 속에서 한국, 중국 등 주변국은 약진하고 있는 가운데, 일본은 도쿄올림픽이 연기되고 방역 실패에 따른 경제적, 정치적 혼돈으로 시련을 겪고 있다.

코로나19 와중에도 일본은 하이브리드 전기차, 배터리, 로봇 등에서 발전전략을 수립하였다. 디지털 전환 장치를 반영한 자율주행 전기차에서 세계 선도국가가 되기 위한 전략으로 2020년 도로운송차량법 및 도로교통법을 개정해 자율주행의 안전기준을 개정하였다. 일본 국토교통성이 혼다의 자율주행 '레벨3'이 적용된 '레전드'를 최초로 인가하였다. 그러나 2021년 7월 EU 집행위는 2030년까지 탄소배출량을 1990년 수준 대비 55% 감축하기 위한 입법안 패키지 'Fit for 55'를 발표하면서, 하이브리드 자동차 중심의 일본의 미래차 전략은 큰 도전을 받게 되었다.

일본은 디지털 엔화(CBDC)에 대한 논의도 매우 더디게 진행하고 있다. 일본의 화폐금융시장도 독일만큼 보수적이기 때문이다. 일본은행은 2020년 10월 디지털 엔화 구축을 위한 로드맵과 정책을 발표하고 2021년 4월 시범운영을 실시하였다.

일본 정부는 '미래투자전략 2017', 소사이어티 5.0 실천 전략 5분야 중 하나로 핀테크를 선정하였다. 2016년 핀테크 진흥을 위한 은행법(Banking Act) 개정하면서 「자금결제법」, 「금융상품거래법」 개정을 통해 금융회사의 자회사 범위를 확대하였다. 은행들은 금융청 인가를 받아 핀테크 기업 등 IT 관련 업체 지분을 15% 넘게 보유할 수 있게 되었다. 한편, 암호자산 및 파생상품 관련 「금융상품거래법」을 적용하고 규제를 강화하였다.

그러나 일본의 Payment Japan Association의 "Cashless Roadmap 2020"에 의하면 비현금 결제 비율이 가장 높은 나라는 한국(97.7%)이다. 캐나다(62.1%), 영국(56.1%), 싱가포르(53.3%), 미국(45.5%)의 순으로 이어지고 있다. 독일, 일본은 21.4%로 저조한 편이다. 이 지표에

서처럼 일본은 핀테크, 가상화폐 등 디지털 전환에 따른 화폐금융시장의 변화가 매우 저조한 상황이다.

일본은 비트코인 가상자산을 '암호자산'이라고 정의하였다. 개정된 자금결제법에서 가상통화를 암호자산으로 정의하고 화폐로서 기능과 역할을 부여하지 않았다. 또한 가상화폐 거래소에는 이용자의 자금을 신탁회사에 신탁하도록 강제했다. 따라서 일본에서는 가상화폐의 중요 특징인 익명 거래는 할 수 없다. 더구나 금융상품거래법에서 가상화폐를 금융상품으로 규정하여 금융상품에 준하는 규제를 가하고 있다.

결론적으로 일본은 1860년대 메이지유신 이래 탈아입구(脫亞入歐)의 전략이 지금도 유효하게 작동하고 있다. 이때 입구(入歐)는 독일이다. 실물이나 화폐금융시장에 관한 발전전략도 독일과 유사하다. 일본의 소사이어티 5.0은 독일의 인더스트리 4.0을 기본으로 한 것이다. 일본은 독일처럼 제조업의 디지털 전환을 통한 선도국가전략을 채택하고 있다. 독일처럼 일본도 화폐금융시장에서 디지털 전환이 더디게 진행되기 때문에 지폐 없는 사회로의 전환도 오랜 시간이 걸릴 것으로 보여진다.

중국제조2025, 쌍순환전략과 디지털 위안화의 세계화

중국의 디지털 전략의 핵심은 China Manufacturing 2025(중국제조 2025)이다. 이에 근거하여 중국의 과학기술발전계획(2006~2020)이 수립되고 필요한 해외 인재를 천인계획(2008)으로, 국내인재는 만인 계획(2012)으로 유치하고자 하였다. 대중창업만중창신(2015), 과기 창신(2030), 14차 5개년 발전계획(2017)에서 5G, 클라우드 컴퓨팅, 사물인터넷, 빅데이터 중심 개발전략을 제시하였고, 인공지능 비전을 선언(2017. 10.)하였다. 이와 함께 'SW and ICT Service Industry Development Plan'에 따라 연평균 13% 성장목표(2020년)를 설정하였다.

중국은 미국과 함께 디지털 화폐 도입 선진국이다. 중국인민은행 (PBOC, People's Bank of China)은 2022년 베이징동계올림픽에서 디지털 위안화(CBDC3.0)를 전면 도입 및 실시할 것으로 예상된다. 이를 위해 2021년 4월 디지털 위안화 시범운영 지역을 11개 도시로 확대하기도 했다. 중국은 디지털 위안화에 집중하여 조기에 성공시킴으로써 글로벌 화폐금융시장의 패권국가 되겠다는 계획이다.

코로나19 이전에 중국의 초기 핀테크 산업은 알리바바, 텐센트 등 기업의 제3자 결제 시스템을 기반으로 발전하기 시작했다. 현금 → 신용카드 → 모바일 결제로 결제 시스템이 발전했던 나라들과는 다르게 중국은 현금 결제에서 모바일 결제로 건너뛰었다. 이는 중국 디지털 산업의 발전에 따른 것이다.

중국 정부는 핀테크 산업 육성을 통한 국가발전전략을 채택하면서 모든 사람이 이용할 수 있는 '포용적 금융(普惠金融)' 실현을 목표로 했다. 이에 따라 중국 정부가 금융시장의 진입장벽을 완화하면서 알리바바, 텐센트, 바이두 등이 성장하였다. 이들은 중국 핀테크 산업의 발전을 주도하였다. 핀테크 발전계획(金融科技(FinTech)发展规划, 2019년~2021년)은 국가 차원에서 처음으로 핀테크 발전에 대한 전반적인 계획을 제시한 것이었다. 중국 핀테크 사업의 지도 사상, 기본 원칙, 개발 목표, 중점 임무와 보장 조치를 명확하게 제시한 것으로 의미가 있었다.

그러나 최근 공동부유정책에 따라 2020년 11월 알리바바 금융부문 앤트그룹의 기업공개가 무산되었다. 중국 국무원은 그 근거로 반독점법에 관한 지침(2021. 2. 7.)을 발표하였다. 이 지침은 모든 기업을 대상으로, 모든 시장 주체의 평등한 참여와 공정한 경쟁을 목표로 하고 있다. 이는 중국이 기업과 산업의 발전을 위해 개입하지 않았던 플랫폼 경제, 디지털 경제에 공동부유의 반독점법에 근거해 정책을 전환하고 있는 것으로 풀이된다.

다른 한편 중국은 비트코인(BTC)과 모든 가상화폐를 금지하였다. 비트코인을 불법화했을 뿐만 아니라 테더(USDT)와 같은 스테이블 코인도 불법화했다. 이런 조치는 디지털 위안화 성공을 위해 국가 역량을 집중하겠다는 것으로 해석된다.

결론적으로 중국은 미국에 이어 실물과 금융에 있어 디지털 전환을 적극적으로 추진하는 국가발전전략을 추진 중인 것으로 풀이된다. 이에 따라 베이징동계올림픽 때에는 디지털 위안화가 전면 상용화되면서 지폐 없는 사회를 구현해 갈 것으로 추측된다.

한국경제에 던지는 시사점

중국은 CBDC3.0인 디지털위안화 전면 실행으로 디지털 법정통화 운행에서 세계 선도국가가 되겠지만 세계 기축통화로 발전하기까지는 많은 시간이 걸릴 것이다. 단적인 지표 하나를 보자. 2021년 IMF가 발표한 경제 규모를 보면 중국은 미국의 약 70%에 불과하다. 1인당 GDP는 미국의 약 23% 수준에 머물고 있다. 다른 상황을 고려할 필요 없이 위안화는 달러와 경쟁할 수 없다. 먼저 유로화, 엔화와의 기축통화 경쟁에서 승리하는 것도 쉽지 않을 것이다. 디지털위안화의 목표는 중국 금융제도의 혁신에 두어야 할 것이다.

나라마다 편차는 있지만 점진적으로 디지털화폐는 지폐를 대체하면서 멀지 않은 미래에 지폐 없는 사회가 도래할 것으로 본다. 여기에 선두에 서 있는 나라가 한국이다. 일본과 독일은 후진적일 것이다. 향후 글로벌 경제는 디지털법정화폐와 디지털민간자산이 공존하는 경제로 이행할 것으로 기대된다.

한국은 독일, 일본과 디지털 발전전략이 유사하다. 한국은 독일-일본의 불균형전략에서 벗어나 화폐금융시장의 디지털 전환을 촉진하는 균형발전전략을 택해야 한다. 한국의 가상화폐, 디지털 자산, 인터넷 뱅킹의 발전전략은 미국만큼 개방적이고 혁신적이어야 한다고 생각한다. 한국의 목표는 글로벌 제조강국과 함께 아시아 금융선도국이어야 한다.

'양면 시장' 플랫폼에 대한
중국 정부의 '양면성'

김상규 한양대학교 학술연구교수

중국 플랫폼의 현재

플랫폼은 기본적으로 소비자와 판매자라는 개별 경제 주체를 연결하기에 '양면 시장(Two Sided Market)'이라고 불린다. 코로나19가 우리 삶의 불가피한 한 축으로 자리 잡으면서 디지털 전환 시대의 또 다른 패러다임에 직면했다. 플랫폼을 통해 자유롭게 서비스를 공유하고 활용하는 사회시스템의 확대는, 전자상거래와 소셜 커머스, 사이버 회의 등 비대면 일상의 사회적 효용성은 물론 경제적 차원에서 관련 소비의 폭발적 증가로 이어졌다. 중국의 경우, 2020년 온라인 매출은 2019년보다 10.6% 증가한 11조 7,601억 위안을 기록했고,[43] 온라인 쇼핑 이용자는 2015년 4억 1,325만 명에서 2020년 7억 8,241만 명으로 대폭 증가했으며 코로나19 이후 상승 폭이 더욱 커졌다.

현재 중국 플랫폼 기업들은 일대일로 연선 국가를 중심으로 문화, 콘텐츠, 교육, 관광 분야에서 교류를 확대하고 있다. SNS, 게임, 쇼트

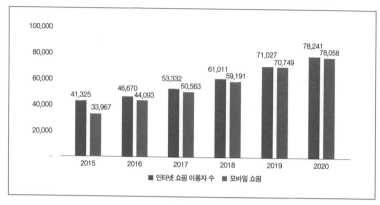

〈중국 온라인 쇼핑 유저 규모[44]〉

클립(Short-Clip) 등의 영역에서 디지털 실크로드를 수립하기 위한 목적에서다.[45] 하지만 최근 중국 정부가 플랫폼 경제 영역의 공정한 시장 질서 유지를 제도화한다는 명분 아래 일련의 정책을 발표하고 제재를 가하면서 관련 업계가 휘청거리고 있다. 중국의 플랫폼 기업이 거대 그룹으로 발돋움할 수 있었던 이유는 중국 정부의 적극적인 지원이 있었기 때문이다. BAT(바이두, 알리바바, 텐센트) 등의 기업들은 검색엔진, 전자상거래, 메신저 서비스와 같은 주력사업 분야에서 시장을 선점하였고, 이후 플랫폼과 대규모 고객 데이터를 기반으로 독점적인 온라인 비즈니스 생태계를 구축하였다. 이러한 결과는 중국 정부의 묵인 없이는 사실상 불가능한 것이었다. 실제로 중국 정부는 온라인 플랫폼 경제가 경제발전의 새로운 동력이자 자원 배치의 최적화, 혁신·융합 촉진, 산업 업그레이드, 소비시장 확장, 고용 창출에 있어 주요한 역할을 한다고 인식하고 적극적인 지원을 마다하지 않았다. 하지만 중국 정부는 2021년 3월 이후 6월 현재까지 △전자상거래 △지역 공동구매 △핀테크 등 분야의 관련 기업들을 불러 8차례 이상의 예약 면담(約談)

을 진행함과 동시에 위법행위에 대해 법적 처분을 진행하고 있다.[46] 이에 대해 중국 정부가 내세운 이유는 플랫폼 기업의 독점 및 불공정경쟁 행위에 대한 규제이다. 그렇다면 중국 정부는 안정적인 경제성장을 위해 쌍순환(双循环)[47]전략을 대내외에 강조하며 적극적으로 경제발전을 추동하고 있는 상황에서 왜 갑자기 중국경제의 핵심축인 플랫폼 기업에 대한 대대적인 규제를 강화하고 나선 것일까?

중국은 왜 디지털 플랫폼 기업을 규제하나?

중국은 현재 '칭랑(清朗) 행동'이라는 정책을 시행하고 있다. 칭랑 행동은 '인터넷 사용자 계정 명칭 관리 규정'에 따라 사이버 공간을 관리하는 캠페인이다. 주요 내용은 앱, 검색 엔진, 인터넷 클라우드, 채용, 여행 사이트 등에 음란물, 가짜뉴스, 폭력물과 관련한 사진, 동영상 유포, 개인 정보 유출, 사기, 도박 같은 불법행위가 있는지 적발하는 것이다. 2016년 처음 시행한 이후, 2017년부터 2019년까지 뚜렷한 활동이 없다가 2020년 5월, 관련 활동을 재개하고 여름 방학 동안 미성년 특별단속을 시행하였다. 단속 명목은 "온라인에 미성년자들에게 해로운 정보가 만연해 있고, 팬덤 문화로 인한 상호 비방, 인터넷 게임 등 사회 병폐 현상을 해결한다"라는 것이었다. 단속한 결과, 불법 인터넷 사이트 1만 4천여 곳을 폐쇄하고 계정 580만여 개를 삭제했다.

2021년 5월부터는 역사 허무주의 척결, 데이터, 댓글 조작과 인터넷에서의 비이성적 연예인 팬덤 조직 등에 대한 관리 감독을 시행했으며, 인터넷에서 벌어지는 팬클럽 간의 상호 비방과 공격, 유언비어 살포, 마녀사냥, 순위 조작, 서포트 모금 등 온라인 팬덤 활동으로 인한 불법행위를 처벌했다. 2021년 8월부터는 1인 미디어, 푸시 팝업 사이트 등 불법적인 정보 제작과 유통에 관여하는 앱과 사이트에 대한 대대적인 단속을 시행했다.[48]

2021년 9월 2일, 중국 광전총국은 웹사이트에 대해 8개 조항의 예술과 연예 산업 관련 가이드라인을 발표했다.[49] 이어 27일에는 중국 국가인터넷정보판공실(CAC)은 연예인 인기 순위 발표 금지 조치 등을 담은 '무질서한 팬덤에 대한 관리 강화' 방안을 발표했다. 미성년자가 연예인을 응원하려 돈을 쓰는 것을 금지하거나 예능 프로그램의 유료 투표를 제한하는 내용 등도 포함됐다. 일련의 정책 시행이 지목하는 것은 모두 온라인 공간에서 청소년들에게 유해하다고 판단하는 활동이다. 그중에서도 중국 정부가 강력하게 규제하겠다고 나선 것은 온라인 게임이다. 중국은 2008년 세계에서 처음으로 '인터넷 중독'(주로 온라인게임)을 임상적인 장애로 등록했다.[50] 이 때문에 중국은 2019년부터 미성년자의 온라인게임 접속 시간을 밤 10시부터 아침 8시까지 금지하고 있다. 더 나아가 중국 '국가신문출판서'는 18세 미만 청소년이 금요일과 주말, 공휴일 오후 8~9시에만 온라인게임을 이용할 수 있도록 하는 '미성년자보호법' 개정안을 발표했다. 개정안에는 매일 밤 10시부터 다음날 오전 8시까지 청소년에게 게임 서비스를 제공해서는 안 되며, 청소년이 신분을 속이고 해당 시간에 게임을 이용한 사실이 적발되면 해당 기업을 처벌할 수 있도록 하는 내용을 담고 있다. 또한, 베이징 검찰은 위챗(Wechat)의 '청소년 모드'가 청소년 보호법과 부합하지 않는 부분이 있어 청소년의 합법적 권익을 침해한다는 이유로 텐센트에 민사 공익 소송을 제기했다.[51]

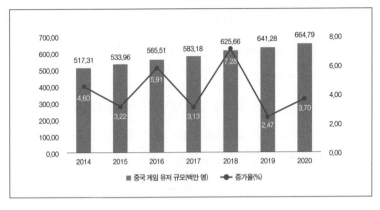

〈중국 게임 산업 유저 규모[52]〉

미성년자를 대상으로 한 온라인 규제는 게임 산업에만 국한한 것이 아니다. 오후 9시 이후에는 실시간으로 진행하는 온라인 교육 금지, 허위·과장 광고 단속, 미취학 아동 대상 선행학습을 금지하는 규제안도 발표했고, 방과 후 수업 규제 및 조사 등을 강화하면서 사교육 전담 관리·감독기구도 신설했다. 이 영향으로 미국 뉴욕 증시에 상장된 중국 온·오프라인 교육 기업인 가오투(高途) 그룹, 하오웨이라이(好未来) 등의 주가는 하루 만에 60~70%씩 폭락했고, 신둥팡(新东方)의 주가는 2021년 7월 23일 40.61% 하락을 시작으로 3거래일 동안 71.2% 폭락했다. 보스러(Scholar Education Group) 역시 같은 기간 주가가 58.1% 하락했다.[53]

중국 정부가 뽑아 든 일련의 정책 카드는 모두 젊은 세대들과 관련한 장기적인 정책 설정이다. 이것이 의미하는 것은 무엇일까? 중국은 '공산당이 없으면 신중국도 없다'라는 구호로 공산당의 영원한 일당 집정을 강조한다. 이를 위해서는 미래세대가 공산당의 사상과 정보 통제에 거부감을 가져서는 안 된다. 특히 시진핑의 권력 강화를 위해서는 안정적인 국내 정치는 필수 불가결한 조건이다. 따라서 온라인 및 플 랫폼 규제를 통해 무분별하게 퍼지는 외국 문화를 제어하고 공산당에 비판적인 정보의 입수나 전파를 철저히 방지해야 한다.

사교육 문제는 두 가지 차원에서 잠재적 위기로 작용할 수 있다. 우선, 불평등 문제이다. '소강사회' 건설을 외치는 중국이 빈부격차로 인해 교육 격차가 생기고 이것이 다시 사회적 불평등으로 이어진다면 인민들의 불만이 쌓일 수밖에 없고 중국 정부는 정치적 부담을 안아야 한다. 따라서 미리 악순환의 고리를 끊고자 선제적으로 대응하는 것이다. 둘째, 인구 문제이다. 중국은 현재 저출산 문제에 직면해 있다. 젊은 층은 육아와 교육비 부담으로 인해 출산을 피하고 있다. 생산인구의 감소는 초고령화 사회로 진입한 중국에 심각한 사회 문제가 될 수 있다. 중국 정부가 경제발전과 사회 안정의 딜레마에서 안정을 위한 정책 규제를 선택할 수밖에 없는 이유이다.

플랫폼 규제, 야 너두?

플랫폼 기업에 대한 규제는 중국뿐만 아니라 미국을 비롯한 대부분 국가에서 관련 법률을 정비하고 있다. 이는 플랫폼 기업이 급성장한 이후 시장에 나타난 부정적 효과가 거의 대동소이하게 일어나고 있다는 사실을 의미한다. 한국의 카카오 사례를 보자. 카카오는 '카카오톡'이라는 메신저 플랫폼을 통해 택시 운송 호출, 배송, 대리운전, 금융서비스 등 일상의 편리함을 제공해 주었다. 하지만 플랫폼 이용자가 증가하자 소상공인의 영역까지 침투해 가격과 수수료를 올리는 행태로 시장을 교란했다. 중소업체를 넘어 자영업자들의 골목상권까지 장악해 문어발식 확장을 한 것이다. 독점적 지위를 가진 플랫폼이 거대한 힘을 이용해 시장을 장악할 수 있다는 사실을 명시적으로 보여준다.

2021년 6월 25일, 미국 민주당과 공화당이 GAFA(구글, 애플, 페이스북, 아마존) 등 거대 온라인 플랫폼 기업에 대한 규제를 위해 발의한 반독점 패키지 법안 '더 강한 온라인 경제: 기회, 혁신, 선택(A Stronger Online Economy: Opportunity, Innovation, Choice)'이 미 하원 법제사법위원회를 통과했다. 법안의 주요 내용은 1) 플랫폼 독점 종식법(Ending Platform Monopolies Act), 2) 플랫폼 경쟁 및 기회법(Platform Competition and Opportunity Act), 3) 미국 혁신 및 선택 온라인법(American Innovation and Choice Online Act), 4) 서비스 전환 허용에 따른 호환성 및 경쟁 증진법(ACCESS, Augmenting Compatibility and Competition by Enabling Service Switching Act), 5) 합병신청 수수료 현대화법(Merger Filing Fee Modernizing Act) 등 5개 법안이다.

해당 법안들은 2020년 10월 미국 하원 사법위원회 산하 '반독점, 상업, 및 행정법 소위원회'가 GAFA의 시장지배력과 해당 지배력의 남용 여부를 규명한 보고서 〈Investigation of Competition in Digital Market〉을 발표한 것의 후속 조치이다.[54] 이 중 '미국 온라인시장의 혁신 및 선택에 관한 법률(American Innovation and Choice Online Act)'을 보면, '자신의 제품·서비스·사업을 타 사업자보다 우대'하거나, '타 사업자의 제품·서비스·사업을 배제하여 불이익'을 주거나, '서로 유사한 지위에 있는 사업자들을 차별 대우'하는 행위는 금지된다. 이뿐만이 아니다. 2021년 7월, 바이든은 독과점적 시장구조의 개선 및 경쟁 제한 폐해 시정을 위해 '미국 경제에서의 경쟁 촉진에 관한 행정명령(Executive Order on Promoting Competition in the American Economy)'에 서명했다.[55]

EU는 '디지털 시장법(Digital Markets Act)'를 통해 거대 디지털 플랫폼의 불공정 관행을 금지하고 투명성을 제고하고 분쟁 해결 시스템을 도입해 중소 업자의 성장과 혁신을 이루려 한다. 일본은 '특정 디지털 플랫폼의 투명성 및 공정성 향상에 관한 법률' 등을 통해 거대 디지털 플랫폼 사업자로부터 일본 플랫폼 시장 보호 조치를 하고 있다. 한국의 경우 2022년부터 '온라인 플랫폼 중개 거래의 공정화에 관한 법률' 시행이 예정되어 있다. 그런데 이 같은 정부의 규제가 오히려 과도한 정부 개입으로 확대해 플랫폼 기업의 위축을 가져오는 것은 아닐까? 중국의 경우는 어떤 상황을 맞이하게 될까?

중국 특색의 디지털 생태계 건설인가?
기업에 대한 '가스라이팅'인가?

2021년 2월, 디디추싱(滴滴出行)을 창업한 청웨이(程維) 회장은 중국 내 빈곤 퇴치에 공로가 있다는 점을 인정받아 시진핑 주석에게 표창을 받았다. 그로부터 5개월 후인 7월, 중국 정부는 디디추싱에 '네트워크 보안 심사'를 시행함과 동시에 모든 앱스토어에서 디디추싱 앱을 삭제하라고 명령했다. 도대체 왜 이렇게 태도가 180도로 바뀌었을까? 그 이유는 바로 디디추싱이 중국 정부의 '말'을 듣지 않았기 때문이다. 디디추싱은 4월, 예약 면담을 통해 중국 정부로부터 행정지도를 받았다.

주요 내용은 미국 증시 상장에 관한 것으로, 중국 정부는 디디추싱에 상장하지 말 것을 권고한 것으로 알려졌다.

하지만 디디추싱은 공산당 100주년 기념일 전날인 6월 30일에 미국 뉴욕 증시에 상장했다. 잔칫집에 재를 뿌린 격이었다. 그리고 이틀 뒤 중국 국가인터넷정보판공실(CAC)이 국가안보, 데이터보안, 공공 이익 침해 등의 이유로 디디추싱에 제재를 가했다. 이 사건 이면에는 미국 정부가 시행한 '외국회사문책법(The Holding Foreign Companies Accountable Act)'이 있다. 해당 법은 외국 기업이 회계감사 자료를 미국 규제 당국에 공개해야 하고, 외국 정부의 통제를 받지 않는다는 사실을 입증해야 한다. 만약 3년 연속 회계감독위원회 감사를 통과하지 못할 경우, 시장에서 퇴출할 수 있다는 내용이다.

시계를 돌려 2019년으로 가 보자. 중국의 스타벅스로 불리던 루이싱(瑞幸, Luckin) 커피가 나스닥에 상장했지만, 분식회계로 인해 1여 년 만인 2020년 6월 상장을 폐지했다. 이런 이유로 미국은 자국 내 중국기업에 대한 규제를 강화했고, 관련 법안 역시 이런 과정에서 통과한 것으로 볼 수 있다. 하지만 중국은 미국이 중국기업을 통해 정보를 유출하려고 한다는 강한 의심을 하고 있다. 왜냐하면, 디디추싱은 운송 호출 회사이기 때문에 중국 내 주요 시설, 교통, 개인정보 등 막대한 데이터를 축적하고 있을 수밖에 없기 때문이다. 그런데 미국에 고스란히 자료를 넘겨줘야 한다는 사실이 중국으로서는 절대 용납할 수 없는 일이었을 것이다.

데이터 유출과 관련해서는 이미 트럼프 정부에서 중국의 틱톡 앱과 알리페이, 위챗페이 등을 문제 삼았던 전력이 있다. 트럼프 재임 시절, 국가안보와 개인정보 유출이라는 명목으로 행정명령을 내린 것이다.

물론 바이든 정부 들어 해당 명령은 취소되었지만, 바이든 정부 역시 미국인의 데이터를 보호하려는 조치로 외국 앱에 대해 안보 위험 심사를 더욱 철저히 할 것을 강조하고 있다.

중국 정부도 이를 좌시하고 있는 것만은 아니다. 2021년 4월, 중국은 인터넷 안전법에 근거하여 '모바일 인터넷 앱 개인정보 보호 관리 임시규정(移动互联网应用程序个人信息保护管理暂行规定)'을 발표하고 플랫폼 기업이 무분별하게 개인정보를 수집하지 못하도록 강력한 규제 조치를 단행했다. 또한 2021년 6월 10일, 전국인민대표대회 상무위원회에서 '데이터보안법(数字安全法)'을 통과시켰다. 데이터보안법 제정으로 중국 내 기업의 데이터 생산, 저장, 관리, 유통 등 데이터와 관련한 일련의 모든 업무를 관리하고 감독할 수 있게 된 것이다.

중국 정부는 데이터 플랫폼 등 인프라를 구축하고, 데이터의 산업 분야 적용, 인공지능 활용, 개인정보 보호 등 제반 정책과의 연계를 강화하고 있다. 또한, 중국 각 지역에 민·관 합작(구이양 등 8개) 또는 민간 주도(충칭 등 8개)로 오픈마켓 형태의 16개 데이터 거래 플랫폼을 2014년부터 운영하고 있다.[56] 중국이 국가안보를 위시한 디지털 패권을 위해 새로운 디지털 생태계를 만들 계획이 있다는 사실을 보여주는 대목이다.

중국 정부의 플랫폼 기업 규제는 중국 시장의 안정과 기업의 경쟁력 강화, 그리고 중국의 영향력 확대를 위한 조치이다. 즉 시장 보호 조치 차원에서 글로벌 플랫폼 기업의 중국 시장 내 영향력 확대에 적극적으로 대응하기 위한 법과 제도를 시행하는 것이고, 이는 외국 플랫폼 기업까지도 중국의 법적 테두리 안에서 관리하고 감독할 수 있는 여건을 만들 수 있다는 것을 의미한다. 또한, 독점기업에 대한 규제는 장기적으로 건전한 경쟁과 새로운 기업의 진출을 더욱 활성화하는 효과가 담보될 것이다.

하지만 문제는 법률에 근거해 기업을 운영하지 않더라도 수수방관하고 있다가, 중국 정부 정책에 반하는 행동을 할 때 곧바로 칼을 빼 든다는 데 있다. 일례를 들어보자. 2020년 10월 24일, 상하이에서는 중국 정부의 경제 관료와 금융관계자들이 함께 모여 'Bund Summit(外灘金融峰会)'을 개최했다. 알리바바의 마윈은 연설을 통해 "중국에는 기본적으로 금융 시스템이 없고, 중국 은행은 전당포식 경영을 하고 있다"라고 신랄하게 비판했다.

2020년 11월 2일, 마윈을 포함한 앤트그룹의 임원들은 중국 금융기관과 예약 면담을 했다. 이후 준비하던 앤트그룹의 상장을 전면 취소했다. 게다가 2021년 4월, 시장감시총국은 알리바바 그룹이 자사 플랫폼 내 업체가 경쟁사 플랫폼에 입점하지 못하도록 거래를 제한하는 행위인 '양자택일(二选一)'이 반독점법 47조, 49조 위반했다며 182억 2,800만 위안의 과징금을 부과했다.[57]

5개월이 지난 2021년 9월 26일, 중국 저장성 우전에서 개막한 제8회 세계 인터넷 대회(World Internet Conference)에서 알리바바 이사회 주석 겸 COO(Chief Operating Officer)인 장융(张勇)은 ESG와 중소기업 지원 등을 통해 건전한 플랫폼 경제를 만들고 공동부유를 이루는 데 일조할 것을 천명했다. 이외에도 샤오미, 360그룹의 대표 역시 개인정보와 디지털 보안 등 사이버 공간의 안전과 중국 표준, 중국 콘텐츠의 발전에 대해 강조하며, 중국 정부의 지속 가능한 비즈니스 생태계를 조성해 디지털 운명 공동체를 만들 것임을 선언했다.[58] 기업들의 이 같은 공개 지지는 마치 죗값을 달게받고 항복하겠다는 선언을

한 것처럼 보인다. 중국 기업이 아무리 디지털 세계의 새로운 혁신을 디자인하고 미래지향적 플랫폼을 실현한다 해도 결국 긴고아(緊箍儿)를 두른 손오공처럼 부처님 손바닥 안에서 놀 수밖에 없는 것일까? 이것이 중국 특색 디지털 생태계의 미래인 걸까?

DIGITAL POWER
2022

Part. 2

디지털 전환 시대의 혁신과 경쟁

디지털 전환 시대를 이끌
스타트업이란 무엇인가?

조길수 한국과학기술기획평가원 부연구위원

모든 산업에서 게임의 법칙이 바뀌고 있다

태초에 아날로그가 있었다. 우리 세계는 손에 잡히는 물질을 중심으로
움직였다. 18세기 산업혁명을 시작으로 물질을 더 빨리 그리고 더 많
이 생산하는 기업이 규모의 경제를 통해 산업의 선도 기업이 되었다.
그러다 디지털 기반의 비즈니스 모델을 가진 기업이 출현하면서 기존
의 균형이 조금씩 깨지기 시작했다.

　　1995년 MIT 미디어랩 소장인 니콜라스 네그로폰테(Nichoals
Negroponte)는 그의 저서 『디지털이다(Being Digital)』에서 유형의
물질[59]이 아닌 무형의 비트가 이끄는 시대가 올 것이라고 예측했다. 디
지털 기술이 발전함에 따라 디지털 기술에 기반한 프로세스와 제품들
이 기존의 프로세스와 제품들을 뛰어넘는 '디지털 골든크로스'가 일
어날 것이라는 전망이었다. 그리고 지금 전 세계 시가총액 상위 10
대 기업 중 사우디 아람코, 버크셔 해서웨이를 제외한 여덟 개의 기

업이 디지털을 기반으로 사업을 하는 디지털 엔터프라이즈(Digital Enterprise)이다.

디지털 기술은 무어의 법칙을 따라 기하급수적으로 성장하며, 세상의 모든 정보를 디지털화했다. 실시간으로 디지털화되는 정보가 생기자 기업은 직감이 아닌 데이터 기반의 의사결정이 가능해졌다. 디지털 기술의 발달로 몇몇 신산업에서 제한적으로 볼 수 있었던 '디지털 골든 크로스'는 이제 모든 산업에서 나타나고 있다. 비트가 모든 산업에서 게임의 법칙을 바꾸고 있는 것이다.

디지털과 무관할 것이라 생각했던 엔터테인먼트, 호텔, 금융, 유통과 같은 전통 산업들의 선도 기업들도 디지털 엔터프라이즈와의 경쟁에 밀려 선두를 내주었다. 디지털을 기반으로 한 새로운 가치를 주는 제품 및 서비스와 경쟁해야 했기 때문이다. 제품과 서비스는 데이터를 통해 개선되는 것에 그치지 않았다. 자전거, 체중계와 같이 전자제품이 아닌 것들까지 디지털 디바이스화하기 시작했다. 디지털 기술이 공정 효율화와 신제품 개발에만 활용되는 것이 아니라, 하드웨어 자체가 디지털로 변하는 것이다.

코로나19로 인해 정치·사회 활동의 비대면화, 온라인화가 가속화되자 디지털의 파워는 더욱 강화되었다. 대중들은 온라인 쇼핑, 온라인 엔터테인먼트, 온라인 교육을 적극 활용하기 시작했고, 심지어 의사의 진료까지 온라인화가 진행 중이다. 기업에서는 재택근무, 원격근무가 일반화되고, 공장에서는 무인화, 자동화가 확대되고 있다. 우리가 일상적으로 하던 모든 것이 디지털과 결합하고 있는 것이다. 디지털 전환으로 게임의 법칙이 변하면서 더 이상 디지털과 연관되지 않은 제품, 서비스를 찾기 어려운 상황이다. 이제 기업들은 생존을 위해 디지털 전환에 참여할 수밖에 없게 되었다.

하지만 디지털 기술을 기업과 제품에 도입하는 것만으로는 게임의 법칙을 바꾸기 어렵다. 기존 기업들이 디지털 전환에 어려움을 겪는 이유이다. 게임의 법칙은 디지털 기술을 기반으로 기존 산업의 가치사슬을 해체하여 새로운 사업모델을 구축함으로써 새로운 고객가치와 프로세스, 새로운 생태계를 만들 때 변화한다. 다시 말해, 기존 기업들은 의도적으로 자신의 제품, 사업모델, 가치사슬 등 모든 것에 대한 카니발라이제이션(Cannibalization)을 시도해야 하는 것이다. 진정한 디지털 엔터프라이즈가 되기 위해서는 디지털 요소기술을 기반으로 한 새로운 사업모델을 통해 고객에게 새로운 가치를 주고, 기존 프로세스의 비효율을 제거하며, 새로운 가치사슬을 만들어야 한다.

〈디지털 엔터프라이즈의 정의〉

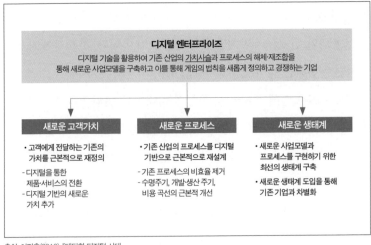

출처: 이지효(2016), 『대담한 디지털 시대』

스타트업을 중심으로 변화하는 산업 지형도

빅데이터, IoT 등과 같은 디지털 요소기술은 디지털 전환을 이끄는 필요조건일 뿐 충분조건은 되지 못한다. 디지털 요소기술은 새로운 제품, 서비스를 구현하기 위한 수단일 뿐이기 때문이다. 오히려 디지털 전환을 이끄는 디지털 엔터프라이즈가 되기 위해서는 고객가치, 프로세스, 생태계를 변화시켜 새로운 게임의 법칙을 만드는 디지털 아키텍트 역량이 필수적이다. 디지털 아키텍트 역량은 디지털 기술에 대한 이해를 바탕으로 기존 패러다임에 얽매이지 않고 완전히 새로운 사업 모델을 설계하는 역량이다.

자동차 산업의 기존 패러다임을 파괴하고 있는 테슬라의 CEO 일론 머스크는 프로덕트 아키텍트(Product Architect)라는 직함을 가지고 있다. 새로운 고객가치, 새로운 프로세스, 새로운 생태계를 보여주는 제품을 만드는 데 집중하는 것이 디지털 전환 시대에 기업이 생존하기 위한 필수 요건임을 잘 보여주는 증거이다.

기존에 쌓아둔 모든 것을 버리고 새로운 시도를 하는 것은 매우 어려운 일이다. 그래서 개별 산업에서 자리 잡고 있던 기존 기업은 디지털 전환의 흐름에 따라가기 어렵다. 반면 처음부터 새로운 비즈니스로 시작하는 스타트업은 다르다. 스타트업은 기존 산업의 게임 법칙과 비즈니스 모델로부터 완전히 자유로워, 디지털 아키텍트 관점에서 가장 진취적이다. 보유한 자원이 부족하기 때문에 더 과감한 아이디어를 바탕으로 새로운 비즈니스를 만든다. 게다가 조직이 작고 가벼워 빠르게 변화하는 디지털 세상에 대응하기 적합하다. 그래서 『린 스타트업』의 저자 에릭 리스는 "이제 모든 기업이 스타트업이 되어야 한다"고 주장하기도 했다. 변화하는 게임의 법칙 그 중심에 스타트업이 있다.

〈기업 형태에 따른 장단점〉

	스타트업	기존 ICT 기업	산업 내 기존 기업
디지털 아키텍트			
- 디지털 마인드	매우 강함	보통	약함
- 디지털 전문성	보통	강함	약함
- 산업 전문성	약함	약함	강함
디지털 요소기술			
- 애플리케이션	보통	강함	보통
- 플랫폼	약함	매우 강함	약함
- 인프라	약함	강함	보통
보유 자원	약함	보통	강함

출처: 이지효(2016), 『대담한 디지털 시대』

　스타트업이 바꿔놓은 산업의 예시는 너무도 많다. 특히 금융산업
은 디지털 전환의 영향을 가장 크게 받은 산업 중 하나이다. 일반인들
이 쉽게 느끼는 변화는 지금까지 오프라인에서만 가능했던 활동들이
온라인으로 넘어오고 있다는 것이다. 이제는 단순 입출금뿐만 아니라,
통장을 개설하는 업무까지 온라인으로 가능해짐에 따라 오프라인 점
포가 사라지고 있고 카카오뱅크, 케이뱅크와 같이 아예 오프라인 점포
가 없는 은행도 출현하고 있다. 금융 거래의 형태가 변한 것은 금융산
업 변화의 아주 작은 부분일 뿐이다.

　기존 금융산업은 여신, 수신, 결제, 증권, 보험, 자산운용 등 금융 상
품에 따라 은행, 카드사, 증권사 등으로 분화되어 있었다. 하지만 이제
는 핀테크를 필두로 빅데이터와 인공지능 기반의 자동화된 오퍼레이
션 플랫폼(앤트파이낸셜, 토스 등)이 등장하며 하나의 통합된 플랫폼

에서 다양한 금융 상품과 서비스를 제공하는 형태로 변화하고 있다. 고객 입장에서는 단일화된 플랫폼에서 모든 금융서비스를 원스톱으로 간단하게 해결할 수 있는 이러한 흐름이 반가울 수밖에 없다.

유통산업 또한 스타트업이 게임의 법칙을 완전히 바꿔놓은 좋은 예시이다. 2000년대 초반 출현하기 시작한 온라인 쇼핑몰들은 책과 같은 제한적인 상품에 한해서만 온라인화에 성공하는 모습이었다. 전통적인 소매업체들은 이와 같은 1세대 디지털 소매 플랫폼(아마존, 인터파크 등)과의 경쟁에서 큰 타격을 받지 않았다. 온라인으로 판매할 수 있는 상품이 제한적이었을 뿐만 아니라, 오프라인 상점의 잘 훈련된 직원들이 고객의 요구사항을 더욱 잘 충족할 수 있었기 때문이다.

하지만 2010년대 출현한 소셜커머스 사업모델(쿠팡 등)은 데이터에 기반하여 개별 고객 맞춤형 큐레이션을 통해 상품을 추천하고, 오프라인 상점을 방문하는 것만큼 빠르게 배송해 주는 서비스를 제공하며, 전통적 소매업체뿐만 아니라 유통산업 전체를 뒤흔들고 있다. 번거롭게 마트, 백화점에 갈 필요 없이 집에서 클릭 몇 번으로 오프라인 매장보다 더 싼 가격에 필요한 물건을 바로 다음 날 아침에 받아볼 수 있게된 것이다. 이는 기존 유통산업으로부터 고객들이 발을 돌린 가장 큰이유이다. 이제는 전자제품, 화장품 등과 같이 상대적으로 배송이 용이했던 제품군뿐만 아니라 유아용품, 신선식품(마켓컬리 등)까지 그영역이 확대되어 기존 유통기업들의 지위가 위태로운 상황이다.

대표적인 제조업 중 하나인 자동차 산업도 디지털 전환에 따른 변화로 스타트업이 기존 기업을 뒤흔들고 있는 좋은 사례이다. 기존 자동차 기업들은 부품 생산은 외주를 맡기고 디자인과 마케팅에 힘을 쏟으며 자동차라는 하드웨어 자체 판매에 집중했다. 고객들은 자동차의 브랜드 가치와 멋진 외관, 기계적 성능에 돈을 지불했다.

하지만 테슬라를 필두로 많은 스타트업이 자동차를 소프트웨어 중심의 디지털 디바이스로 정의하면서 산업의 구조가 바뀌고 있다. 판매 채널도 오프라인 매장이 아닌 온라인 중심으로 재편했다. 또한 5~7년 주기로 신제품을 출시했던 기존의 방식과 다르게, 몇 년 된 모델도 OTA(Over-The-Air)를 통해 모델체인지나 리콜 없이도 지속적으로 성능을 높여주는 새로운 가치를 제공했다.

특히 자율주행기술이 보편화되면서 새 차를 구입해야만 더 향상된 자율주행 기능을 사용할 수 있는 기존의 자동차 제품들에 비해, 온라인 업데이트를 통해 자율주행기술을 지속적으로 향상시켜주는 테슬라의 제품들은 비교우위를 가질 수밖에 없었다. 더 뛰어난 자율주행 기능을 원하는 고객들은 별도 소프트웨어를 구매하거나 구독할 수도 있다. 자동차 기업이 하드웨어를 기반으로 소프트웨어를 판매하게 된 것이다.

그러나 기존 자동차 기업의 경쟁자는 테슬라와 같은 신생 자동차 제조업체뿐만이 아니다. 비록 코로나19로 인해 공유경제에 대한 의구심이 들기 시작했지만, 자율주행기술이 빠르게 보급되는 현 추세가 계속된다면 자동차가 개인 재산이라는 개념 자체가 변화하고 나를 이동시켜주는 기계로 변화하게 될 것이다. 이런 경우 자동차 산업은 소수의 제조업체만이 남아 우버, 그랩 등과 같은 차량 공유 업체에서 필요로 하는 표준화된 제품만을 생산하는 역할로 산업 구조가 바뀔 가능성도 있다.

마이크로소프트, 구글 등의 기존 1세대 스타트업들은 새로운 산업을 만들며 전 세계를 호령하는 기업으로 성장했다. 기존 기업과 경쟁하는 것이 아닌 새로운 판을 개척한 것이다. 반면 지금의 스타트업은 산업 전반의 패러다임 전환을 이끌며 기존의 기업과 직접적인 경쟁을 한다. 스타트업과 기존 기업의 경쟁 끝에 스타트업을 중심으로 산업이 재편되는 경우가 매일같이 늘어나고 있다. 뛰어난 자본력과 산업 생태계에서의 지위를 활용해 진입장벽을 쌓고 경쟁을 차단하던 기존 기업들은, 디지털 전환이 시작된 이후 스타트업이 만든 새로운 게임의 법칙으로 들어와 버렸다.

디지털 전환에 놓인 우리의 미래

최근 우리나라에도 바뀐 게임의 법칙이 지배하는 시장을 선도하는 스타트업들이 등장하기 시작했다. 앞서 언급한 토스를 서비스하는 핀테크 업체인 비바리퍼블리카, 유통산업을 재편하고 있는 쿠팡, 온라인 신선식품 배송 업체인 마켓컬리 등이다. 토스는 은행에 가는 수고를 없앴고, 쿠팡과 마켓컬리는 마트에 가지 않고도 필요한 물건을 집에서 빠르고 쉽게 받아 볼 수 있게 해 우리 생활방식을 크게 바꿨다. 산업의 패러다임이 바뀌자 오랜 시간 선두를 유지하던 기존 금융사들과 유통사들이 조금씩 그 자리를 빼앗기고 있다. 다른 산업들도 마찬가지다.

하지만 아쉬운 점도 있다. 게임의 법칙을 직접 바꾸기보다는 해외 스타트업이 바꾼 게임의 법칙을 따라갔다는 점이다. 우리나라는 패스트팔로워(Fast Follower) 전략으로 성장해온 시간이 길어 디지털 아키텍트 역량을 기반으로 한 새로운 비즈니스 모델을 만드는 데 익숙하지 않기 때문이다.

퍼스트무버(First Mover)의 비즈니스 모델을 국내에 도입하여 비즈니스를 영위하는 것이 나쁜 것만은 아니다. 앞서 언급한 기업들은 모두 유니콘 기업이거나 앞으로 유니콘이 될 만한 역량을 가진 기업으로 성장했고, 그 외에도 국내 스타트업 생태계에 뛰어난 스타트업들이 많이 생겨났기 때문이다. 하지만 해외에서 시작된 비즈니스를 기반으로 시작한 사업이기 때문에 사업영역이 대체로 국내에 한정되어 있는 경우가 많아 성장의 실링이 크지 않다는 것은 문제이다.

오히려 다른 해외 업체가 국내나 아시아 시장에 진출하고자 할 때 브라운 필드 투자(Brown Field Investment) 형태로 회수되는 경우도 있다. 대표적인 사례가 배달의민족을 서비스하던 우아한형제들이다. 국내 스타트업이 해외로부터 가치를 제대로 인정받은 빅딜이라는 점에서 매우 칭찬받아 마땅하지만, 우아한형제들이 완전히 새로운 비즈니스 모델을 기반으로 먼저 성장해서 딜리버리히어로를 인수했다면 더 좋았을 것 같다는 아쉬움이 남는다.

우리나라는 수출 중심의 제조업에 대한 집중 투자로 글로벌 선도 국가로 성장했다. 하지만 값싼 노동력을 가진 중국이 한국을 추월하기 시작하며 우리나라의 강점이 희석되고 있다. 또한 디지털 전환의 물결로 우리나라는 생존을 위해 더욱더 빠른 구조 전환이 필요해졌다. 디지털 전환 시대에 산업 구조를 바꾸는 힘은 스타트업에서 나온다.

하지만 그간 국내 스타트업은 기존 기업이 성장해온 방식과 유사하게 다른 스타트업이 만든 새로운 게임의 법칙을 따라가기에 바빴다. 앞선 논의에서 밝힌 바와 같이, 스타트업은 기존 기업보다 뛰어난 디지털 아키텍트 역량을 무기로 산업을 재정의하는 조직이다. 변화하는 디지털 세상에서 한국이 주도권을 잡기 위해서는 디지털 전환을 이끌 새로운 아이디어를 지닌 퍼스트무버 스타트업이 나올 필요가 있다. 이러한 스타트업이 글로벌 유니콘으로 성장한다면, 정체된 기존의 내수 기업에 새로운 자극을 줄 수 있을 것이다. 그리고 이러한 디지털 전환이 우리나라를 세계 선도 국가로 이끄는 기회로 작용할 것이다.

2 DIGITAL POWER 2022

디지털 전환과 기업의 대응 역량

김승현 과학기술정책연구원 연구위원

기업 혁신 환경의 변화와 기회

최근 우리는 경제·사회·기술 등 다양한 영역에서 전례 없는 큰 변화의 시기를 경험하고 있다. 코로나19에 따른 경제적인 위기, 기후 및 환경 변화에 따른 사회적인 위기는 개인뿐만 아니라 기업의 경영전략과 생존에도 큰 영향을 끼치고 있다. 디지털 전환이 중요한 이유는 이러한 환경의 변화를 헤쳐나갈 수 있는 가장 중요한 기술이자 수단이 될 수 있기 때문이다.

우리에게 주어진 위기를 극복하기 위해서는 그레이트 리셋(Great Reset)이 필요하며, 디지털 전환은 이를 가능케 하는 원동력이다.[60] 그레이트 리셋이란 디지털 전환을 통한 경제 및 사회시스템 전반의 완전한 개혁을 의미한다. 즉, 디지털 전환은 단순한 기술개발 혹은 개발된 기술의 적용만으로 끝나지 않고, 기업 활동과 사회 전반의 시스템 변화까지 파급되는 혁신시스템 전반의 변화를 유도한다.[61] 디지털 전환에 따른 혁신시스템의 변화는 같이 미시수준(Micro-Level, 기술의 변화), 중간수준(Meso-Level, 기업 및 산업의 변화), 거시수준(Macro-Level, 가치의 변화)에 걸친 혁신시스템 전반의 변화로 나타난다.[62]

〈디지털 전환으로 인한 혁신시스템의 변화〉

	혁신시스템 변화
(미시수준) 기술 (Micro)	• ICT 중심의 기반기술을 통한 디지털화, 가상과 현실의 연계 • 개별 기술 단위의 로드맵이 아닌 기술들의 다양한 조합과 상호운용에 기반한 디지털 기술생태계 중심의 혁신
(중간수준) 기업 및 산업 (Meso)	• 기업의 연구개발과 생산활동뿐만 아니라 비즈니스 모델, 경영목표와 전략, 주요 이해관계자와의 관계를 포함한 기업의 모든 활동이 근본적으로 변화 • 산업 간의 융합, 신산업의 출현, 기존 산업의 전환과 같은 산업의 구조적 변화를 촉진
(거시수준) 가치 (Macro)	• 가치의 창출과 획득, 성장방식의 근본적인 변화 • 산업 시대를 넘어 디지털 경제 시대의 도래

출처: 김승현 외(2020), "전환시대 지역혁신생태계에서 선도기업의 역할과 기여", 과학기술정책연구원

혁신시스템 전반의 변화 중 기업의 혁신환경 변화는 중간수준의 변화로 설명될 수 있다. 중간수준 변화의 가장 큰 특징은 기존의 공고한 가치사슬이 복잡한 생태계로 확장(연결성의 증가)되며, 경쟁 기반의 생태계가 개방과 협력 기반의 생태계로 변화되는 것이다.[63] 이러한 기업환경 변화는 기업의 전략과 성과에도 영향을 미친다. 이러한 관점에서 기업의 디지털 전환은 비즈니스 모델의 전환에 그쳐서는 안 되며, 이해관계자와의 관계를 변화시키고 가치사슬 전반의 시스템 전환까지를 포함하여야 한다.[64]

디지털 전환에 따라 기업은 5개의 전략영역에 영향을 받는다.[65] 5가지 전략 영역은 고객, 경쟁, 데이터, 혁신, 가치를 포함한다. 먼저 고객

영역은, 디지털 전환에 따라 기업이 고객과 연결되는 방식 그리고 가치를 창출하는 방법이 달라지는 환경 변화를 의미한다. 기존의 소품종 대량생산에 기반한 매스 커뮤니케이션 중심의 고객관계는 디지털 전환 기술의 보급으로 인해 양방향 기반 고객네트워크 중심으로 변화되고 있다.

〈디지털 기술로 인한 고객관계 변화 사례〉

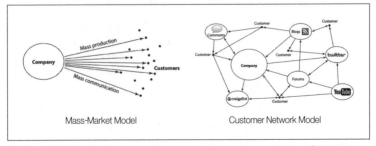

출처: Rogers(2016), "The Digital Transformation Playbook_ Rethink Your Business for the Digital Age", Columbia Business School

둘째, 경쟁 영역은 정의된 산업 내 경쟁 환경에서 타 산업을 포함한 유동적 산업 간 경쟁 환경으로 변화된다. 기존에는 파트너와 경쟁업체라는 구분이 비교적 명확했다면 이들 간의 구분이 모호해지며 제로섬 방식의 경쟁 또한 협력을 통한 경쟁으로 바뀌게 된다.

셋째, 데이터의 생성과 활용 방식이 변화된다. 기업활동에 있어 데이터는 주로 회사 내부에서 보유·관리되며 대규모 IT 시스템을 구입하고 유지하는 형태로 운영되어 왔다. 디지털 전환이 가속화되면서 데이터는 별도의 계획 없이도 기업활동 과정에서 생성되며 이러한 비정형 데이터에 대한 접근성이 향상된다. 데이터의 활용은 비용절감에서 새로운 가치 창출로의 연계로 확대되며, 데이터 관리 축이 생성과 유지,

관리에서 데이터 기반 지식의 창출로 바뀌게 된다.

넷째, 기업의 혁신 활동이 변화된다. 기존에는 실패를 회피하고 완성되고 검증된 제품으로 혁신활동이 이루어졌다면, 프로토타입 단계의 출시와 테스트 및 검증에 기반한 의사결정 방식이 보다 확산되고 있다. 즉, 솔루션 중심의 느린 혁신과정이 문제해결 중심의 즉각적이고 유동적인 혁신과정(애자일 방식의 혁신)으로 옮겨가고 있다고 할 수 있다.

다섯째, 산업별로 유형화된 가치가 고객의 요구사항에 기반한 동적인 가치로 전환되고 있다. 이러한 동적인 가치 니즈를 만족시키기 위해서는 새로운 기업혁신 생태계로의 전환이 필요하며 제품과 서비스 또한 제품의 서비스화 혹은 서비스의 제품화 같은 형태로 융합되고 있다. 원활한 융합을 위한 기반은 플랫폼을 중심으로 형성되며 생태계 내에 비선형적인 다중 연결이 확대되고 있다.

이처럼 디지털 전환은 기업의 혁신환경 변화와 더불어 전략의 변화를 유도하고 있다. 그렇다면 기업들이 변화에 적극적으로 대응할 경우 기대되는 효과, 즉 기업이 가질 수 있는 기회에는 무엇이 있을까? 아태 지역 15개국의 기업을 대상으로 조사한 결과에 따르면, 기업들은 디지털 전환을 통해 영업이익의 증가, 생산성 향상, 고객 충성도 확보, 비용의 절감, 신규 사업 진출의 효과를 얻을 수 있다.[66] 디지털 제품과 서비스를 통한 매출이 전체 매출의 1/3 이상인 리더그룹의 경우, 그 외 팔로워 기업에 비해 영업이익 약 2.5배, 생산성 약 2.1배, 고객만족도 약 2.2배, 비용절감 약 2.4배, 신규사업을 통해 늘어난 매출 약 1.9배가 높은 것으로 조사되었다. 유사한 관점에서 OECD(2019)에서는 디지털 기술을 잘 활용하는 기업과 그렇지 않은 기업과의 차이를 분석한 바 있다.[67] 디지털 기술을 도입해 생산성을 높이려는 선도기업은 비용절감을 통해 생산량이 확대되고 이윤이 극대화되는 선순환의 고리에 진입하는 반면, 도입이 늦은 후발기업들은 신기술 도입이 늦어지면서 경쟁에 밀리고 만다. 그 결과 우수 인재 확보가 어려워지는 악순환의 늪에 빠지는 현상이 나타날 수 있음이 드러났다. 이러한 현상은 향후 가속화될 것으로 보여 기업의 생존과 발전에 디지털 전환이 미치는 영향은 더욱 커질 것으로 보인다.

디지털 전환에 대한 기업의 대응 현황

디지털 전환은 단순히 하나의 기술을 도입하거나 공정을 바꾸는 것이 아닌 기업의 기획과 제품 개발, 가치 창출, 주요 이해관계자들(연계 기업과 소비자 등을 포함)과의 관계와 같은 기업활동 전반이 변화하는 것이다. 과거 수공업이 공장화되고 우편, 전화 등이 인터넷으로 대체되는 것과 같은 큰 변화라 할 수 있다. 이러한 변화에 대해 우리나라의 기업들은 어떻게 대응하고 있을까? 그간 수행된 다양한 기업의 디지털 전환 실태에 대한 조사들은 국내 기업들의 디지털 전환 대응 수준이 그리 높지 않으며, 기업 간의 격차가 매우 큼을 확인할 수 있다.

　2019년 수행된 디지털 전환에 대한 조사[68]에서는 디지털 전환을 측정하기 위해 디지털 성숙도 지수를 활용하였다. 그 결과 12점 만점 중 대기업은 6.58점, 중견기업은 5.72점, 중기업은 3.76점, 소기업은 3.49점으로 기업의 규모에 따라 디지털 전환 대응 정도에 큰 차이가 나타나는 것으로 나타났다.

〈기업규모별 디지털 성숙도〉

	디지털 성숙도 평균
대기업	6.58
중견기업	5.72
중기업	3.76
소기업	3.49
소상공인	3.78

* 성숙도 점수 구간은 최하 0점, 최고 12점
출처: 강재원 외(2019), "중소기업 디지털 전환을 통한 경쟁력 제고", 중소기업연구원

  2020년 수행된 기업의 디지털 전환 실태조사[69]는 기업의 전반적인 디지털 전환 현황을 보여준다. 국내 기업 중 디지털 전환을 추진 중인 기업은 약 30.6%인 것으로 나타났다. 하지만 디지털 전환을 적극적으로 추진 중인 기업은 약 9.7% 정도였으며 전담조직을 보유한 기업은 2.1%에 불과했다. 디지털 전환을 현재 추진하고 있지 않은 기업 중 미래 추진계획에 있는 기업도 21.8%에 그치는 등 아직까지는 디지털 전환이 기업에 크게 파급되고 있지는 못하고 있음을 알 수 있다.

  이러한 경향은 고성장기업 조사[70]에서도 그대로 나타나고 있다. 고성장기업이란 3년 이상 매출액 혹은 고용에 있어 매년 20% 이상 증가하고 있는 매우 역동적인 기업을 의미한다. 이러한 고성장기업들조차도 조사기업의 66.29%는 디지털 전환에 대해 대응할 방법을 찾지 못하고 있었다.

  기업의 규모가 작을수록 대응방법을 찾지 못하는 경향이 높았으며 규모가 클수록 디지털 전환을 위해 노력하고 있는 것으로 나타났다. 디지털 전환을 추진하는 경우 전환방향은 대부분 내부 업무 효율의 증대(58.8%)였으며, 신규사업 발굴의 경우 13.5%에 그쳤다. 유사한 관점에서 OECD(2021)에서는 한국 중소기업의 노동생산성이 대기업의

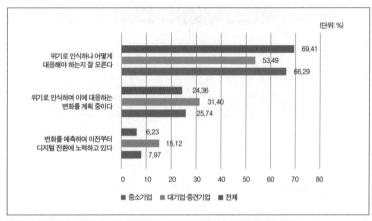

〈디지털 전환에 대한 고성장기업의 인식〉

(단위: %)

위기로 인식하나 어떻게
대응해야 하는지 잘 모른다: 69.41 / 53.49 / 66.29

위기로 인식하며 이에 대응하는
변화를 계획 중이다: 24.36 / 31.40 / 25.74

변화를 예측하여 이전부터
디지털 전환에 노력하고 있다: 6.23 / 15.12 / 7.97

■ 중소기업 ■ 대기업·중견기업 ■ 전체

출처: 김승현 외(2020), "전환시대 지역혁신생태계에서 선도기업의 역할과 기여", 과학기술정책연구원

28.7%에 불과하며 이는 OECD 국가 평균에 비해서도 낮은 수준에 해당한다고 보았다.[71] 이러한 원인으로는 디지털 기술 불균형을 지적했는데 한국은, 디지털 인프라는 우수하나 다양한 신기술을 활용한 디지털 전환의 정도는 낮다고 지적되었다. 기술을 광대역, 빅데이터, 이커머스, 클라우드, CRM, ERP 등으로 세분화할 경우 대기업은 이커머스, 클라우드, CRM에서, 중소기업은 빅데이터, 이커머스, 클라우스, CRM 등의 활용에 있어 OECD 국가 평균보다 낮은 활용을 보이고 있었다.

CISCO·IDC(2020)의 아태지역 14개국 디지털 성숙도 조사에서도 국내 기업들의 디지털 전환 수준은 아시아 태평양 14개국 중 6위에 머물렀다. 이러한 결과에 따라 한국은 디지털 성숙도에서 디지털 관찰자(2단계)에 위치한 것으로 나타났다. 디지털 성숙도 2단계는 디지털 전환에 대한 기업의 전략이 아직 정립되지 못하고 주요 활동에서 기술이 적용되는 정도가 초보적인 수준임을 뜻한다.

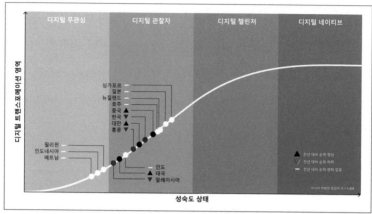

〈아태지역 14개국 기업들의 디지털 성숙도〉

출처: CISCO·IDC(2020), "2020 아시아 태평양 중소기업 디지털 성숙도 연구", 발표자료

　　조사국 14개국 중 상위 11개국이 모두 디지털 관찰자 단계였다는 점은 아직 아태지역에서 한국이 디지털 전환에 있어 뒤처지지는 않았음을 보여준다. 하지만 2019년 조사 대비(5위) 한 계단 하락한 6위가 된 점은 기업의 디지털 전환이 더 이상 기업 차원의 문제가 아닌 국가 전반의 문제가 될 수 있음을 시사한다고 볼 수도 있다. 한국은 타 국가와 비교 시 기술투자는 우수하나 타 국가 대비 변화에 대한 문화적 저항이 높으며 시장의 성장과 확장이 낮은 것으로 나타났다. 특히 아태지역 중소기업들은 인재 부족을 공통적인 애로사항으로 뽑았다.

　　주요 조사 결과에서 보는 바와 같이, 우리나라 기업의 디지털 전환은 주요 선진국과의 비교 관점에서 아직 미흡한 부분이 많은 것으로 나타났다. 기존의 인프라 경쟁력에 따른 일부 강점이 있음에도 불구하고 소프트웨어적인 측면의 적용과 활용은 부족한 실정이다. 또한 기업의 규모에 따른 격차는 매우 심각한 편이다. 따라서 기존의 연구개발

사업 혹은 단순 시스템 보급 중심의 디지털 전환 방식은 기업의 디지털 전환 활동을 촉진하는 데 한계가 있다. 기업들의 대부분이 무엇을 어떻게 해야 할지 모르고 있는 측면은 기업의 디지털 전환에 시사하는 바가 크다고 할 수 있다. 중소기업들이 디지털 전환을 스스로 추진하기 위해서는 이를 위한 역량 확보와 전략에 대한 이해가 선행되어야 한다.

디지털 전환을 위한 기업의 필요 역량과 정책적 시사점

디지털 전환은 앞서 본 바와 같이 하나의 프로젝트 성과물이 아닌 지속적인 기업의 변화를 이끄는 동적인 과정이라 할 수 있다. 이러한 변화는 4차 산업혁명이라 불릴 수 있는 하나의 큰 대전환이다. 디지털 전환에 대한 기업의 대응은 변화에 대응하는 기업의 생존전략 혹은 발전전략으로 이해하는 것이 필요하며, 이를 위해서는 어떠한 역량이 필요한가를 알아보는 것이 중요하다고 할 수 있다.

　생존전략 관점에서 보면 디지털 전환은 일종의 기업의 회복탄력성(Resilience)으로 이해될 수 있다.[72] 기업의 회복탄력성은 환경의 큰 변화에 대해 기업이 현 상태를 유지하거나 재조직화를 통해 조직을 회복하고 성장모드로 복귀하는 것을 의미한다. 이를 위해 필요한 것이 바로 동적 역량이라 할 수 있다. 동적 역량이란 기업이 변화를 식별하고 대응할 수 있는 능력을 말한다.[73] 동적 역량에 대해서는 다양한 연구들이 존재하며 이 중 동적인 단계를 중심으로 볼 경우 감지(Sensing)와 기회포착(Seizing), 재구성 및 전환(Reconfiguring and

Transforming)으로 나누어 볼 수 있다.[74]

디지털 전환에 대응하기 위한 기업의 역량과 3단계(감지, 기회포착, 재구성 및 전환) 과정에서 감지 단계에서는 디지털 전환의 시작이라 할 수 있는 기술적인 변화를 파악하고, 이에 따른 기업 간의 경쟁 및 산업환경 변화, 가치 변화를 인식하는 것을 포함한다. 먼저 감지 단계는 기업의 외부환경을 파악하는 것으로 내부의 역량이 부족할 경우 이를 파악할 수 있는 외부적인 자원을 최대한 활용하는 것이 중요하다. 다음으로 기회포착 단계에서는 디지털 전환을 위한 전사적 전략의 수립, 이와 관련된 필요한 혁신활동을 포함한다.

마지막으로 재구성 및 전환 단계에서는 혁신활동을 통해 기업의 활동 전반이 전환되어 성과로 이어지는 과정이 일어난다. 이러한 과정이 진행되는 데 있어서 구조적인 변화와 장애요소의 해소가 필요하다. 구조적인 변화란 디지털 전환에 따른 조직의 구조와 기업 문화의 변화, 그리고 개별 직원의 역할 변화 등을 의미하며, 리더십의 변화도 동반된다. 장애요소는 조직이 기존에 가지고 있던 관성, 그리고 내부 구성원들의 저항을 의미한다. 이처럼 디지털 전환이 성과로 이어지기 위해서는 단순히 기업의 활동 전반의 시스템을 변화하는 것만이 아닌 이를 내재화하기 위한 기업의 극복과정이 포함되어야 한다.

디지털 전환에 대한 기업의 대응에서는 기업 자체의 노력이 가장 중요하나, 기업이 능동적인 전환을 할 수 있도록 국가·사회적 인프라 마련이 필요하다. 디지털 전환에 있어 가장 어려움을 겪는 기업들은 대부분 중소기업으로 이들이 디지털 전환을 통해 성장하도록 하기 위해서는 기업 외적인 부분의 시스템이 보다 중요할 수 있다. 국가·사회적 인프라는 인력의 양성, 디지털 기술로서의 무형재에 대한 연구개발 확대와 활용을 위한 제도 정비, 연구산업의 확대 등을 들 수 있다.

첫째, 인력양성은 매우 시급한 문제라 할 수 있다. 인재의 부족은 앞서 본 다양한 실태조사에서도 기업들이 디지털 전환에 대응하기 어려운 측면으로 언급된 바 있다. 기업의 동적인 대응 측면에서도 감지와 기회 포착을 위해서는 이를 수행할 수 있는 인재가 필요하다. 하지만 중소기업은 이러한 인력 자체를 보유하고 있지 못한 경우가 많다. 따라서 전반적으로 부족한 디지털 전환 관련 인력을 충분히 양성하는 것이 필요하다.

둘째, 무형재에 대한 연구개발 확대와 관련 제도 정비가 필요하다. 우리나라의 기존 ICT 경쟁력은 대체로 유형 인프라를 중심으로 형성되어 왔다. 하지만 디지털 전환은 궁극적으로 유형적인 부분(물리)과 무형적인 부분(가상)을 이어주는 것으로 이를 이어주는 기술은 무형기술에 해당한다. 따라서 유형적인 자원을 최적화할 수 있는 무형적인 디지털 기술을 개발하고 이를 다양한 기업들이 활용할 수 있도록 제도를 정비하는 것이 필요하다.

셋째, 연구산업의 확대가 중요하다. 앞서 지적한 인력의 경우, 기업의 규모와 특성이 모두 다르므로 디지털 전환 관련 다양한 인력을 모두 고용하는 것은 비효율적일 뿐만 아니라 현실적으로 가능하지도 않다. 따라서 기업에 맞고 실질적으로 도움이 될 수 있는 컨설팅, 혹은 관련 시설과 장비 등의 매칭이 필요하다. 이를 포괄하는 산업이 연구산업이라 할 수 있다. 기업들이 내재화할 수 없는 부분과 모듈을 연구산업을 통해 해소할 수 있는 환경을 조성하는 것은 동적인 혁신생태계를 조성하는 데에도 반드시 필요하다.

이상에서 본 바와 같이 현재 우리는 우리의 경제·사회가 한 차원 진화하는 디지털 전환기에 살고 있다. 우리의 삶을 바꿔줄 다양한 재화와 서비스는 기업이라는 혁신 주체를 통해 접할 수 있으므로 기업의 디지털 전환은 매우 중요하다고 할 수 있다. 기업이 디지털 전환을 통해 새로운 환경에 적응하고 성장하기 위해서는 단계별 대응역량이라 할 수 있는 동적 역량을 갖추는 것이 필요하며, 특히 중소기업의 디지털 전환을 위해서는 기업이 활용할 수 있는 국가적·사회적 인프라를 확충하는 것이 매우 중요할 것이다.

3 | **DIGITAL POWER**
2022

플랫폼 경제로의 진화와
새로운 경쟁의 메커니즘

박강민 소프트웨어정책연구소 선임연구원

플랫폼을 넘어 새로운 플랫폼으로

카카오, 네이버, 쿠팡, 배달의민족 등 디지털 플랫폼이 10년 만에 다시
화두로 등장했다. 그런데, 그 화두의 모습이 과거와는 다르다. 불과 10
년 전만 하더라도 이들 플랫폼은 혁신의 아이콘이었는데, 이제는 생태
계를 파괴하는 포식자의 모습으로 비치고 있다. 세계 각국에서는 플랫
폼과의 선전포고를 벌이는 모양새이다. 미국 사상 최연소 연방거래위
원회(FTC) 위원장 리나 칸(Lina M. Khan)은 아마존 킬러라고 불리며
플랫폼의 강력한 규제책을 내놓고 있다. 우리나라에서도 최근에는 골
목상권까지 침투하는 플랫폼에 대한 여러 규제 법률이 쏟아지고 있다.
디지털 혁신의 걸림돌로 대표되던 규제가 이제는 공정경쟁의 주춧돌
과 같이 묘사되고 있다.

10년이면 강산도 변하는 시간이 아닌가? 10년 동안 플랫폼은 변화
했고, 단순히 수요와 공급을 매끄럽게 연결하는 역할을 넘어서고 있

다. 통신사들의 문자메시지를 대체하는 서비스였던 카카오는 이제 100여 개의 서비스를 거느린 거대 플랫폼으로, 통신3사의 시가총액을 모두 합한 것보다 커졌다. 어쩌면 열차가 승객들을 태우는 '플랫폼'이라는 단어가 최근의 플랫폼 경제를 묘사하는 데 적절하지 않을 수 있다. 이는 플랫폼을 잘 묘사하지만 완벽히 플랫폼의 성질을 만들어 표현하지는 못하기 때문이다. 즉 디지털 플랫폼을 다시 한번 이해해야 할 시기가 온 것이다.

플랫폼을 플랫폼답게 하는 중요한 특징을 꼽자면 간단한 규칙으로 복잡한 구조를 만들어 낸다는 것이라 할 수 있다.[75] 이는 상향식 디자인이라고도 하는데, 거대한 찌르레기 떼가 충돌하지 않고 일사불란하게 군무를 이뤄 비행하는 것이 상향식 디자인의의 좋은 예시이다. 수만 마리의 찌르레기는 지휘자나 리더가 없이도 그들만의 아주 단순한 규칙을 따라 움직이는데, 이것이 결국 군무가 되는 것이다. 플랫폼도 찌르레기 떼의 군무와 같이 플랫폼 기업이 만들어 낸 간단한 규칙으로 참여자들을 연결하고, 거대한 거래 네트워크를 만들어 내는 것이다. 이와 반대되는 개념이 하향식 설계인데, 이 방식은 큰 그림을 그려놓고 세부적인 그림들을 차례대로 그려나가는 방식이다. 건물을 지을 때 청사진을 그려놓고 그 이후에 세부적인 사항들을 결정해 나가는 것과 마찬가지이다.

찌르레기의 움직임

출처: Pixabay.com

이런 관점에서 플랫폼 기업들의 중요한 역할은 참여자들의 단순한 행동규칙을 정하는 것이라 할 수 있다. 즉 룰 세터(Rule Setter)인 것이다. 성공한 플랫폼 기업들의 규칙은 단순하고 명확해서 플랫폼에 사람들을 끌어당긴다. 예를 들어 에어비앤비 호스트의 필수조건은 신속한 응답, 예약요청 수락, 예약취소의 최소화, 높은 전체 평점이다. 또한 에어비앤비가 요구하는 숙소 청결에도 아주 간단한 조건이 하나 있는데, 바로 새로운 비누를 두는 것이다.[76] 새 비누를 두는 것은 아주 간단한 규칙이지만 많은 숙박 호스트들이 놓치는 것이기도 하다. 새 비누를 둘 정도의 숙소라면 다른 청결에 대한 규칙은 사실 불필요한 것이다. 청결을 위해서 복잡한 사항들을 나열하기보다는 간단한 규칙을 제공함으로써 에어비앤비 플랫폼 내에 숙소들의 청결도를 유지하는 것이다. 리츠칼튼이나 힐튼호텔 같은 세계적 호텔 체인이 손님을 맞이하는 매뉴얼을 생각한다면, 이러한 규칙은 너무 단순하고 명확해 찌르레기의 움직임을 만들어 낼 수 있게 된다. 우버도 아주 단순한 세 가지 규칙을 가지고 있다. 서로 존중할 것, 안전을 지킬 것, 법률을 지킬 것이 우버를 전 세계 390만 운전자의 플랫폼으로 만든 것이다.[77]

한편으로는 규칙을 잘못 만들면 플랫폼은 쉽게 무너진다. 이는 상향식 설계의 특징이기도 하다. 플랫폼을 구성하던 단순한 규칙이 무너지면 플랫폼 자체가 쉽게 붕괴하기도 한다. 단순한 규칙으로 연결된 플랫폼이 구조의 취약성을 드러내는 부분이다. 전체의 움직임이 서로 간에 연결되어 있기 때문에 어느 한 곳의 취약성이 전체의 취약성을 만들어 내는 것이다. 이를 다단계 또는 연속적 실패(Cascading Failure)라고 한다. 대표적인 다단계 또는 연속적 실패는 2010년에 일어난 주식시장에서의 실패이다. 단 36분 동안 다우지수가 1,000포인트가량

하락한 사건으로, 하나의 거래가 여러 컴퓨터 알고리즘의 오류를 만들며 주식시장을 폭락시킨 것이다.

플랫폼의 취약성은 이미 여러 역사적 사례에서 드러난다. 역사적으로 많은 플랫폼들이 대부분의 시장을 차지하고서도 몰락해 사라져갔다. MSN, 네이트온, 싸이월드, 마이스페이스는 누구보다 먼저 시작했고 시장의 대부분을 차지했지만 결국 역사 속으로 사라졌다. G마켓, 티몬, 11번가 등 수많은 온라인 쇼핑몰 역시 시장을 차지한 이후에 다른 온라인 쇼핑몰에게 자리를 내줬다. 최근 배달의민족에서 플랫폼의 규칙을 바꾸려 했다가 논란에 휩싸여 결국 이를 철회한 사건이 있었다. 이를 통해 우리는 규칙의 중요성을 다시 한번 살펴볼 수 있다. 배달의민족에 참여하는 소상공인들은 배달의민족의 수수료 개편 논란에 소상공인협회 차원에서 대응해 청와대 청원까지 이어졌고, 배달의민족은 결국 이를 철회했다.

정리하자면, 플랫폼 기업들은 참여자들을 움직일 수 있는 규칙을 만들고 이 규칙대로 참여자들을 행동하게 하는 것이 이들의 핵심인 것이다. 플랫폼을 성장시키고 문제를 해결하기 위한 기업의 전략이나 정부의 정책도 의도대로 되지 않을 수 있다는 점도 잊어서는 안 된다. 설계도를 가지고 만든 건축물은 수리가 필요하면 설계도부터 살피면 된다. 그간의 전략과 정책들이 비전과 목표 전략을 가지고 체계적으로 수립되고 이행되도록 설계도를 잘 그린 것에 비유할 수 있을 것이다. 그러나, 플랫폼은 고장났을 때 어디를 수리해야 하는지 알 수 있는 설계도가 없다. 이 때문에 문제의 해결책으로 제시한 방법이 해결책이 아닐 수도 있다. 전략과 정책이 의도대로 되지 않는 것이다.

양 방면에서 나타나는 플랫폼 경쟁

또 다른 플랫폼의 특성은 경쟁이 양 방면에서 일어난다는 것이다. 바로 플랫폼 내 참여자 간 경쟁과 플랫폼과 플랫폼 간의 경쟁이 그것이다.[78] 과거 전통적인 경쟁이란, 유사한 제품을 만드는 기업 간 가격과 품질의 경쟁이었다. 이 경우에 경쟁은 기업 간에서 나타나는 것으로 한정되던 것과는 다른 양상이다. 플랫폼 내 참여자 간 경쟁이란 하나의 플랫폼에 참여하는 기업이나 소상공인들이 더 많은 수익을 내기 위해 경쟁하는 것이다. 대표적으로 배달의민족과 같은 배달 플랫폼에서 음식점들이 소비자에게 더 많이 노출되도록 하는 경쟁이다. 플랫폼 내 참여자 간 경쟁은 앞서 언급한 플랫폼의 특징인 규칙과 관련이 깊다. 플랫폼 기업은 참여자 간 규칙을 세우는데, 이 규칙은 결국 참여자들의 이익을 분배하는 데 밀접하게 연관되기 때문이다. 그렇기 때문에 플랫폼 내 참여자 간 경쟁은 공정해야 한다. 최근 쿠팡의 '아이템 위너'가 플랫폼 내 참여자들의 지지를 받지 못하는 대표적이 제도이다. 이 제도는 공정거래위원회에서 시정명령을 받는 등 공정경쟁의 논란을 유발했고 쿠팡 갑질의 상징이 되었다.[79] 쿠팡은 동일한 상품을 하나의 대표 이미지로 묶어 판매하는데, 같은 상품을 판매하는 판매자 중 가격, 소비자 평가, 배송 등에서 가장 좋은 조건으로 판매하는 판매자가 이른바 '아이템 위너'가 된다. 아이템 위너가 되면 해당 상품 대부분의 매출을 가져갈 수 있게 되고 다른 판매자가 올린 상품 설명도 활용할 수 있게 되면서 공정경쟁의 논란을 유발한다.

플랫폼 기업이 공정한 경쟁을 방해하기도 하지만 이와는 상관 없이 참여자들 간에 공정하지 않은 경쟁이 이뤄지기도 한다. 대표적인 예로 카카오택시 참여자들이 카카오택시 앱을 불법적으로 조작하는 매크로를 이용해 수익을 올린 것을 들 수 있다. 택시 기사들은 카카오가 아닌 다른 업체가 개발한 매크로를 10여만 원에 구입해 카카오택시 앱을 조작하고, 수익이 나는 장거리 손님들만 골라 태움으로써 수익을 올린 것이다.[80] 이런 불법적인 매크로는 프로그램을 통해 참여자 간 공정 경쟁을 방해하는 것이다. 이를 통해 플랫폼 기업에게는 플랫폼 내에서 참여자 간에 공정한 경쟁이 이뤄지도록 감시하고 기술적인 보완책을 마련할 새로운 책무가 생겼다.

한편 플랫폼 간의 경쟁은 공정과는 또 다른 양상으로 전개된다. 플랫폼 간의 경쟁이란 앞서 한 플랫폼 내에서 참여자들 간의 경쟁이 아니라, 말 그대로 플랫폼과 플랫폼 간의 경쟁이다. 네이버와 카카오 간의 경쟁, 쿠팡과 SSG닷컴 간의 경쟁이 대표적이다. 플랫폼 간의 경쟁은 종종 플랫폼 내 경쟁과 마찬가지로 종종 출혈 경쟁을 야기한다. 이런 출혈 경쟁은 더 많은 참여자를 모으기 위한 것이다. 예를 들어, 리프트(Lyft)와 우버는 운전자와 탑승자 모두를 사로잡기 위한 경쟁에서 운전자와 탑승자에게 막대한 보조금을 지급했다. 우버는 2018년 52억 회에 걸쳐 승차당 평균 58센트의 손실을 입을 정도였다.[81] 이 사례에서 재밌는 점은 리프트와 우버 운전자나 승객이 두 플랫폼을 모두 사용하는 '멀티호밍'을 했다는 점이다.[82] 플랫폼 간 경쟁으로 단순히 과도한 보조금 출혈 경쟁 이외에도 다른 플랫폼을 사용하지 못하도록 하는 전략도 등장할 수 있다.

플랫폼 간 경쟁은 출혈 경쟁을 넘어 참여자들에게 더 좋은 혜택을 제공하는 규칙 경쟁이 되기도 한다. 라이브 방송 플랫폼이 대표적인 예시이다. 유명 인터넷 방송 진행자인 대도서관은 아프리카TV의 'BJ'

와 유튜브의 '유튜버'를 거쳐 트위치의 '스트리머'로 플랫폼을 변경했다. 대도서관이 이렇게 플랫폼을 이동한 이유에는 플랫폼과 대도서관 간의 수익 분배의 문제가 있었다. 아프리카보다는 유튜브가, 유튜브보다는 트위치가 대도서관의 수익에 더 좋은 조건을 제시했기 때문이다. 유튜브는 특정 구독자 수를 넘어가는 참여자들에게 여러 혜택들을 주고 있고 수익 분배 방식도 다르게 적용한다. 예를 들어 1만, 100만, 1,000만 구독자를 달성한 참여자에게는 각각 실버, 골드, 다이아몬드 버튼을 상으로 주고 혜택을 부여한다. 이러한 혜택은 다른 동영상 플랫폼 채널보다 인 크리에이터의 수익이 비교적 원활히 창출될 수 있도록 한다.

〈플랫폼 경쟁의 요약〉

구분	내용	예시
플랫폼 내 참여자 간 경쟁	• 플랫폼에 참여하는 참여자 간 경쟁 • 플랫폼 기업은 규칙을 통해 이들 간에 이익을 분배하고 경쟁을 촉진	• 배달의 민족에서 음식점 간 경쟁 • 쿠팡 입점 업체 간의 경쟁
플랫폼과 플랫폼 간 경쟁	• 유사한 플랫폼 간의 경쟁 • 플랫폼의 참여자를 모으기 위해 보조금 지급 등으로 경쟁	• 쿠팡, 네이버쇼핑, SSG닷컴 간의 경쟁 • 카카오톡과 페이스북, 인스타그램 간의 경쟁

플랫폼 경제로의 발전을 위해서는 공진화가 필요

플랫폼 내의 출혈 경쟁은 참여자들의 이익분배를 악화시키게 되기 때문에 공정해야 하지만 플랫폼 간의 경쟁은 다른 방식으로 나타난다. 플랫폼 내의 경쟁을 촉진하되 출혈 경쟁으로 이어지지 않도록 해야 하는 것이다. 플랫폼 기업 입장에서는 공정하면서도 플랫폼 간의 경쟁에서는 승리해야 한다. 더 많은 참여자를 모아야 플랫폼의 가치가 커지기 때문에 이는 플랫폼의 생존과 직결되기도 한다.

2012년 네이버와 유튜브 간의 경쟁이 플랫폼 간 경쟁의 어려움을 보여주는 대표적인 사례일 것이다. 네이버는 유튜브를 본떠 '네이버 캐스트'를 출시했고, 한때는 네이버 캐스트가 국내 콘텐츠를 많이 확보하면서 유튜브를 앞서기도 했다.[83] 문제는 네이버 캐스트가 유튜브와 경쟁함과 동시에 네이버 캐스트에 콘텐츠를 공급하는 참여자들과 공정성을 유지하면서 시작되었다. SBS, MBC 등 지상파와 CJ E&M 등 전통 미디어 기업들은 SMR이라는 새로운 회사를 설립해 광고비의 분배 등을 네이버에 요구하기 시작했다. 결과적으로 네이버는 이들의 요구를 수락해 동영상당 15초의 광고를 송출하게 했는데, 이는 유튜브의 5초에 비하면 세 배나 긴 시간이었다. 이를 통해 네이버와 전통 미디어

〈SMR 광고운행 시스템 구성도〉

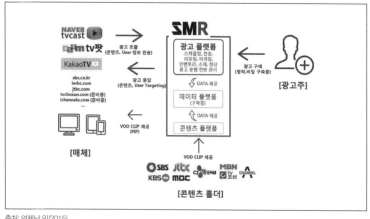

출처: 연제남 외(2015)

플랫폼 간 공정한 경쟁과 분배는 만들어 냈지만, 네이버와 유튜브 사이에는 공정하지 않은 경쟁 구도가 형성되면서 국내 시장을 뺏기게 되었다.[84] 최근 국내 관련 시장 점유율은 유튜브가 과점하고 있다.

결국 플랫폼 내의 경쟁과 플랫폼 간 경쟁의 공진화가 필요하다. 상호작용으로 이뤄지는 플랫폼의 진화를 촉진하고, 협력과 경쟁 사이에 균형이 이뤄지도록 노력해야 한다. 이를 위해서는 공진화할 수 있는 역량을 키워 나가야 한다. 공진화 역량이란 기업에게는 플랫폼의 규칙을 잘 만들어 나가는 것이고, 정부에게는 그 규칙이 공정하면서도 협력을 촉진하는지를 살펴볼 수 있는 능력일 것이다.

새로운 플랫폼 시대의 도래

플랫폼은 이제 단순히 수요 공급을 연결하는 역할을 넘어서 새로운 규칙을 만들며 참여자를 조직하여 복잡한 구조로 발전하고 있다. 경쟁도 플랫폼 참여자 간 경쟁과 플랫폼 간의 경쟁으로 구분되는 새로운 양상이 나타나고 있다. 하루의 시작부터 끝까지 우리는 디지털 플랫폼을 적어도 한 번은 거치고 플랫폼을 통해 소통하고 거래한다. 이렇게 보면 플랫폼은 문명사적 전환을 몰고 오고 있다 해도 과언이 아니다.[85] 지난 100년간 인류가 경험한 변화는 지난 1만 년간 경험했던 변화의 폭을 능가했다. 그것과 비슷한 변화를 겪고 있는 것이다. 플랫폼이 변화했다면 기업의 성장과 정부의 정책도 새로운 플랫폼의 시대에 적응하며 변화해야 한다. 파격이 일상화된 플랫폼 경제의 경쟁력 강화를 위해 모두가 진화할 때이다.

4 DIGITAL POWER 2022

디지털 혁신을 주도하는
스마트 서비스

김은 스마트제조연구조합 이사장, **김용진** 서강대학교 교수

새로운 시대를 여는 디지털 기술

디지털 기술 발달 및 소비자 행태 변화로 인해 고객 요구사항이 원하는 시점에 원하는 장소에서 원하는 형태로 충족되는 방식으로 전환되고 있다. 이러한 구조적 변화에 대한 산업의 대응은 제품의 서비스화 (Servitization) 및 서비스의 제품화(Productization)를 통해 나타나고 있다.

특히, 새로운 디지털 기술의 발전은 아날로그 세계가 갖고 있던 가치-원가 딜레마를 해결하여 개인 맞춤형 제품 및 서비스 제공을 가능하게 한다. 즉 다양하고 새로운 디지털 기술을 통해 고객 문제 이해와 솔루션 도출을 보다 더 용이하게 하여, 개인 맞춤형 제품 및 서비스 제공을 더욱 쉽게 가능하게 한다.

디지털 기술은 개인 맞춤화에서 발생하는 제품 제조 및 제공 그리고 서비스 제공 프로세스의 복잡성을 해결하여 가치를 극대화하면서도

원가를 통제할 수 있는 수단을 부여한다. 또한 제품의 소유보다는 이용에 초점을 맞추어 새로운 비즈니스 모델을 가능하게 한다. 본고에서는 최근에 확대되고 있는 온디맨드 경제하에서, 스마트 제품을 보완하여 제공되는 개인 맞춤형 스마트 서비스 구현방안에 대해 체계적으로 설명한다.

스마트 서비스에 대한 논의 현황

스마트 서비스에 대해서 국내에서는 아직 폭넓게 논의되지 않고 있으나, 독일에서 시작된 인더스트리 4.0과 함께 현재 진행되고 있는 신제조업 혁명을 추진하려면 스마트 서비스에 대한 이해가 필요하다. 스마트 서비스에 대한 국제적 논의는 대표적으로 두 가지를 들 수 있다.

한 가지는 비교적 최근에 국가적인 차원에서 집중 논의된 독일의 스마트 서비스 벨트(Smart Service Welt, 독일어 Welt는 세계를 의미)를 들 수 있다. 독일에서는 신제조업 혁명의 일환으로 인더스트리 4.0을 2011년에 추진하기로 발표한 이후, 이어서 2012년에 스마트 서비스 벨트를 추진하기로 결정한 바 있다. 스마트 서비스는 다양한 분야에 적용될 수 있으나, 스마트 서비스 벨트의 비전은 제조에 집중하며 독일에서 추진되는 신제조업 혁명의 2단계로 볼 수 있다.[87] 다른 한 가지는 미국 민간 분야에서 시작된 스마트 서비스에 대한 논의이다. 이는 이미 2005년에 진행되었다.[88] 여기에서는 스마트 서비스의 개념 및 구현 방안에 대해 소개한다.

스마트 서비스의 개념 및 전제 조건

스마트 서비스가 전통적인 서비스와 가장 다른 점은 이동과 저장이 가능하다는 것이다. 또 스마트 서비스에서 보완되는 스마트 제품이 기존 제품과 다른 점은 똑똑하다는 것, 즉 소프트웨어를 기반으로 개인 맞춤이 가능하다는 것이다. 스마트 서비스는 소유 대신 이용을 중심으로 제공되며, 고객 맞춤으로 제공되기 때문에 고객에 대한 이해가 필수적이다.

먼저 스마트 서비스와 전통적인 서비스 및 제품과의 차이를 비교해 스마트 서비스의 개념과 특성을 명확히 할 필요가 있다. 전통적인 서비스는 독립된 경제 주체가 다른 경제 주체의 요구를 받고 자신이 가진 자원과 프로세스를 사용하여 그 경제 주체의 문제를 해결하고 그에 따른 대가를 받기 위한 활동이다. 서비스가 효과적, 효율적으로 제공되기 위해서는 서비스를 제공하는 경제 주체가 자원과 기술, 창의성, 경

〈스마트 서비스와 전통적인 서비스 및 제품 비교〉

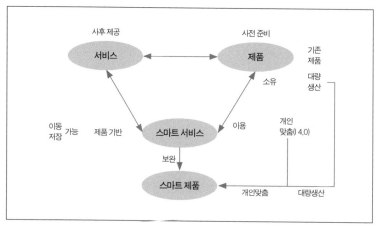

험 등을 충분히 가지고 있어야 하고, 고객의 문제를 정확하게 이해하고 해결함으로써 고객에게 가치를 창출할 수 있어야 한다. 서비스는 무형성, 생산과 소비의 비분리성, 소요 자원과 프로세스의 소멸성, 제공 서비스 품질의 비동질성 등의 특성을 갖고 있다.

스마트 서비스가 전통적인 서비스와 다른 가장 중요한 특징은 제품, 특히 스마트 제품을 보완한다는 것이다. 소프트웨어가 내장된 스마트 제품은 모듈화된 디지털 구성요소를 가지고 있고, 모듈 간 접점 및 생산 프로세스가 표준화·모듈화·디지털화되어, 물리적 장소나 시간에 상관없이 고객이 요구하는 형태로 유연하게 서비스를 제공할 수 있다.

스마트 서비스는 저장과 이동이 가능한 제품을 보완하여 고객이 원하는 시간과 장소에서 원하는 형태로 고객의 문제를 해결하는 것을 지원한다. 스마트 서비스가 일반 제품과 다른 가장 중요한 특징은 초연결성과 초지능성을 바탕으로 고객의 문제를 예측하고 선제적으로 대안을 제시할 수 있다는 점이다.

일반적으로 대량생산된 제품은 고객이 요구하기 전에 기업이 스스로 이해한 고객의 요구사항을 반영하여 사전에 만들어 놓은 것으로, 고객의 요구사항이 변경되면 대응이 불가능하고 개인 맞춤형으로 선제적인 솔루션 제공도 불가능하다. 반면 스마트 제품은 센서가 장착되어 있고, 소프트웨어로 제어되며, 인터넷에 연결되어 있다. 따라서 고객의 요구사항이 변경되면 그에 맞춰 개인 맞춤형으로 문제해결 지원이 가능하다.[89]

스마트 제품은 물리적 요소, 스마트 요소, 연결 요소 등 세 가지 핵심 구성요소를 갖고 있다.[90] 스마트 요소는 센서, 마이크로프로세서, 저장장치, 제어장치, 소프트웨어, 내장형 운영시스템, 사용자 인터페이스

등으로 구성된다. 스마트 요소는 물리적 요소의 기능과 가치를 확장한
다. 소프트웨어가 하드웨어의 기능을 일부 대체하거나 하나의 물리적
기기가 소프트웨어의 제어를 받아 다양한 수준에서 기능을 수행하기
도 한다. 연결 요소는 포트, 안테나, 프로토콜로 구성된다. 연결 요소는
스마트 요소의 기능과 가치를 확장하는 한편 스마트 요소의 일부를 물
리적 제품 자체를 벗어나 외부로 옮겨주는 역할을 한다.

Acatech에 따르면 2015년에는 150억 개, 2017년에는 약 200억 개의
제품이 전 세계적으로 인터넷에 연결되었으며, 2030년까지는 5,000
억 개가 연결될 것으로 예상된다. 스마트 제품 유형 및 비중을 보면 약
50%는 소비재 및 가전 기술 분야, 25%는 이동과 관련된 분야 그리고
20%가 제조 분야이다.[91]

스마트 제품에서 나오는 데이터는 다른 기기들과 공유되어 연계 및 조
합이 가능하다. 또한 스마트 제품은 공장을 떠난 후에도 제조사와 연
결되어, 이용 과정에서 데이터 수집을 할 수 있다. 스마트 제품에서 수
집된 데이터는 분석, 해석, 평가되어 스마트 데이터로 변환되면서 고부
가가치화된다. 스마트 데이터는 지식을 생성하며, 이는 새로운 비즈니
스 모델의 기반이 된다. 스마트 데이터는 스마트 제품 및 스마트 서비
스의 제어, 유지, 개선을 위해 다시 활용된다.[92]

고객에 대한 이해와 제품화

스마트 서비스에서 가장 중요한 부분은 고객이 느끼는 문제를 얼마나
정확하고 빠르게 이해하고 이에 대한 해답을 찾아낼 수 있느냐 하는

것이다. 많은 기업들이 서비스 혁신에 실패하는 이유는 현재의 고객을 대상으로 그들의 만족도를 높이는 데 초점을 맞추기 때문이다. 하지만 현재의 고객뿐만 아니라 잠재 고객까지 포함하여 분석할 수 있어야 이러한 문제를 해결할 수 있다. 대량생산 제품 제조에서는 목표 고객 계층의 일반적인 요구사항을 고려하기는 하지만 공급자의 시각으로 문제를 바라본다. 그러나 스마트 서비스에서는 이용자, 즉 고객이 중심에 있다.

고객에 대한 이해를 위해서는 고객의 배경, 고객이 속한 생태계, 고객의 행태에 대한 데이터가 필요하다. 이러한 고객 데이터는 스마트 서비스 제공에서 가장 중요한 자원이다. 과거와는 다르게 다양한 디지털 기술의 발달로 고객의 정보를 보다 용이하게 수집할 수 있게 되었다. 새로운 디지털 기술은 기존의 인구통계학적 데이터나 거래 데이터와 결합돼 고객을 이해하는 방식에 있어 새로운 지평을 열고 있다.

기업의 수익 창출은 제품을 만들어 파는 데 있는 것이 아니라, 지속적으로 고객과 커뮤니케이션하며 그들의 문제를 해결하기 위해 개인화된 솔루션을 제공하는 데 있다. 이러한 점을 감안하면, 고객의 마음을 읽을 수 있는 데이터를 모으고 분석하고, 그러한 기술들을 잘 활용하는 것이 얼마나 중요한 문제인지를 이해할 수 있다. 이러한 데이터는 비즈니스 모델의 기반이 된다. 사물의 소유 대신 필요한 기능을 서비스 형태로 제공하여 저렴한 비용으로 문제 해결을 가능하게 하는 새로운 비즈니스 모델이 가능하다.

스마트 서비스가 제공되기 위한 기본 조건은 초연결성과 초지능성이다. 스마트 서비스는 고객과 직접 대면하지 않고도 원하는 시간에 원하는 곳에서 원하는 형태로 제공된다. 이를 위해서 스마트 서비스는 이동이 가능하고 고객의 상황에 맞추어 변경이 가능한 소프트웨어가 내장된 스마트 제품을 보완한다. 전통적인 서비스는 고객과의 일대일 대면 제공을 기본으로 하기 때문에 배송이 불가능하다. 스마트 서비스는 기능 수행 주체의 이동이 가능해야 하며, 따라서 제품의 서비스화 이전에 서비스의 제품화가 선행되어야 한다.

스마트 서비스의 확산 요인

스마트 서비스에 대한 논의가 필요한 이유로는 ①시장 변화, ②기술 변화, ③비즈니스 모델 변화 등 세 가지를 들 수 있다. 스마트 서비스가 활성화되는 중요한 요인으로 소비자 행태의 변화가 있다. 소비자들은 더 이상 제품을 가지는 것에 만족하지 않고, 그 제품을 통해 자신의 문제를 해결하는 제품과 서비스의 사용에 초점을 둔다. 또한 소비자들은 더 이상 제품이나 서비스의 소비자로 머무르지 않고 자신들이 원하는 형태로 제품이나 서비스가 만들어지도록 적극적으로 요구하고 개입한다. 이러한 변화를 나타내는 표현이 온디맨드(고객이 원하는 시간과 장소에서 원하는 형태로 고객의 문제를 해결하는) 경제이다.[93]

온디맨드 경제로의 구조적 변화는 제품의 서비스화 및 서비스의 제품화로 나타나고 있다. 제품의 서비스화는 기업이 제공하는 제품이나 서비스가 고객의 문제를 해결하기 위한 것이라는 이해를 바탕으로 문제 해결이라는 본질적 가치에 초점을 맞춘다. 서비스의 제품화는 기존에 무형적 형태로 제공되던 서비스를 소프트웨어 등을 포함한 스마트 제품 형태로 제공하는 것을 의미한다. 기존의 서비스가 제공받는 경제주체, 시간, 장소에 따라 달라지던 문제를 해결하기 위한 것이다. 스마트 서비스는 경제주체, 시간, 장소에 따라 개별 맞춤이 가능하도록 스마트 제품을 보완한다. 모든 비즈니스가 그것이 B2C이든 B2B이든 온디맨드 서비스 방식으로 전환되고 있는 이유이다.

소비자들이 원하는 개인 맞춤형 서비스를 제공하기 위해서는 원가가 기하급수적으로 증가한다. 다시 말해 고객마다 원하는 서비스가 다르기 때문에, 이를 충족하기 위해서 생산이나 운영 방식을 바꾸면서 복잡성이 기하급수적으로 증가하여 원가가 크게 상승하는 것이다. 이러한 가치-원가 딜레마의 문제는 다양한 디지털 기술을 이용해 해결이 가능하다. 디지털 기술은 크게 프로세스 기술, 데이터 기술 그리고 제품 기술로 구분된다.

프로세스 기술은 기존의 순차적 아날로그 생산·운영 프로세스를 표준화하고 모듈화하여 디지털화함으로써 생산·운영 프로세스에 유연성을 부여함과 동시에 효율성을 극대화하는 것이다. 표준화되고 모듈화된 디지털 프로세스는 생산·운영 프로세스를 고객의 니즈에 맞춰 쉽게 변경할 수 있도록 함으로써 개인 맞춤화 시에 발생하는 제조 과정의 복잡성과 서비스 제공 프로세스의 복잡성을 해결한다.

데이터 기술은 빅데이터나 인공지능을 통한 고객과 제조 프로세스의 문제에 대한 이해와 솔루션 도출을 쉽게 하여 개인 맞춤형 서비스 제공을 가능하게 한다. 디지털 기술을 통한 방대한 양의 데이터 축적과 이 데이터의 체계적 분석은 스마트 서비스를 제공하는 데 핵심적인 역할을 수행한다. 데이터를 분석하여 고객이 가진 문제를 정확하게 진단하고 고객이 필요한 솔루션을 예측하여 선제적으로 제공할 수 있게 된다.

디지털 제품 기술은 물리적 제품의 소프트웨어화 기술을 말한다. 제품의 소프트웨어화는 모듈화와 인터페이스 표준화에 기반하여 이루어진다. 모듈화는 개인 맞춤 서비스를 제공하기 위해 제품의 구성요소를 가능하면 작고 다양하게 만들어서 필요에 따라 여러 가지 조합이 가능하도록 하는 것을 의미한다. 다양한 모듈을 조합하여 하나의 제품 및 서비스를 구성하기 위해서는 모듈 간의 접점 문제가 해결되어야 하며, 이를 위해서는 상호운용성이 가능하도록 접점이 표준화되어야 한다. 또한 제품의 소프트웨어화는 제품 운영 관련 데이터 수집과 제품의 원격 제어를 가능하게 해 준다.

고객들은 다양한 디지털 기술을 이용해 더 편리한 구매, 더 높은 수준의 가치를 제안해 주기를 기대한다. 따라서 기업들은 보다 창의적이고 사용자 중심적인 비즈니스 모델을 개발하고 가치를 창출할 필요성이 더 높아졌다. 고객들이 더 이상 자신이 필요한 제품이나 서비스를 구매하기 위해 이동하거나 기다리지 않도록 해야 하고, 개개인의 취향과 필요에 맞춰 각기 다른 문제해결 방안을 탐색하고 이용할 수 있도록 해야 한다.

스마트 제품을 보완하는 스마트 서비스가 활성화되면 기존의 소유 기반 판매 방식의 비즈니스 모델이 아닌 새로운 비즈니스 모델들이 나타난다. 예를 들어, 개인 맞춤형 임대나 사용량만큼만 이용료를 지불하는 비즈니스 모델이 그것이다. 대표적인 비즈니스 모델로는 구독 경제, 공유 경제, 플랫폼 경제 등의 단어로 표현되어 온 구독 서비스 모델, 공유 서비스 모델, 플랫폼 서비스 모델 등이 있다.

상기한 세 가지 변화가 한데 묶여 일어나는 모습이 디지털 트랜스포메이션이다. 즉 디지털 트랜스포메이션은 서비스의 제품화, 제품의 서비스화와 함께 데이터를 기반으로 제품과 서비스의 속성, 제품 및 서비스를 준비하고 제공하는 프로세스와 그러한 제품 및 서비스 제공을 통해 매출과 이익을 확보하는 비즈니스 모델이 디지털을 기반으로 변화하는 것을 말한다. [94]

스마트 서비스 구현 방안

스마트 서비스는 제품 중심에서 고객 중심으로 패러다임의 전환이 요구된다. 스마트 서비스는 디지털 플랫폼에서 스마트 제품이 타사의 서비스와 실시간으로 조합되어 제공된다. 디지털 플랫폼은 기업들에게 네트워크 효과 이용을 가능하게 한다. 이러한 효과는 기술 차원에서 데이터를 통합하고, 경영 차원에서 다양한 고객들이 연계되어 창출된다. [95]

〈디지털 인프라 계층 모델[96]〉

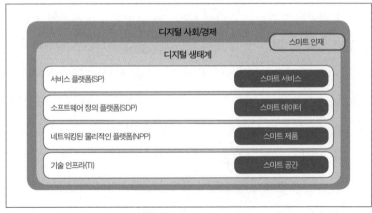

출처: Acatech(2015) 및 Kagermann & Henning(2016)을 기반으로 수정

이러한 플랫폼이 갖추어야 할 기본 기능은 서비스 관련 정보 교환, 서비스 취합 및 전달, 스마트 제품에 대한 유지보수, 제공 서비스에 대한 비용 결제, (제공 서비스에 대한 내용 혹은 기능, 서비스를 받는 경제주체에 대한 확인을 포함한) 보안 문제 해결 능력 등이다.

독일에서 발표된 스마트 서비스 벨트에서는 스마트 서비스가 기술적으로는 새로운 디지털 인프라를 통해 가능하게 된다고 보고 디지털 인프라 계층 모델이 제안되었다(그림 참조).

디지털 인프라 계층 모델

스마트 서비스 벨트에서 제안된 디지털 인프라는 그림과 같이 다섯 개의 계층으로 구성된다. 첫 번째로 기술 인프라(TI)인 스마트 공간은 지능형 환경을 의미하며, 여기서 똑똑하고 디지털로 연결 가능한 스마트 제품들이 네트워크로 연결된다. (예를 들어 5G 네트워크와 같이) 성능 좋은 기술 인프라가 기반이 된다.

두 번째로 네트워킹된 물리적인 플랫폼(NPP) 스마트 제품은 통신 가능한 객체(제품, 기계, 설비)를 의미하며, 동시에 자신의 가상 이미지를 뜻하기도 한다. 제품들은 그들의 제조 및 사용에 대한 이력을 알고 변화에 능동적으로 대응할 수 있기 때문에 더욱 똑똑해질 수 있다. 스마트 제품들은 기술 인프라 계층 위에서 서로 연결되어 네트워크로 연결된 물리적 플랫폼을 구성한다.

세 번째, 소프트웨어 정의 플랫폼(SDP)인 스마트 데이터는 NPP에서 생성된 데이터는 다음 상위 계층인 SDP에서 통합되고 추가로 처리된다. 여기서 데이터는 복잡한 알고리즘을 통해 수집·조합되고 평가되어 스마트 데이터로 정제된다. SDP는 이기종의 물리적 시스템 및 서비스 제공을 위한 기술적인 통합 계층이 된다.

네 번째로 스마트 서비스 및 서비스 플랫폼(SP) 스마트 데이터는 스마트 서비스 공급자에게 제공된다. 스마트 데이터는 가상화를 통해 서비스 플랫폼이 물리적 객체 그리고 동시에 특정 제조업체의 스마트 제품에 묶이는 것에서 자유롭게 해 준다. 스마트 데이터는 서비스 플랫폼 계층에서 스마트 서비스에 활용되면서 고부가가치화된다. 이는 서비스 엔지니어링, 즉 새로운 서비스 제공의 체계적인 개발과 함께 결합되어 가능하다.

마지막으로 스마트 서비스 공급업체들은 서비스 플랫폼에서 디지털 생태계와 연결된다. 서비스 플랫폼은 비즈니스 관점에서 통합 계층 역할을 하며, 관련자 간 마찰 없이 자동으로 진행되는 법적으로 안전한 협업, 지식 교환 및 제품, 서비스, 데이터 유통을 위해 필수적인 인프라를 제공한다. 새로운 비즈니스 모델은 복잡한 스마트 제품과 스마트 서비스가 조합되고, 잘 훈련된 직원(스마트 인재)에 의해 전체가 조율/조직화(Orchestrated)될 때 비로소 성공적으로 작동한다.

스마트 서비스 가치창출 네트워크

스마트 서비스 제공을 위한 디지털 생태계의 이해관계자 및 가치창출 네트워크는 다음 그림과 같이 요약된다.

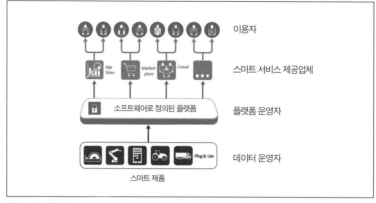

〈스마트 서비스 디지털 생태계 가치창출 네트워크[97]〉

이용자

스마트 서비스 제공업체

플랫폼 운영자

데이터 운영자

스마트 제품

출처: Acatech(2017)

디지털 생태계의 가치창출 네트워크는 데이터를 제공하는 스마트 제품, 기술 통합 계층인 소프트웨어로 정의된 플랫폼, 이를 기반으로 한 (예를 들면 Marketplace와 같은) 스마트 서비스 비즈니스 모델 및 고객으로 구성된다.

2017년에 발간된 스마트 서비스 벨트 안내서에서는 디지털 생태계에서 협력이 어떻게 작동될 수 있는지 다양한 사례를 통해 보여준다. 사례들의 기반이 되는 비즈니스 모델은 각각 매우 다르고 각각의 생태계에서 성공 요인을 명확하게 한다. 이러한 디지털 생태계 모델에서 결정적인 것은 (고객, 스마트 서비스 제공자, 플랫폼 운영자 및 데이터 공급자/스마트 제품 제공자 등) 가치창출 네트워크에 참여하고 있는 모든 이해관계자가 협력을 통해 이익을 얻는다는 것이다.

그러나 디지털 생태계가 성공적으로 작동하기 위해서는 가치창출 네트워크 전체를 이해하는 것이 필수적이다. 즉 데이터 공급자의 전략적 상황, 플랫폼 운영자, 스마트 서비스 제공자 또는 (상용 및 최종 소비자를 포함한) 다양한 고객들을 분석하고, 파트너들과 적절한 네트워크를 구축하는 것이다.

스마트 서비스의 핵심과 시사점

스마트 서비스가 '스마트'인 이유는 기본적으로 개인화를 통해 고객 개인이 가진 문제를 해결할 수 있고, 더 나아가서는 고객의 행동이나 환경 관련 데이터를 세밀하게 분석함으로써 고객이 가진 문제를 미리 예측해서 선제적으로 대응할 수 있기 때문이다. 경제 환경이 스마트 서비스로 변화하는 상황에서 기업의 생존과 장기적 성장을 위해 가장 중요한 것은 세 가지이다. 첫째, 고객의 문제를 정확하게 이해하고 솔루션을 만들어 온디맨드 형태로 제공하는 것, 둘째, 조직 구성원이 가진 지식과 경험을 극대화하여 이들이 고객의 문제해결에 창의적으로 나서게 하는 것, 셋째, 온디맨드 서비스를 가장 효율적으로 함께 제공할 수 있는 파트너를 찾고 이들의 역량을 잘 활용하는 것이다.

이 세 가지 문제를 관통하는 핵심 단어는 '사람'이다. 고객의 문제를 이해하고 솔루션을 만들어내는 것, 직원의 역량을 개발하고 이들에게 동기를 부여하여 고객 문제를 해결하는 데 집중하도록 하는 것, 그리고 좋은 파트너를 발굴하고 이들과 적극적으로 협력하여 고객에게 가장 적합한 솔루션을 제공할 수 있도록 하는 것 등, 이 모든 과제는 사람을 이해하고, 사람의 역량을 극대화하고, 서로 신뢰를 쌓아야 가능하다. 이에 더해 효율적으로 문제를 해결하기 위해서는 디지털 기술을 이해하고 활용하는 역량을 확보해야 한다. 기업들은 스마트 인재를 발굴하고 이들의 역량을 극대화하여 새로운 비즈니스 모델을 만들어 내는 데 최선을 다해야 한다. 또한 정부는 스마트 인재를 양성할 수 있는 인프라와 새로운 서비스의 설계, 실험, 운영과 관련한 디지털 인프라를 구축하고 확산하는 데 많은 노력을 기울여야 한다.

DIGITAL POWER
2022

Part. **3**

디지털 시대의
노동과
사회의 변화

디지털 전환은 노동에 어떤 영향을 미치고 있나?

배규식 경제사회노동위원회 상임위원

노동시장에서 디지털 기술이 지닌 잠재성

코로나19로 디지털 전환이 가속화되고 있다. 디지털 기술은 4차 산업
혁명이라는 이름 아래 정보통신기술(ICT), 인터넷, 스마트폰, 인공지
능, 사물인터넷, 빅데이터 등으로 진화하면서 각 산업의 가치사슬과 생
태계, 상업적 거래와 계약, 인간의 노동과 일상생활에 이르기까지 전방
위적으로 확산되어 왔다. 디지털 기술 분야에는 현재에도 여전히 신기
술이 등장·확산·진화하고 있어서 어디까지 진전될지 알 수 없다.

　디지털 기술의 빠른 확산이 노동에 주는 영향은 이미 막대하지만,
아직 그 영향이 온전하게 드러난 것은 아니다. 이는 디지털 기술이 각
산업에 확산되어 새로운 사업모델을 낳고 중소기업, 자영업자, 가정,
개인에게까지 퍼져 충분히 활용되기까지 상당한 시간과 노력이 들기
때문이다.

　독일과 같은 나라에서는 디지털 전환 속의 산업과 노동의 변화에 대

응하기 위해 노사정 전문가들이 공동 노력으로 인더스트리 4.0과 노동 4.0을 만들었다. 독일 대기업들조차도 고립분산적이고 각개 약진하는 경우 미국, 중국에 비해 기술적으로 불리하다 판단하고 공동으로 대응하는 것이다. 독일의 예는 디지털 기술이라는 거역할 수 없는 시대적 흐름을 제대로 파악하고 대응할 능력이 없는 중소기업, 자영업자, 개인들에게 중요한 이정표를 제공한 셈이다.

코로나19로 이동 금지와 사회적 거리두기가 강제된 상황에서 디지털 기술에 기반하여 온라인 상거래, 배달서비스, 재택근무가 확산되었다. 이에 따라 각종 산업의 가치사슬 재편성, 거래비용 최소화와 거래 관계 변화, 온라인 거래 폭증 속에서 플랫폼 노동이 크게 늘어났다.

이 글에서는 디지털 전환이 고용과 노동에 미친 영향을 중심으로 살펴보고자 한다. 먼저, 디지털 전환이 노동시장에 미치는 영향, 특히 고용의 양과 질 및 숙련에 미치는 영향을 알아본다. 다음으로 생산공정에 가져온 변화도 짚어 보려고 한다. 마지막으로 플랫폼 경제와 노동의 확산이 가져온 고용관계의 변화 및 재택근무에 대해서도 들여다본다.

디지털 전환이 노동시장에 미친 영향

디지털 전환이 노동시장에 미치는 영향은 아직 그 정도가 완전히 드러나지는 않았으나, 현재까지 나타난 결과만 보더라도 상당하다. 디지털 기술의 보급이 기존 직무의 자동화를 통해서 고용에 미치는 영향을 살펴보자.

〈자동화될 고위험군 중 다수 노동자 직업(미국)〉

	직업	해당 직업 노동자 수	자동화될 위험 정도	전체고용에 서의 비중
1	판매계산원(캐셔)	3,164,000	97.0%	2.01%
2	소매판매직(Retail Sales Persons)	3,105,000	92.0%	1.97%
3	비서직과 행정보조직 (Secretaries and Admin. Assistants)	2,688,000	96.0%	1.71%
4	기능직, 화물, 재고, 물품이송직	2,235,000	85.0%	1.42%
5	건설기능직(Construction Laborers)	2,051,000	88.0%	1.30%
6	음식점/주점종업원 (Waiters and Waiteresses)	2,038,000	94.0%	1.29%
7	요리사(Cooks)	2,031,000	81.0%	1.29%
8	회계사와 감리사 (Accountants and Auditors)	1,964,000	94.0%	1.25%
9	사무원 일반(Office Clerks, General)	1,355,000	96.0%	0.86%
10	접수원과 안내직 (Receptionists and Information Clerk)	1,288,000	96.0%	0.82%
11	판매직, 도매직, 생산직 (Sales, Wholesale&Manufacturing)	1,281,000	85.0%	0.81%
12	운동장 유지 관리원 (Ground Maintenance Workers)	1,273,000	95.0%	0.81%
13	다른 모든 생산직 노동자 (Production Workers, All Other)	1,141,000	92.0%	0.72%
14	부동산중개인, 판매대행자 (Real Estate brokers&sales Agents)	1,095,000	91.5%	0.70%
15	식품 준비 노동자 (Food Preparation Workers)	1,079,000	87.0%	0.68%

출처: Broady, Booth-Bell, J. Coupet(2021. 2.), "Race and Jobs at Risk of Being Automated in the age of Covid-19, The Hamilton Project"

디지털 기술의 확산에 따라 자동화될 미국 내 고위험 직업군 중 다수의 노동자가 고용되어 있는 직업에는 판매계산원, 소매판매직, 비서직과 행정보조직, 기능직, 화물·재고·물품 이송직, 음식점과 주점종업원 등이 있다. 이와 반대로 미국에서 자동화될 위험이 가장 낮은 직업은 초등·중학교 교사(위험이 0.4%, 360만 명), 등록간호사(위험 0.9%,

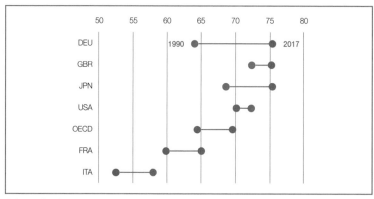

〈고용률의 상승〉

출처: OECD(2019), "OECD Employment Outlook 2019", The Future of Work

324만 명), 대표이사(160만 명), 사무실과 행정지원의 일선감독자(141
만 명), 내과·외과의사(110만 명) 등이 있다.[98]

　디지털 기술의 확산에 따라 자동화의 정도는 산업과 업종별로 그리
고 나라별로 크게 다를 수밖에 없으나, 전체 직무 중 약 14%의 직무가
완전 자동화되고 32%의 직무가 상당한 변화를 겪게 될 것으로 보인다.
직무는 유지되지만, 수행하는 일의 내용과 숙련 수준 등이 크게 변화
한다는 것이다.

　디지털 기술의 보급으로 생산성 증가와 기술에 의한 노동력 대체,
그리고 저임금국가로의 산업체 이전 때문에 고용이 줄어들 것이라는
우려가 제기되어 왔다.[99] 그러나 디지털 전환에 따라 기술 진보가 생산
성 증가와 그에 따른 가격하락으로 수요를 늘리면서 일자리 증가로 이
어지고 있다.[100] 2000년대에는 신기술에 의한 생산성 증가가 노동의 분
배 몫을 줄였지만, 현재는 고용을 늘리고 있다.[101]

　디지털 기술이 확산되어 온 1990년부터 2017년까지 주요 국가들

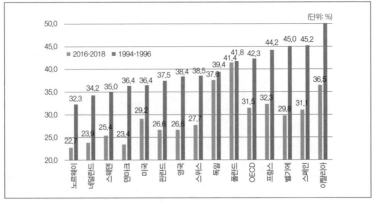

〈중간숙련 일자리의 비중〉

(단위: %)

■ 2016-2018 ■ 1994-1996

출처: OECD, "OECD Employment Outlook 2020", Figure 4.1.

에서 고용률이 상승하여 OECD 회원국 평균 고용률이 10%p가 올랐다. 디지털 전환 속에 일자리의 자동화에 의한 감소 우려에도 불구하고 실제로는 일자리가 지속적으로 늘어났고 앞으로도 늘어날 것으로 보인다.[102]

디지털 전환과 일자리의 질

디지털 전환이 일자리의 질에 미친 영향은 숙련 수준 변화를 통해서 드러난다. 1994~1996년과 2016~2018년 사이의 약 12년간 중간숙련 일자리는 OECD 회원국 평균 10.8%p 감소한 것을 볼 수 있다. 거의 모든 나라에서 매우 높은 폭으로 중간숙련 일자리의 비중이 크게 낮아졌다. 유럽과 미국에서 중간숙련 일자리의 비중이 줄어든 것은 기술변화에 따른 자동화와 일자리의 해외이전에 기인한 것으로, 일자리의 양극

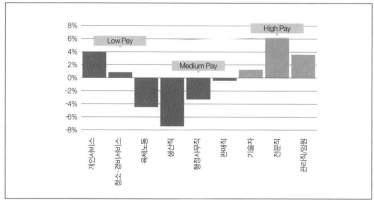

〈1980-2015년 임금수준에 따른 직업별 고용의 변화〉

출처: MIT(2020), "The Work of the Future: Building Better Jobs in an Age of Intelligent Machine", p. 18, Figure 6

화(Polarization)로 이어짐을 의미한다.[103]

1980년~2015년까지 35년간 임금수준별로 살펴보면, 중간숙련에 해당하는 중간임금을 보장하던 직업의 고용이 줄어든 반면, 저임금과 고임금의 직업 고용은 늘어 숙련과 임금의 양극화가 진행되어 온 것을 알 수 있다. 이처럼 디지털 기술이 세계화와 함께 가져오는 숙련의 양극화는 기술의 숙련편향성(Skill-Bias)이 일정하게 존재하는 것을 보여준다.

디지털 기술과 생산공정 변화

디지털 기술을 활용한 업무와 공정의 자동화는 상당한 변화를 보이고 있다. 그러나 실제로는 업종별, 기업 규모별로 불균등하게 진행되며, 중소기업들이 디지털 기술을 채택하고 활용하는 데 점진적이기 때문에 많은 시간이 소요된다.

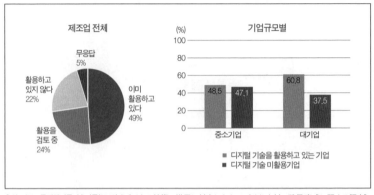

〈제조업의 공정·활동에서 디지털 기술의 활용상황〉

출처: 일본노동정책연구연수기구(2020), "デジタル技術の進展に対応したものづくり人材の確保·育成に関する調査"

    일본의 경우 디지털 기술을 제조업의 공정이나 활동에 활용하고 있는 곳이 49%에 불과하며, 대기업에 비해 중소기업의 활용도가 낮은 편이다. 그렇다면 기업들, 특히 제조기업들이 디지털 기술을 사용하는 이유는 무엇일까? 한국 데이터의 부재로 일본조사를 인용해 보면, 제조업에서 디지털 기술을 활용하는 가장 큰 이유는 노동자들의 작업부담 경감, 생산상태의 안정성 확보, 노동시간 단축, 개발제조 등의 리드타임 단축, 재고관리 효율화, 작업의 용이성 개선, 불량률 개선 등이다. 일본 제조기업의 경우 디지털 기술을 자신들의 요구에 맞도록, 현장에 적합한 방식으로 활용하고 있다.[104]

    국내에서 디지털 기술을 제조업에 도입한 대표적인 사례가 스마트공장이다. 스마트공장은 제조혁신을 위한 것으로 제품의 기획부터 판매까지 전 과정을 첨단 지능형 ICT 기술로 통합해, 최소 비용과 시간으로 고객 맞춤형 제품을 생산·판매하는 상태를 말한다. 정부의 적극적인 재정적 지원 속에 많은 중소·중견기업들이 생산공정에 집중하여 생산관리시스템(MES)이나 전사적 자원관리(ERP) 중심의 스마트제조 시스템을 구축해 왔다.

2015~2017년 동안 정부의 스마트공장 사업에 참여한 3,611개 중소·중견기업의 평균 스마트제조 구축 수준은 전체 5단계에서 1.21단계라는 낮은 수준에 머물고 있다.[105] 스마트공장의 활용도는 중소기업의 경우 각종 프로세스가 표준화, 합리화가 되어 있지 않아서 낮은 수준이다. 그러나 스마트제조 시스템은 생산성 개선, 재고량 및 불량률 감소, 제조원가 하락, 리드타임 단축 등 공정개선과 공정혁신까지도 이끌고 있다.

디지털 기술과 플랫폼 노동

디지털 기술을 활용하여 사업을 하는 플랫폼이 많이 나타나고 있다. 플랫폼은 알고리즘 방식으로 거래를 조율하고 매개하는 디지털 네트워크를 말한다. 디지털 플랫폼은 계속 진화하는 중이다. 디지털 플랫폼은 ①개별 이용자 대상 서비스 제공 플랫폼, ②노동 매개 플랫폼, ③거래 중개와 촉진 플랫폼, ④노동 매개와 서비스 제공의 하이브리드 플랫폼 등이 있다. 이들 디지털 플랫폼 가운데 알고리즘으로 노동을 매개하여 사업하는 플랫폼이 디지털 노동 플랫폼이다.

세계적으로 디지털 노동 플랫폼 수는 2010년부터 2020년까지 10년간 배달, 택시, 하이브리드, 웹 기반 플랫폼들이 중심이 되어 다섯 배 성장했다. 지역 기반 플랫폼은 2010년 142개에서 2021년 1월 777개로 5배 늘었다. 이 중 배달서비스 플랫폼이 383개로 가장 많고, 웹

〈디지털 플랫폼의 유형〉

제공 서비스	유형	세부 분야	서비스 제공 기업
개별 이용자들에게 서비스 제공	사회적 매체 플랫폼		페이스북/인스타그램, 틱톡, 트위터
	전자지불 플랫폼		페이팔, 텐센트, 카카오, paytm
	크라우드펀딩 플랫폼		Catarse, Ketto, Kickstarter
	다른 디지털 서비스 플랫폼	News, Media, 오락	넷플릭스, Buzzdeed, 유튜브, 왓챠, 웨이브
		광고	Gumtree, Kenhoo, OLX
		검색, 정보, 리뷰	구글, 네이버, 다음, Yelp, Feedly
		재화와 자산의 임대	에어비앤비, 홈스테이(Homestay)
		의사소통과 회의	스카이프, 줌, 카카오톡
		응용 앱 시장	애플 앱스토어, 구글 플레이스토어, Aptoide
노동을 매개하는 디지털 노동 플랫폼	웹 기반 플랫폼	프리랜스와 경쟁 기반	99design, Kabanchik, Upwork
		작은 과업(Microtask)	Clickworker, Microworkers, AMT, 마이크로워크스
		경쟁 프로그래밍	Hacker Rank, Topcoder
		의료 컨설팅	1Doc3, DocOnline
	지역 기반 플랫폼	택시	우버, 디디, 올라, 리프트
		배달	Meituan, 쿠팡, 배달의민족
		가정 서비스 (전기, 배관)	Doit4you/Task Rabbit/숨고/anyman
		가사 서비스 (청소, 이사)	Batmaid/BookMyBai/미소/대리주부
		돌봄 서비스	Care24, CareLinx, Greymate Care
거래의 중개와 촉진	B2B 플랫폼	도소매	알리바바, 아마존, 무신사
		제조업 시장과 분석	AnyFactory, Laserhubl
		농업시장과 분석	Agri Marketplace, Ninjacatt, Farm-Crowdy
		금융대출과 분석	Ant Group, 카카오뱅크, Avant
노동의 매개와 다른 서비스 제공	하이브리드 디지털 플랫폼	제공 서비스-배달, 택시, 소매, 오락, 전자지불	Jumia, Grab, Gojek, 당근마켓

출처: ILO(2021), p. 40, Figure 1.1

기반 서비스 플랫폼이 283개(프리랜스 플랫폼이 181개, 작은 일거리 (Microtask) 플랫폼이 46개 등), 택시 서비스가 106개 등이다.[106]

이런 플랫폼을 매개로 하여 일하는 사람들을 플랫폼 노동자라고 한다. 디지털 노동 플랫폼 기업들은 알고리즘을 이용하여 고객·기업의 구인(일거리) 수요와 노동자의 구직 수요의 정교한 매칭능력을 바탕으로 상시지속적인 일거리만이 아니라, 작은 일회적인 일거리도 개발하여 이를 단기계약으로 연결한다.

플랫폼 노동은 그동안 고용계약(일정 기간 혹은 기간의 정함이 없는 계약)에 비해 계약의 지속성 약화와 단기화, 노동력 사용기업과 계약 노동자 간의 상호의무, 특히 기업의 노동자에 대한 의무가 약화된다는 특징이 있다. 계약이 단기화(1회 계약 포함), 시간제화, 다양화(프리랜서, 종속적 자영업자화), 파편화되면서 새로운 비표준적인 노동제도가 만들어진다.

플랫폼 노동이 기존 사업모델을 대체하거나 새로운 사업영역을 개척하면서 빠르게 확산해 기존 노동 질서를 바꾸고 있다. 플랫폼 기업들은 플랫폼 노동을 이용하면서 수익은 전유하고 비용은 외부화하는 전략을 활용하고 있다. 플랫폼 노동의 확대에 따라 전일제 정규직의 표준적 고용관계가 약화되면서 소득과 일자리의 불안정성, 노동조건의 악화, 사회적 보호의 배제, 결사의 자유 기회 부재 등과 같은 우려를 낳고 있다.

디지털 전환과 재택근무

코로나19가 가져온 업무 방식의 변화는 원격근무(재택근무)의 확산이다. 2020년 한국의 재택근무 활용 비율은 48.8%로 높은 수준이었다. 유럽에서도 간헐적으로 재택근무를 하는 근로자들이 코로나19 이전 11%에서 코로나19 이후 2020년에 48%로 크게 늘었다.[107] 코로나19가 폭증하던 시기가 지난 후에도 2020년 7월 유럽연합 국가에서는 여전히 재택근무를 하는 근로자들이 전체 근로자의 30%를 초과했다.[108] 코로나19 이전에 재택근무의 도입을 망설이던 기업들도 대규모로 재택근무를 실험한 뒤에는 재택근무의 새로운 가능성과 문제점을 확인하면서 보다 유연한 입장을 갖게 되었다.

〈재택근무 활용 상황〉

구분	전체	기업규모				
		10인 미만	10~29인	30~99인	100~299인	300인 이상
전체	400 (100.0%)	26	82	124	100	68
운영한다	195 (48.8%)	17 (65.4%)	36 (43.9%)	53 (42.7%)	54 (54.0%)	35 (51.5%)
운영하지 않는다	205 (51.2%)	9 (34.6%)	46 (56.1%)	71 (57.3%)	46 (46.0%)	33 (48.5%)

출처: 고용노동부(2020. 9. 25.), "재택근무 활용실태 설문조사" 결과

재택근무는 근무 장소의 유연화, 사무실 임대 비용 절약, 통근비 절약, 일하는 방식의 개선(훨씬 더 계획되고 구조화된 작업 일정과 흐름) 등의 이득이 있다. 그러나 장비투자 필요, 기업기밀 보안, 고립감 심화, 의사소통 부족, 기업문화(기업근로자로서의 소속감, 정체성, 협동작업)의 약화라는 문제점도 드러내고 있다. 재택근무를 경험한 근로자의 2/3 정도가 재택근무와 사무실 근무의 적정한 결합이 바람직하다는 의견을 보이고 있다.[109]

디지털 전환 속 노동의 과제

앞에서 살펴본 바와 같이 디지털 전환은 일자리의 양과 질, 내용 그리고 일하는 방식에 큰 영향을 미치고 있으며 앞으로도 그 영향은 더욱 커질 전망이다. 전반적으로 디지털 기술이 확산되고 더욱 고도화된 기술이 보급되더라도 고용이 감소하지는 않을 것이지만 특정 업종, 직종, 직무는 자동화되어 없어질 것이다. 이와 함께 새로운 업종, 직종 혹은 기존 업종과 직종에서 새로운 직무가 만들어지고 있다.

또한 직종과 직무는 있더라도 일하는 내용이 크게 바뀌어 단순한 과업은 더욱 자동화될 것이고 분석적이고 문제해결을 요구하는 과업은 늘어날 것이다. 과거의 기술이 주로 단순업무를 자동화했다면, 디지털 기술은 중간숙련 일자리를 줄이고 저숙련과 고숙련 일자리를 늘리고 있다. 결과적으로 중산층의 기반을 무너뜨리면서 노동시장의 양극화를 심화시킬 수 있다.

디지털 기술은 생산공정의 합리화, 자동화에도 영향을 미치고 있는데, 대기업을 제외한 중소기업에서는 디지털 기술이 생산공정에 채택되고 활용되는 속도가 늦고 점진적이다. 한국에서 디지털 기술을 생산공정에 도입한 스마트공장 실험은 나름대로 공정혁신과 개선의 성과를 냈음에도 불구하고, 내부의 필요와 적절하게 연결하지 못하여 여전히 초보적인 수준에 머물고 있다.

디지털 기술의 확산 및 코로나19로 인한 가속화로 각광을 받고 있는 디지털 플랫폼에는 노동 매개 플랫폼 등 네 종류의 플랫폼이 있다. 노동 매개 플랫폼은 알고리즘을 이용하여 일거리 수요와 구직 수요의 정교한 매칭 능력을 바탕으로 많은 일거리를 개발하여 플랫폼 노동자와 연계하고 있다. 플랫폼 노동은 고용관계가 아니라 일회적 계약, 단기계약, 프리랜서, 특수형태근로종사자 등의 형태로 다양성과 비공식성,[110] 파편화를 강화하면서 비표준적인 노동제도를 만들고 있다. 이에 따라 플랫폼 노동은 전일제 정규직이 중심인 표준적인 고용관계를 약화시키면서 소득과 일자리의 불안정성, 노동조건의 악화, 사회적 보호의 배제 등의 문제를 낳고 있다.

또한 코로나19를 계기로 디지털 기술은 대규모 재택근무를 실험하였고, 재택근무의 새로운 가능성과 문제점을 확인하였다. 앞으로 노사의 필요에 따라 일하는 장소의 유연성을 높이면서도 업종, 직종, 기업의 필요에 맞추어 재택근무와 사무실 근무를 탄력적으로 결합하는 근무형태가 나타날 것이다.

최근 들어서 첨단 디지털 기술일수록 기술주기가 비교적 짧고 같은 기술이라도 업데이트된 내용을 갖고 있어서 지속적으로 신기술의 특성을 익히지 않으면 뒤처질 수 있다. 중간숙련 일자리는 줄어들고 있고, 고숙련 일자리는 구인수요는 높은데 적절한 기술을 가진 고숙련 노동자를 찾기가 어려워지고 있다. 또한 디지털 기술로 인해 기존 일자리가 사라지고 새로운 일자리가 생겨나면서 평생직장을 갖기란 어려운 일이 돼가고 있다. 새로운 기술과 일자리에 적응해야 하는 일이 더욱 빈번해질 것이며, 같은 일자리에 있더라도 직무 내용이 지속적으로 바뀌어 가면서 이에 적응해야 하는 문제도 적지 않아질 것이다.

이와 같이 빠르게 변화하는 디지털 기술과 크게 달라지고 있는 노동시장의 현실을 고려할 때 전직 지원, 일자리 찾기와 매칭, 실업수당 개선 등 고용서비스의 대폭 개선과 함께, 평생교육과 직업훈련을 포함한 국가의 과감한 투자와 지출이 필요할 것이다. 고령자들을 위한 사회보장이 현상 유지를 목적으로 한다면, 이와 같은 고용서비스, 직업훈련과 평생교육 등을 위한 적극적 노동시장 정책은 미래를 위한 투자가 될 것이다. 또한 그동안 정규직 등 사용자에게 고용되어 있는 근로자들을 중심으로 적용되었던 고용보험, 산재보험 등 사회보험과 노동규율제도를 '노동하는 사람들(Working People 혹은 노동자)' 모두에게 확장 적용하는 문제를 본격적으로 논의하고 정책을 마련해야 한다.

디지털 격차와 갈등,
새로운 사회제도의 필요성 [111]

이명호 (사)미래학회 부회장

격화되는 디지털 격차와 갈등

디지털 격차와 갈등이 새로운 단계로 진입하고 있다. 디지털 미디어를
이용한 정보 습득과 활용의 격차라는 디지털 격차는 사회 활동 기회와
경제적 이득의 격차로 확대되고 있다. 디지털 장비 구비와 활용 능력
의 차이는 소득과 경쟁력, 경제력의 양극화로 이어지고 있다. 컴퓨터
와 인터넷이 보급되던 초기에 디지털은 전문가들의 영역에 머물렀다.
하지만 인터넷이 대중적인 정보매체로 자리 잡고 스마트폰이 일반화
되어 일상생활에서까지 디지털이 활용되면서, 현재 디지털은 기술적
편리함만이 아니라 이해관계의 대립, 사회적 갈등이라는 새로운 단계
로 나아가고 있다.

특히 코로나19가 야기한 사회적 거리두기, 비대면에 대한 강제는 디
지털 활용과 디지털 전환을 가속시켰다. 디지털 활용은 선택의 수준을
넘어 필수의 영역으로 전환되었다. 기존에는 아날로그가 기본, 디지털

이 옵션이었는데, 이제는 디지털이 기본, 아날로그가 옵션이 되었다. 건물과 상점에 들어갈 때 QR코드 체크인은 기본 절차가 되었다. 일부 사람들에게는 미처 준비하고 역량을 갖추기도 전에 강제된 디지털 격차의 일면을 보여준다.

디지털을 사용한 새로운 사업 방식의 등장은 관련 업종의 생계가 걸린 경제적 갈등, 신산업과 기존 산업의 갈등으로 이어지고 있다. 공유경제 모델과 혁신은 기술적 진보와 규제 개혁의 문제에서 신산업과 기존 산업에 종사하는 사람들의 일자리, 생존권 대립으로 확대되었다. 플랫폼 노동으로 열악해지는 노동 조건, 거대 플랫폼의 독점적 경제 지배력, 인공지능과 자동화에 대한 우려가 커지고 있다. 기술 발전이 일자리, 생존권을 위협하고 있다는 인식이 늘어나고 있다. 이는 보편적 기본소득과 소득 기반의 전 국민 고용보험(또는 소득보험)이라는 새로운 사회보장 제도의 필요성에 대한 논의로 이어지고 있다.

디지털이 사회 전반에 걸쳐 이전과 다른 질서를 수립하고 사회를 재편하려 하고 있다. 이에 따른 사회적 대립과 갈등 또한 심화될 것으로 예상된다. 디지털에 의해 야기되는 사회적 갈등의 특징은 어떻게 바뀌고 있고, 사회구성원과 이해관계자들의 대립을 어떻게 발전적인 동력으로 전환시킬 수 있을까? 디지털의 긍정적 동력과 이해관계의 충돌이 한국 사회의 갈등 구조 속에서 어떻게 증폭 또는 굴절되는지를 살펴보면서, 디지털 갈등을 사회혁신의 동력으로 활용할 수 있는 방안을 마련해야 한다.

초기 정보사회의 디지털 사회갈등: 의견 표출의 대립

미디어 측면에서의 디지털은, 기존부터 존재하던 사회 내 다양한 집단의 의견 대립과 갈등을 빠르게 표면화하고 확산시키는 새로운 미디어로 작용했다. 누구나 쉽게 정보를 가공, 변조, 조작할 수 있다는 디지털 미디어의 특성은 새로운 갈등을 만들어 내고 확산시키고 있다.

인터넷의 등장은 종이 매체(신문, 잡지)와 전파 매체(라디오, TV)의 시대에는 볼 수 없었던 새로운 사회적 갈등을 표출시켰다. 컴퓨터와 인터넷이 보급되던 정보화 초기의 디지털 갈등은 주로 디지털이 야기한 갈등이라기보다는 사람들과 집단 및 세대 간의 디지털 미디어 및 정보 활용 능력의 격차와 불평등이 주를 이루었다. 기존의 사회 갈등, 주로 의견 차이와 여론을 더 표면화시키고 확대시키는 능력의 차이가 문제를 발생시켰다. 초기에는 정보 접근과 활용 능력이 뛰어난 젊은 층이 인터넷이라는 공론의 장에서 여론을 주도하고 사회 전체의 여론에 영향을 미쳐 여론을 과대 대표하는 문제가 이슈화되었다. 2002년 대통령선거는 인터넷 여론이 선거에 영향을 미칠 수 있다는 힘을 보여준 선거였다. 이후 한국 정치사회의 각 집단과 진영에서는 '아고라(다음의 토론방에서 시작되어 정치적 논쟁이 심화되자 15년 만에 서비스 종료)'와 같은 '게시판'과 '댓글'이라는 인터넷 여론장을 장악하려는 갈등이 지금까지 계속되고 있다.

최근에는 모바일과 SNS를 통해 개개인의 의견이 바로 모두에게 공개되고 확산될 수 있게 됨으로써, 여론의 신속한 형성이라는 긍정적인 측면과 동시에, 정제되지 않은 표현, 불확실한 정보에 바탕을 둔 주장이 소모적인 논쟁과 사회적 갈등을 확대시키고 있다. 다양한 의견을 접하면서 의사 판단의 질, 상호 간의 이해가 높아지기는커녕, 집단의 영향을 받아 특정 의견만을 신뢰하는 확증편향, 에코 챔버(Echo Chamber) 효과도 나타나고 있다. 개인이 선호하는 정보를 더 노출시키는 포털 등의 큐레이션 기능 또한 확증편향을 강화시키고 있다.

물론 사회진영과 집단, 세대가 서로 다른 정서의 의견을 공유하는 것은 당연한 일이다. 이는 사회적인 긴장을 유발하면서 사회가 정체되지 않도록 하는 긍정적인 측면이 있다. 그러나 최근 우리 사회에서 벌어지고 있는 의견의 대립은 '가짜 뉴스(Fake News)'로 상대방을 공격하고 사실의 혼돈까지 가져온다는 측면에서 우려되는 상황이다. 물론 이와 같은 집단적 대립은 정치 집단이 권력과 영향력을 행사하기 위하여 대중을 동원하고, 대중도 쉽게 정치적 의견을 표출할 수 있는 미디어 환경의 변화 때문이기도 하다. 그러나 더 큰 문제는 언론이 사실에 기반한 균형적인 시각에서 정보를 다루지 않고, 진영 논리에 가담하고 있다는 것이다. 이는 한국 사회의 디지털 갈등을 심화시키는 원인이 되고 있다. 물론 그 밑바닥에는 한국 사회의 양극화와 기득권 구조가 영향을 미치고 있다.

개인을 둘러싼 디지털 갈등의 심화: 프라이버시와 자산 침해

디지털 갈등의 두 번째 이슈는 디지털 환경에서의 개인 침해 문제이다. 개인정보 유출, 프라이버시 침해에서부터 해킹, 자금 탈취, 가짜 능욕 영상(Deep Fake), 개인 감시 등 개인을 대상으로 한 새로운 디지털 갈등과 범죄가 증가하고 있다. 디지털화된 개인의 자산(금융을 비롯하여 SNS 계정까지)에 대한 해킹은 더 심각하다. 누구나 전 세계 해커들이 노리는 공격 대상이 될 수 있다. 지역과 국가라는 울타리조차 사라져 버린 디지털 세상 속에서 누구나 표적이 될 수 있는 것이다. 자산이 코드로 기록되어 보관되는 세상에서 사이버 보안(Cyber Security)은 가장 중요한 사회안전의 영역이 되고 있다.

종이와 전파의 시대에는 유명인과 공인을 제외한 개인은 미디어 밖에 있었다고 할 수 있다. 생활공간 속의 개인에 대한 평판이나 소문은 그 물리적 생활공간을 벗어나기 어려웠으나, 이제 개인은 디지털 공간 속에 존재하고 있다. 개인의 모든 일상정보가 디지털화되어 순식간에 전파되고, 익명 속에 숨은 개인이 내뱉는 독설(악성 댓글)은 비수가 되어 또 다른 개인을 위협하고 있다. 일면식도 없는 개인의 한 단면이 대중에 노출되어 평가되고, 맥락과 생활 속의 살아 있는 인간은 사라지고 코드화된 이미지가 한 개인을 규정한다.

심지어 누구나 쉽게 사실 같은 영상(사진, 동영상)을 만들어 낼 수 있는 인공지능 기술로 인해, 정교한 가짜 영상을 만들어 개인을 능욕하거나, 사실관계를 혼동시킬 수 있는 가짜 뉴스를 양산할 수 있는 상황이 되었다. 점점 더 넘쳐나는 디지털 정보 속에서 사실과 가짜를 확인하기 어려운 시대가 되고 있다. 사실과 진실은 더 이상 중요하지 않고 주장만이 난무하는 세상에서 인간은 무기력해질 수 있다. 그러다 보니 인간은 점점 더 사실과 진실의 파악을 디지털 기술에 의존하고 있다. 이를테면 인공지능이 인공지능에 의해 만들어진 가짜 이미지를 식별해 주고 있는 것이다. 구글, 디봇(Diffbot) 등은 인터넷상의 모든 정보의 사실관계를 정리해 주는 인공지능에 의한 지식 백과사전(Knowledge Graphs) 기술 개발에 집중하고 있다. 위키피디아와 같은 백과사전을 인공지능이 만드는 것이다. 우리가 검색보다 이러한 지식 그래프 서비스에 더 의존하게 될 때, 사실의 혼란(의도적인 사실의 왜곡 행위)에서 벗어날 수 있을 것으로 보인다.

디지털화된 세상, 개인과 공동체의 새로운 관계 정립 필요

사물인터넷, 빅데이터, 모바일, 인공지능 기술의 발달로 점점 더 조밀해지는 디지털 공간 속에서 개인의 인권(프라이버시)과 공동체(사회, 국가)의 이익이 충돌할 가능성이 커지고 있다. 코드화된 개인의 프라이버시가 그대로 노출되는 상황에서 '개인정보 보호'와 '개인정보 활용'이 지닌 긴장관계의 균형점을 잡기 위한 사회적인 합의가 요구된다.

코로나19 팬데믹 상황은 한 개인에서 시작된 전염병이 전 세계에 얼마나 빠르게 번져 나가고 사회를 위태롭게 할 수 있는지 보여주었다. 개개인의 위생에 대한 자기결정권은 존중받기 어려워졌다. 사회 전체의 안전을 위해서는 '마스크 착용', '격리', '봉쇄' 등의 조치로 개인의 권리를 제약할 수밖에 없었다. 전통적인 물리적 조치에 대한 논란은 적었으나 새롭게 도입된 확진자의 이동 경로 및 접촉자 추적은 새로운 이슈를 제기했다.

한국은 SARS(급성호흡기증후군), MERS(중동호흡기증후군)를 겪으면서 초기에 전염병 확산을 막는 가장 효과적인 조치는 개별 감염자 차원에서 대응하는 것이라는 교훈을 얻고 확진자의 이동을 추적하는 방침을 정했다. 이것은 개인생활 수준까지 디지털화된 세상에서만 가능하고 효과를 볼 수 있는 것이었다.

코로나19 방역 상황에서 정부가 개발한 역학조사지원 시스템은 개인의 휴대전화 위치정보, 교통카드, 신용카드 사용, 해외여행 이력 등 28개 기관이 가지고 있는 정보를 실시간으로 취합하여 10분 이내에 확진자의 동선을 입체적으로 파악하고 있다. 코로나19 상황이 종식되면 개인에 대한 정보가 삭제될 것이라고 하지만, 이미 우리는 개인의 행적을 실시간으로 파악할 수 있는 시스템이 갖춰진 세상에 살고 있다.

유럽 국가에서 팬데믹 상황에서도 개인정보 추적 시스템의 도입이 이루어지지 않은 것은 개인과 국가 권력의 근본적인 긴장관계를 설명해 준다. 이는 디지털 기술이 독립된 개체로서의 개인의 인권을 위협할 수 있다는 의식을 반영하고 있다. 이전 시대에는 정부가 개인을 감시하기 위해서는 막대한 인력과 자원이 필요했다. 표적 인물(정부나 정권에 의해 감시 대상이 된 인사)을 감시하기 위해서 불법적 또는 법의 테두리에서 추적과 도청 등이 이뤄졌다. 그리고 정권에 반대하는 인사들에 대한 보복적 조치라는 공포를 통하여 대중을 통제하고 억압했다. 그러나 이제는 개인의 행적이 디지털화된 데이터로 저장되는 시대에 살고 있다. 개인의 행적이 투명하게 드러날 수 있는 시대가 된 것이다. 이제 개인정보를 어떻게 사회에 유익하게 사용하고, 악용하는 것을 막을 것인가가 중요한 지점이다.

문제는 사회적으로 유익한 개인의 프라이버시 제약의 기준을 어떻게 정할 것인가이다. 또 개인의 프라이버시가 부당한 정권에 의해 악용되거나 자의적인 개인(해커, 네티즌 수사대에 의한 폭로, 디지털 교도소와 같은 사적 제재 등)에 의해 전 세계에 공개되는 것을 어떻게 막을 것인가이다. 연결된 개인이 제공하는 정보의 조합으로 새로운 사실을 밝혀내는 네티즌 수사대는 집단지능의 힘이라고 할 수 있다. 그러나 잘못된 정보, 경도된 인식에 기반한 개인의 타인에 대한 주장 및 행위는 개인의 인격 및 프라이버시를 침해하는 범죄가 될 수 있다. 인터넷상에서 자의적인 린치를 가하는 '디지털 교도소'는 디지털 시대의 '마녀사냥'이라고 할 수 있다. 디지털화된 세상에서 개인이 던진 한마디와 정보는 사회에 걷잡을 수 없는 충격을 가져올 수 있다. 개인에 대한 더 높은 존중과 함께 인권보장과 시민의식이 요구된다.

자의적 또는 악의적인 개인에 대한 제재 행위는 정부의 법적인 조치로 가능하지만, 정부가 불법이나 자의적으로 개인의 프라이버시를 제약하는 경우는 대응이 쉽지 않다. 인공지능 안면인식 기술의 도입을 둘러싼 논쟁은 이 지점에 있다. 중국 정부는 광범위하게 안면인식 기술을 도입하여 치안 유지에 활용하고 있다. 이는 국가와 사회의 안위라는 명분으로 정권 유지를 위해 악용될 수 있다는 것을 보여준다. 그렇기 때문에 일부 디지털 기업의 임직원들은 정부 기관에 안면인식 기술을 판매하는 것에 대하여 반대하는 입장을 밝히고 있다.

디지털의 발단은 우리에게 더 발전된 민주의식과 민주주의를 요구한다. 즉 더 투명한 정부, 권력에 대한 시민의 감시를 요구하는 것이다. 디지털 기술의 발달과 민주주의가 같이 가지 않을 경우 기술은 사회와 개인을 통제, 억압할 수 있다. 따라서 디지털 시대에는 개인과 공동체는 물론 이들과의 관계에 대한 새로운 개념, 가치관, 질서, 제도의 수립을 향해 나아가야 한다.

디지털 갈등, 집단적 경제 갈등으로 전환

커뮤니케이션 도구로 시작된 디지털 기술은 정보의 중개에서 상거래의 중개라는 전자상거래 시대를 열었다. 1994년에 설립된 작은 전자상거래 업체 아마존(Amazon)은 애플(Apple)에 이어 세계에서 두 번째로 시장가치가 높은 기업이 되었다. 아마존의 기업가치는 미국의 다른 유통업체 전체를 합친 기업가치보다 높다. 아마존이 진출한 사업에서 기존 경쟁자가 몰락하는 현상을 두고 '아마존화되다(Amazonized)'라는 신조어가 등장했듯이, 아마존은 1886년에 설립된 세계 최대 서점 체인인 반스앤노블스(Barnes&Noble), 장난감 체인점 토이저러스(Toysrus)를 파산에 이르게 하고, 많은 오프라인 유통점이 규모를 축소하는 등 경영난에 빠지게 했다. 코로나19는 온라인 쇼핑, 배달 서비스의 급증을 가져왔다. 일부 음식점은 빠르게 배달 서비스로 전환했지만, 많은 음식점은 매출의 급감으로 폐업 위기에 몰리고 있다.

산업 내 경쟁 또는 산업 간 경쟁은 소비자에게 새로운 가치를 제공하고 산업과 시장을 혁신한다는 점에서 바람직한 현상이다. 이는 역사적으로도 빈번한 일이었다. 산업혁명 초기에 러다이트(Luddite) 운동과 같이 수공업 종사자들이 동력 기계를 대량생산하는 공장의 기계를 파괴하며 일자리 상실(실업)에 대항했다. 그러나 결과적으로 방직업에서 시작된 산업화는 새로운 분야의 산업화로 확산되면서 일자리와 생산이 증가하고 대중의 소비 수준을 향상시키는 성과를 가져왔다. 문제는 오랜 시장의 관행과 질서가 존재하는 분야는 새로운 시장 진입자가 등장할 때 사업자 간의 경쟁뿐만이 아니라, 그 사업에 속한 노동자들의 일자리와 생계의 위협을 동반한다는 것이다.

규제와 산업 갈등: 핀테크와 타다의 사례

현재 많은 산업 분야는 법에 의해 정비되고 시장이 활성화 및 정착된 경우가 많아, 이러한 질서는 새로운 시장 진입자에게 규제로 작용하게 된다. 금융업, 교통업, 숙박업 등에서 인허가 제도는 자격 요건을 두어 시장이 혼탁해지는 것을 막지만 신규 사업자의 시장 진입을 어렵게 하기도 한다. 일반적으로 선진국들은 시장이 먼저 형성되고 법 제도가 정비되면서 시장을 보호, 안정화하는 경로를 따른다. 하지만 우리나라와 같이 후발 산업 국가에서는 없던(미약한) 시장을 형성하고 활성화시키기 위해 법 제도를 먼저 정비하기 때문에, 그 법 제도는 시간이 흐를수록 기존 사업자를 보호하고 새로운 방식(비즈니스 모델)이나 기술을 가진 신규 사업자의 진입을 어렵게 만드는 규제로 작동하게 된다.

일례로 우리나라에서 핀테크(Fintech)라는 디지털 기술을 이용한 금융업은 법 제도가 개정되고, 허가를 받기 전까지는 촘촘한 규제에 막혀 시장 진입이 어려웠다. 하지만 기존 금융업의 적극적인 디지털 기술 활용 추세 속에서 디지털 기술 기업의 금융업 진출(토스, 카카오뱅크, 케이뱅크 등)이라는 경쟁 구도를 만들어 금융업을 선진화시키고자 하는 금융 당국의 적극적인 규제개혁이 성과를 냈다. 신기술 발달, 디지털 환경변화 등을 고려하여 기존의 낡은 포지티브적 규제(열거한 사항만을 허가하는 규제)를 포괄적 네거티브적 규제(금지한다고 열거한 것 이외에는 가능하도록 하는 규제) 방식으로 전환한 데 따른 성과라 할 수 있다.

'우버'와 '타다' 논란은 한국 택시 업계의 특수성 속에서 갈등이 증폭된 사례라고 할 수 있다. 우버는 자가용 운행자와 이동이 필요한 사람

(승객)의 카풀 중개를 스마트폰을 이용하여 혁신(위치 서비스와 실시간 매칭)에 성공한 사례이다. 공유경제(Sharing Economy) 또는 온디맨드(On-Demand) 서비스는 스마트폰이라는 모바일 환경이 구축되면서 등장한 비즈니스 모델이다. 에어비앤비와 우버는 기존의 산업계에 흩어져 있던 개인들을 묶어서 새로운 공급자가 되도록 했고, 새로운 수요를 창출했다. 그러나 우버는 한국 시장에 진출할 수 없었다. 한국은 '나라시 택시(자가용을 이용한 불법 택시 영업)'라는 사회 현상을 겪으면서 택시 공급(영업면허)을 확대하여 공급과잉 상황이었기 때문에, 아무리 우버가 혁신적인 서비스라고 하더라도 추가 공급을 허용하기는 어려웠다.

저임금 운수 노동자와 개인택시라는 영세 자영업자가 공존하는 시장에서 택시 업계는 내부적으로 혁신을 일으키거나 이를 수용할 여력이 없었다. 이런 한국적 상황에서 우버보다는 스마트폰을 이용한 택시 호출 서비스인 카카오 택시가 택시의 시간대 및 지역별 수요와 공급 불균형 해소에 기여했다는 점에서 혁신적인 서비스였다.

타다 금지는 '규제'에 의한 혁신의 좌절이라는 평가도 있지만, 단정하기는 어렵다. 택시 총량의 감소가 필요한 상황에서 공급을 늘리는 방식은 시장에서 수용하기 어려운 접근 방식이었다. 택시업계에 필요한 혁신은 자영업, 소규모 택시업체의 자발적 규모화(가맹택시화 또는 기술 기업들이 택시 면허를 인수하는 방식 등)를 이루고 혁신적 디지털 기술을 도입하여 고객 경험 서비스를 개선하는 것이다. 국토부는 택시 총량제 안에서 모빌리티 혁신을 유도하고 있지만, 앞으로 자율주행 택시 및 셔틀버스 등의 등장으로 필요한 차량의 대수가 급속히 감소할 수 있다는 점에서 여전히 갈등의 소지를 안고 있다. 장기적으로 회사택시 제도로 전환하고, 인공지능 기술 등을 활용하여 택시 운행의 효율을 높이면서 자율주행 자동차 시대를 대비하는 것이 필요하다.

　앞으로 자율주행 자동차 시대가 열릴 경우 많은 운송 및 물류 분야에서의 갈등이 예상된다. 네덜란드 등에서는 이미 항만 물류 업무를 자율주행 기술로 처리하고 있다. 화물 트럭도 자율주행 자동차로 바뀐다. 따라서 많은 운수 노동자들의 일자리가 감소할 것으로 보인다. 장기적으로 운송물류업은 구조조정에 대비해야 한다.

노동시장의 이중구조는 디지털화, 자동화에 따른 갈등을 증폭시켜

디지털이 가져온 산업의 변화는 심각한 문제를 야기할 수 있다. 기본적으로 산업의 변화는 일자리 변화로 이어지고, 일자리 변화가 급작스럽게(해고 및 집단 감원) 일어나는 경우 많은 노동자가 실업자로 전락하는 사회 문제가 발생한다. 디지털화에 따른 일자리 변화는 다방면에 걸쳐서 나타나고 있다. 기업의 아웃소싱, 노동력 유연화(비정규직화, 계약직화, 파트타임화, 플랫폼 노동, 클라우드 워킹, 긱 노동 등)는 디지털 기술에 의한 기업(협력업체 포함) 관리의 원격화, 노동 시간과 장소의 유연화에 따른 것이다. 노동이 유연화되는 것은 피할 수 없는 기술적 흐름이다. 문제는 노동의 유연화가 한국 노동시장의 이중구조로 인하여 갈등이 증폭된다는 데 있다.

　대기업과 중소기업 종사자, 정규직과 비정규직 등으로 구분되는 노동시장의 양극화는 대기업과 중소기업 간을 비롯하여 경제적 집단 간의 비대칭적 교섭력 차이로 인한 것이다. 노동자들도 소속된 집단에 따라 비대칭적 교섭력을 갖게 됨으로써 업무는 비슷한데 처우와 보상(임금 등)에 있어서 부당한 처우를 받고 있다. 대기업 정규직은 규모는 줄어들지만 강한 교섭력으로 과잉보호를 받고, 중소기업과 비정규직은 약한 교섭력으로 차별적 대우를 받는 구조가 정착된 것이다. 이러한 상황에서 디지털화에 의한 노동의 유연화는 비정규직, 계약직, 플랫폼 노동자의 상태를 더 열악하게 만드는 데 기여한다. 노동의 유연화로 비정규직, 계약직, 플랫폼 노동이 증가함에 따라, 노동력의 상대적 공급과잉이 일어나면서 처우가 더 열악해지는 것이다.

이는 한국의 혁신 역량을 저하시키는 원인으로도 작용한다. 대기업 정규직 종사자들이 나와 벤처기업이나 스타트업을 창업하면서 역동적이고 혁신적인 경제로 전환하는 것이 선진국 모델이다. 한국은 이들이 과잉보호의 울타리 안에서 자기들만의 파이를 키우는 데 집중하는 것이 문제이다. 이러한 구조는 한국 노동시장의 디지털화, 자동화까지도 차별적으로 작용하도록 이끈다. 이는 비정규직, 중소기업 노동자들의 고통을 가중시키는 방향으로 작동함에 따라 갈등과 저항을 불러오고 있다.

인천국제공항 보안요원을 정규직으로 전환하는 문제, 고속도로 톨게이트 비정규직을 한국도로공사 자회사 직원으로 전환하는 문제 등은 바로 이러한 부당한 차별적 대우와 자동화라는 복합적 문제라고 할 수 있다. '타다' 논란도 저임금 운수 노동자와 디지털 신기술 간의 갈등이라고 할 수 있다. 이렇듯 차별적 노동시장으로 인하여 열악한 위치에 있는 노동자들은 디지털화, 자동화에 대한 수용을 거부하는 입장을 취하게 된다. 그나마 일부 공기업의 비정규직은 정부와 공기업을 대상으로 한 싸움에서 여론의 지지를 받을 수 있지만, 많은 비정규직 노동자들은 과잉 공급된 노동시장의 열악한 처지를 벗어나지 못하고 있다.

디지털 갈등에 대한 선제적 대응 필요

노동시장의 이중구조로 인하여 디지털화, 자동화에 대한 갈등이 증폭되는 현상을 어떻게 풀어나갈 수 있을까? 일차적으로는 소비자 후생, 이익의 관점에서 변화의 방향을 정하는 것이 중요하다. 어떠한 우여곡절과 갈등을 겪더라도 결국 소비자 후생이 증가하는 방향으로 기술과 사업은 발전하게 되어 있다. 이 방향의 흐름을 바꾸기보다는, 먼저 방향을 예고하고, 시간을 조절하며, 충격을 줄이고, 이해관계를 조정하여 사회 전체적으로 이득이 되는 방향으로 나아가야 한다.

둘째는 기존 기업과 새로운 기술을 가지고 진입하는 진입자 간의 경쟁을 유도하는 것이다. 그러기 위해서는 기존 기업의 신기술 도입과 활용을 촉진하는 정책적 지원이 필요하다.

셋째는 신기술을 기반으로 한 새로운 산업의 시장 진입을 제한적, 부분적으로 허용하여 사업 진행을 지켜보면서 기존 제도를 개편하는 정책이다. 특히 우리나라와 같이 시장이 법 제도에 의해 조성되거나 정착된 경우, 제도가 경직적으로(규제로) 작용하는 경우가 많다. 규제 샌드박스(Sandbox), 지역적 규제 완화 정책을 적극적으로 도입하여, 신규 진입자를 통하여 산업 내 경쟁을 유지하고 산업 생태계를 건강하게 발전시켜야 한다.

넷째는 사업장 내에서의 직무 전환 교육을 통하여 일자리 변화에 대응하고 경쟁력 있는 노동력을 유지하는 방안이다. 산업 구조조정으로 이미 직업을 상실한 경우 재교육은 재취업 효과가 없는 것으로 나타났다. 직장 내에서 새로운 기술을 적극적으로 도입하고 기존 인력이 새로운 기술을 습득하여 업무를 향상시키도록 하는 노력이 필요하다. 장기적으로 기업의 업무 및 노동 재편 계획을 세우고, 단계적으로 직원들이 업무 전환을 수용하고 신기술을 습득할 수 있도록 해야 한다. 평생교육, 직무교육에 대한 적극적인 지원이 필요한 시점이다.

우리나라 직장인들은 정규 교육을 마칠 때까지는 학습능력이 뛰어나다가 직업 세계로 진입하면 다른 선진국들에 비해 학습능력이 떨어지는 모습을 보이는데, 이러한 문제부터 해결해야 한다. 독일 지멘스가 인더스트리 4.0이라는 자동화, 스마트 공장을 추진할 때, 전체 고용 수는 유지하면서 현장 노동자를 대폭 다른 전문분야 노동자로 전환한 사례를 따를 필요가 있다. 처음 컴퓨터가 등장했을 때 수많은 수작업 계산원들은 해고 위기에 놓였으나, 컴퓨터를 배워서 계속 일할 수 있었다는 내용의 영화 〈히든 피겨스〉는 신기술 등장에 직원, 노동자들이 어떻게 대응하는 것이 현명한 것인지를 보여준다. 물론 기업에서도 적극적으로 전직 훈련을 지원해야 한다. 노동조합도 장기적인 변화를 인정하고 새로운 능력을 습득하지 못한 노동자들을 구조 조정하는 데 협조할 필요가 있다.

디지털에 의한 의료, 교육, 법률 시장의 변화 필요성

앞서 설명한 디지털 갈등 사례를 보면 이미 디지털 갈등이 다 드러난 것으로 생각할 수 있다. 그러나 아직 주류 직업 집단에서의 디지털 전환은 본격화되지 않았다. 대표적인 규제 업종은 금융, 의료, 교육, 법률 업종이라고 할 수 있다. 금융은 규제 산업이지만, 직업의 자격이 법률로 정해져 있지 않기 때문에 핀테크 등의 기술기업이 등장하면서 빠르게 디지털 전환이 진행 중이다. 그러나 법률에 의해 직업의 자격이 정해져 있는 업종에서의 디지털 전환은 상당히 더디게 진행되고 있다. 당장 '원격의료'로 상징되는 의료의 디지털 전환은 10년 넘게 의료계, 의사 집단의 반대로 진행되지 못하고 있다. 코로나19 상황에서 한시적으로 일부 비대면 진료가 허용되었지만, 여전히 제도화의 벽에 막혀 있다. 최근 정부의 공공의료 강화를 위한 의대 정원 확대 정책에 의료계가 반발하면서 원격의료도 반대하는 입장을 내놓은 것은 혁신의 어려움을 여실히 보여준다.

현재 많은 헬스케어 디바이스가 등장하고, 인터넷에 의한 전문 지식의 대중화, 지식의 민주화가 이루어졌다. 그러나 의료, 법률 등의 분야는 여전히 지식이 특정 집단 전문가의 소유로 되어 있고 디지털 의료 및 법률 서비스는 엄격히 제한되어 있다. 의사와 변호사에 의한 의료 및 법률 서비스 제공 이외에는 디지털 기술을 이용한 서비스는 엄격한 규제의 대상이다. 이에 따라 국내에서는 디지털 의료 및 법률 서비스가 개발되어도 시장에 진출하지 못하고 있다. 교육도 마찬가지이다 보니 오히려 사교육 시장에서 더 활발히 디지털 기술을 활용하고 있다.

디지털 기술은 사람의 일을 대체하거나 보조하면서 효율성을 높이는 방식으로 혁신을 이끌고 있는데, 법으로 직업 자격이 정해진 분야에서는 디지털 기술을 가진 신규 진입자의 등장을 원천적으로 막고 있다. 이렇게 진입 장벽이 높은 의료, 교육, 법률 시장은 외국에 개방되지도 않고 강력한 기득권과 이익집단의 지위를 누리고 있다. 결국 많은 젊은 인재들이 좁은 시장에 들어가기 위하여 치열한 경쟁에 몰두하고 있으며 이는 사회적 차원에서 인재 손실로 이어진다.

이들 업종이 외부에 더욱 개방되고 디지털 기술을 가진 신규 진입자가 들어갈 수 있도록 해야 경쟁 속에서 혁신이 일어날 수 있다. 또한 시민과 소비자의 이익 관점에서 디지털 기술을 활용한 신규 진입이 법제도적으로 허용돼야 한다. 이런 분야에서의 디지털 갈등은 혁신적 관점에서 바람직하다고 할 수 있다. 과한 기득권 보호를 내려놓고 진입 장벽을 낮춘다면 인재의 쏠림 현상도 완화될 것이고, 사회 전 분야에서 인재들이 활약하면서 국가 경쟁력도 높아질 것이다.

디지털 갈등은 피해야 하는 문제가 아니다. 이는 신기술과 기존 기술의 경쟁, 신산업과 기존 산업의 경쟁, 기득권과 신규 진입자의 경쟁이라는 관점에서 바라봐야 한다. 그러나 왜곡된 노동시장의 이중구조에서는 디지털 혁신이 전 분야에서 일어나지 않고 취약한 노동계층의 갈등으로 이어지고 있다. 사회의 기득권 집단인 의료, 교육, 법률 업종이 디지털 기술을 가진 새로운 경쟁자의 진입을 허용함으로써 나타날 디지털 갈등은, 사회혁신으로 이어진다는 점에서 바람직하다고 할 수 있다. 디지털 갈등을 디지털 혁신의 계기로 삼기 위해서는 정부의 적극적인 제도 개선이 필요하다.

디지털 시대의 뉴딜, 소득보험 도입의 필요성

코로나19를 겪으면서 안전에 대한 요구가 높아지고 있다. 사회적 거리두기는 자영업자를 비롯해 서비스업 종사자들에게 생계의 위협으로 다가오고 있다. 거리의 상점이 문을 닫고, 휴업을 하거나, 영업시간을 줄이면서 근근이 버티고 있다. 코로나19가 끝나도 이전과 같은 일상이 회복될 것인지는 모르는 상황이다. 코로나19가 촉진시킨 것도 있기 때문이다. 바로 디지털 전환이다.

디지털 및 IT 기업들에게는 사회적 거리두기가 오히려 매출 증대, 사업 확대로 이어지고 있다. 온라인으로 하는 여러 활동들이 증가했으며, 온라인 쇼핑과 음식 배달 서비스가 늘어났다. 이에 더해 화상회의, 온라인 교육, 원격 근무, 온라인 공연, 메타버스까지 새로운 생활 및 소비문화가 자리를 잡아가고 있다. 코로나19와 디지털 전환이 누군가에게는 생계의 위협을 가하는 고통이고, 누군가에게는 새로운 신세계가 되고 있다. 코로나19로 고통 받는 사람들을 위해 풀린 돈이 디지털 전환으로 기회를 잡은 사람들에게 흘러 들어가고 있다. 일자리와 소득 양극화에서 나아가 자산 양극화가 심화되고 있다. 이러한 현상은 뉴노멀로 정착될 가능성이 크다. 새로운 시대에 맞는 일자리와 복지 정책, 새로운 제도가 필요한 시점이다.

2020년 7월에 정부는 한국판 뉴딜로 디지털 뉴딜과 그린 뉴딜을 발표했고, 최근에는 휴먼 뉴딜을 더해서 한국판 뉴딜 2.0을 발표했다. 디지털과 그린 뉴딜로 새로운 일자리를 만드는 정책과 함께, 안전망 강화를 위한 휴먼 뉴딜을 추진한다는 계획이다. 사람에 대한 투자와 불평등 및 격차 해소를 내걸고 있다. 전 국민 대상 고용안전망 구축을 위해 고용보험 대상을 예술인, 특수형태근로 종사자 등으로 단계적으로 확대하고, 산재보험과 관련해서도 특수형태근로 종사자 지원 직종을 확대한다는 계획이다. 그러나 이것은 엄밀하게는 이전 제도의 확대이지, 새로운 것은 아니다.

뉴딜은 1930년대 초 미국의 루스벨트 대통령이 처음 실시한 정책이다. 1929년 주식시장 폭락 이후 4%였던 실업률이 1933년 25%로 증가했던 대공황 타개책이 뉴딜이었다. 공업 생산량이 30%로 줄고, 목재업, 광업, 농업은 생산이 줄었는데 물가는 하락하여 더 어려움을 겪었다. 반면에 자산가와 화이트칼라, 서비스업 노동자의 고통은 상대적으로 덜했다. 통화가치는 증가하여 돈을 가진 사람들은 더 부유해지고, 빚을 진 사람들은 돈을 갚기가 더 힘들어졌다. 그래서 루스벨트는 뉴딜의 시작을 은행과 금융 개혁으로 시작했다.

뉴딜은 달러 금본위제를 중단함으로 통화 발행을 쉽게 하여 통화가치의 하락을 이뤄냈다. 그리고 정부 재정을 확대하여 공공 투자를 늘렸다. 뉴딜 정책의 상징이 후버댐이나 고속도로 사업 등인 것도 이 때문이다. 현 정부도 디지털 시대의 고속도로이자 디지털 시대의 댐인 데이터댐이라는 디지털 인프라 투자를 뉴딜로 연결하고 있다. 이러한 댐과 고속도로가, 늘어난 실업자를 위한 일자리를 창출해 실업을 완화하는 효과는 있었으나, 이는 뉴딜의 핵심은 아니다.

부의 양극화, 너무 커진 자본의 힘이 대공황을 초래했기 때문에 뉴딜은 부의 균형으로 경제의 역동성을 회복하는 데 초점을 맞췄다. 그래서 노동의 힘을 강화하고 안정화하기 위해 노동법과 사회보장법을 도입했다. 노동조합을 결성하고, 자본가와 단체교섭을 할 수 있는 권리, 단결권과 단체교섭권을 보장해 주었다. 아울러 실업보험과 노령연

금을 도입하여 노동자들의 생계에 대한 불안을 덜어 주었다. 기업가들이 카르텔과 독점을 형성하며 부를 축적하고, 이에 맞서 노동자들이 폭력적인 파업을 벌이던 대립이 완화되었다. 이를 통해 노동과 자본의 균형, 노사가 양보하고 협력하는 관계를 만들어 냈다. 산업 현장이 안정화되면서 기업은 혁신에 매진하고, 노동자들도 혁신의 과실을 나누는 관계가 되었다. 결국 미국은 이를 통해 세계 최대의 경제 대국이 되었다. 뉴딜의 기적이라고 할 수 있다.

현재 대한민국은 어떤 뉴딜이 필요한가? 코로나19는 디지털 전환이 미래라는 것을 확인시켜주었다. 기후변화, 2050년 탄소중립을 위해서라도 디지털 전환이 필요하다. 그러나 그 과정의 고통은 골고루 분산되어 있지 않다. 디지털 전환, 인공지능과 로봇에 의한 노동의 배제, 실업의 증가에 대한 우려도 크다. 디지털 전환에 의해 경쟁력을 잃은 기업과 산업도 늘어날 것이다. 이에 대한 저항도 클 것이다. 이러한 불안감과 우려 속에서 기본소득이라는 주장이 등장해 호응을 얻고 있다. 기존 일자리와 사회보장 제도는 더 이상 유효하지 않다는 주장이다.

그렇다면 고용보험 대상을 확대한다는 전 국민 고용보험이 해결책이 될 수 있을까? 점진적으로 정부가 주는 생활지원금(기본소득) 금액을 높여간다는 기본소득 제도가 해결책이 될 수 있을까? 디지털 전환 시대의 특징에 맞는 사회보장 제도, 고용 및 실업보험 제도를 마련해야 한다. 디지털 전환, 디지털 경제의 특징은 공장과 사무실의 중요성이 감소한다는 것이다. 사람들은 어디서나 일할 수 있고, 기업들은 다양한 형태의 고용을 원하고 있다. 전문성을 가진 사람들은 프리랜서로 여러 기업과 계약을 맺고 업무를 처리(노동)해 주고 있다. 기존의 특수고용직 노동자만이 아니라 긱 노동, 플랫폼 노동으로 불리는, 사업주도 아니고 노동자도 아닌 모호한 신분으로 경제활동을 하는 사람들이 늘고 있는 것이다. 유튜버가 직업인 사람들이 늘어나는 것처럼 말이다.

고용과 피고용, 사용자와 노동자라는 관계는 앞으로 점점 더 희석될 것이다. 때로는 피고용자나 계약을 맺은 사업 파트너가 되고, 때로는 고용자가 되어 프로젝트 계약을 수행하기도 할 것이다. 또한 고용과 피고용은 수시로 바뀌는 관계가 되고, 1인 기업, 자영업자가 늘어날 것이다. 고용이 늘어나는 사회는 더 이상 기대하기 어렵다. 대신 다양한 방식의 경제활동으로 소득을 얻는 사람들이 늘어나고 있다. 그리고 이런 경제활동을 촉진해야 디지털 경제로 발전할 수 있다.

그러나 고용되지 않고 경제활동을 하는 사람들은 사회보장의 영역 밖에 있다. 더 이상 고용이 되어야만 사회보장 가입 대상이 되는 제도는 유효하지 않다. 디지털 시대에 공장 노동 시절 만들어진 노동법과 실업보험을 적용하는 것은 산업경제로의 후퇴를 강요하는 꼴이다. 다양한 방식의 경제활동으로 소득을 얻지만, 일이 줄어들어 소득이 감소하는 것에 대한 불안을 덜어주는 제도가 필요하다. 경제활동을 기준으로, 소득이 발생하면 누구나 소득보험에 가입되어, 어려울 때 경제적 안정을 얻을 수 있도록 하는 디지털 시대의 사회보장제도로 디지털 뉴딜을 완성해야 한다.

소득보험으로 맞이하는 새로운 디지털 시대

현재의 문제를 해결하고, 미래를 대비하며, 관리의 효율성을 높일 수 있는 새로운 사회보장 제도를 마련해야 한다. 불안한 미래에 대한 우려로 전 국민 기본소득에 대한 관심이 증가하고, 코로나19로 실업자가 늘어나면서 전 국민 고용보험의 절박성이 커지고 있다. 한국 사회에 필요한 사회보장제도는 무엇인지를 고민하고 새로운 해결 방안을 찾아야 할 때이다.

산업화 시대, 제조업 대량 고용의 시대에는 '고용'의 측면에서 노동자를 보호할 수 있는 노동자 단결권과 고용보험이라는 사회보장제도가 필요했다. 하지만 현재 '고용'의 측면에서 마련된 제도가 오히려 노동시장 이중구조에 놓인 직장의 불안전성을 높이고, 고소득자를 과잉보호하는 구조로 작용하고 있다. '고용'이 아닌 '소득'의 측면에서 사회보장제도를 재구축해야 한다. 경제활동과 혁신을 촉진하고, 관리비용을 줄이기 위해서는 고용보험에서 소득보험으로의 전환이 필요하다. 장점은 다음과 같다.

첫째, 소득보험 가입 조건은 '고용'이 아닌 경제활동에 따른 '소득'(원칙적으로 자본소득은 제외하고 근로소득과 사업소득에 한정)의 발생이다. 모든 소득이 발생하는 경제활동에 종사하는 자는 소득보험에 가입한다(이로써 정년 제한이 사라진다). 이는 전 국민 고용보험이라는 모순적인(고용이 아닌데 고용보험에 가입하는) 혼란도 피할 수 있다.

둘째, 보험료는 '소득'에 비례하여 납부하기 때문에 기업(사용자)의 분담금이 사라진다. 분담금에 해당하는 금액과 자영업자 가입에 따른 보험료 부족분은 법인세와 부가가치세를 올려 일부를 사회보장세로 전환하는 방안이 있다. 기업체로서는 '고용'에 따른 의무적 '비용'이 발생하지 않기 때문에 오히려 고용을 더 늘릴 가능성이 크다.

셋째, 소득보험의 혜택 대상은 소득이 줄어들거나 없어진 모든 사람을 포함한다. 퇴사, 재교육, 창업 준비, 소득이 급격하게 줄어든 자영업자도 포함된다. 일정 기간 보험료를 납부한 조건과 납입 보험료(기여금)의 액수에 비례하여 '소득'의 일부를 보전 받게 된다. 물론 도덕적 해이에 대한 대책 마련 역시 필요하다.

넷째는 보험관리의 간편화와 통합이다. 1년에 '고용'된 자의 반이 직장을 옮긴다. 자격 상실과 취득이라는 이중의 자격변동 행정업무 비용이 기업과 보험공단 모두에서 발생한다. 소득보험료 징수 및 관리 업무를 국세청에서 대행하면 더 정확하고 행정비용도 줄일 수 있다. 모든 사회보장제도를 개인계좌 방식으로 통합하여 운영하는 방안이 제안될 수 있다. 기업에도 관리비용이 줄어드는 혜택이 있다.

다섯째, 소득보험은 노동시장의 이중구조(양극화)를 해소하고 사회통합에 기여할 수 있다. 과잉보호되고 있는 고소득 직장인의 소득보험 기여금은 저소득 불안정 직업 종사자들의 생활 안정과 재교육 및 자기계발에 도움을 줄 수 있다. 또한 소득감소와 실업에 대한 두려움으로 창업에 나서지 못하는 정규직들이 혁신적인 경제활동을 할 수 있도록 하는 안전망이 될 수 있다.

여섯째, 소득보험은 '소득'이라는 측면에서 사회보장 시스템을 재편하고, 궁극적으로 기본소득이 가능한 사회경제적 기반을 마련하는 데 도움이 될 것이다. 노동 시간 감소, 일자리 나누기, 증세와 사회보장 지출 확대에 의한 소득 재분배 등 사회적 합의를 이루는 데 소득보험제도가 도움이 될 것이다.

한국 노동시장의 구조적 문제점을 해결하고, 디지털이라는 노동 환경 변화에 대응하여 혁신을 촉진하며, 사회통합과 함께 사회보장 관리 체계를 효율화할 수 있는 방안은 전 국민 소득보험이다. 소득보험으로의 전환이 K-뉴딜의 핵심 과제가 되어야 한다.

    개인의 디지털 활용 능력의 격차는 편리함을 넘어 생존과 경쟁력의 단계로 진입했다. 디지털 전환은 노동의 변화, 플랫폼 노동의 증가, 노동의 자동화, 노동력의 감소라는 사회적 갈등으로 이어지고 있다. 반면에 전문직들의 영역인 의료, 교육, 법률 시장은 디지털 진입이 저지되고 있다. 디지털 혁신을 촉진하기 위해서는 기득권 시장의 디지털 진입 허용이 필요하다. 장기적으로는 노동의 디지털화를 넘어 고용되지 않고 일하는 디지털 경제활동 인구에 대한 대책이 필요하다. 산업사회의 사회보장제도인 고용보험의 시대에서 디지털사회의 새로운 사회보장 제도, 소득보험제도 도입에 대한 적극적 검토가 필요하다. 새로운 시대에 맞는 새로운 제도가 수립될 때 구제도의 갈등이 해소되고 더 발전된 사회가 될 수 있다.

**DIGITAL POWER
2022**

디지토피아와
디스토피아의 갈림길

김호원 서울대학교 객원교수

디지털 사회의 명과 암

2021년 8월, 미군의 철수 결정으로 기존 아프가니스탄 정부가 순식간에 붕괴되고 이슬람 근본 세력인 탈레반이 20년 만에 다시 수도 카불을 점령했다. 수도 카불에 사는 10대 소녀는 SNS를 통해 탈레반의 여성탄압정책에 대한 공포를 실시간으로 알려 전 세계적으로 화제가 되었다.

세계적 아이돌그룹 BTS가 '다이너마이트' 뮤직비디오를 포트나이트(FORTNITE)라는 게임플랫폼에 최초 공개했다. 가상세계 속 무대는 실제 콘서트장을 방불케 했으며 이용자들은 스크린에서 나오는 뮤직비디오에 맞춰 자신의 부캐(캐릭터)로 안무를 따라 췄다. 바야흐로 메타버스의 시대가 도래했다고 해도 과언이 아니다.

2016 칸 국제영화제에서 황금종려상을 받은 켄로치 감독의 영화 〈I, Daniel Blake〉는 아날로그 시대의 맥가이버 같은 목수 다니엘 블레이크가 디지털 사회에서 어떻게 소외되고 자존감을 상실하는지를

잘 보여주고 있다. 우리 주위에는 키오스크 조작에 어려움을 겪는 어르신, 코로나19 백신 예약을 포기한 독거노인 등 단순한 불편함을 넘어 '디지털 세상에 적응하지 못한다'는 자괴감을 느끼는 수많은 다니엘 블레이크가 있다.

국내 빅테크의 간판으로 꼽히는 네이버와 카카오가 독점문제로 여론의 지탄을 받고 있다. 두 기업은 전 국민이 이용자라는 우월적 지위를 앞세워 과도한 광고비를 요구하는 등 중소사업자의 절대군주로 군림하고 있다. 배달의민족 역시 편리하지만, 배달비가 상승하면서 자영업자와 소비자의 부담이 크게 늘었다. 쿠팡은 거대 플랫폼을 앞세워 대기업에도 우월적 지위를 행사할 만큼 큰 힘을 휘두르고 있다. 빅테크가 주는 편의가 커짐과 동시에, 독점의 폐해 또한 급증하고 있다는 지적이다.

지금까지 살펴본 사례들은 디지털 기술이 가져온 일상생활의 단면들이다. 한쪽은 디지털 문명을 제대로 향유하고 있고, 한쪽은 인간을 돕는 기술로 인해 오히려 소외되고 피해를 받고 있다. 좋든 싫든 우리는 지금 디지털 기술의 발전과 함께 디지털 사회로 접어들고 있다. 우리의 일상에 디지털이 스며들고, 우리 주변에는 무인화 기기들이 들어오고 있다. 과거 접근성 격차의 우려가 있었던 기술들은 점차 인공지능 기술을 통해 편의성을 높여가고 있다.

하지만 여전히 디지털 기술이 사회를 변화시키는 과정은 디지털 불평등 문제를 안고 있다. 빠르게 디지털화하는 사회, 단지 스마트폰을 소유하고 조작할 수 있는 수준의 접근성 격차가 아니라, 디지털화된 정보를 다루는 과정에서 발생하는 활용격차가 발생하고 있다. 정보 접근과 활용에서의 차이는 결국 경제, 사회, 문화적 불평등으로 이어지고, 교육과 직업의 기회에 대한 차별로도 연결된다. 이런 디지털 불평등 문제는 특정 개인, 하나의 계층, 한 지역에만 국한된 문제가 아니다.

편의성과 효율성을 높여주지만 불평등을 심화시키는 디지털 사회는 우리가 꿈꾸는 유토피아, 즉 누구나 원하는 만큼 혜택을 누리고 자유로운 활동이 보장되는 사회가 될 수 있는가? 디지털 기술의 진보가 모든 사람, 모든 일자리에 좀 더 중립적일 수는 없는가? 우리가 목격하고 있는 디지털 기술의 급격한 발전과 불평등 현상의 심화는 구체적으로 어떤 모습으로 변모해 나갈 것인가? 보다 나은 디지토피아(Digitopia)를 만들어 나가기 위해서 지금 우리는 무엇을 해야 하는지, 한 번쯤 고민해 보는 시간을 가졌으면 한다.

기술진보와 불평등

토마 피케티(Thomas Piketty) 교수의 저서『21세기 자본』(2013)이 출간되고 빈곤과 복지, 소득불평등의 문제에 관한 실증적인 연구를 많이 수행한 앵거스 디턴(Angus Stewart Deaton) 교수가 2015년 노벨경제학상을 수상한 이후, 소득불평등에 관한 대중의 관심과 걱정이 크게 높아졌다. 실제로 대부분의 선진국은 물론 많은 신흥시장국에서 최근 들어 소득격차가 빠르게 확대되어 왔다. 우리나라도 1990년대 중반 이후 소득격차가 지속적으로 확대되고 있으며 앞으로도 더욱 확대될 전망이다.

그렇다면 대부분의 나라에서 소득불평등이 확대되고 있는 이유는 무엇일까? 산업혁명 이후 소득불평등에 영향을 미치는 요인으로 크게 기술(Technology), 세계화(Openness), 정책(Policy, 또는 제도)을 든다. 영어 앞 글자를 따서 TOP이라고 부르는 이 세 가지 요인은 서로 연관성을 맺으며 변화해 왔다.

우선 근로 및 자산세제, 자본집중도나 노동과 자본의 소득배분 비율, 최저임금제와 실업 보험 등 고용 관련 제도, 취약계층에 대한 복지 정책 등 제도적인 측면을 생각해 볼 수 있다. 경우에 따라선 이러한 제도적 요인들이 특정 국가나 특정 시기의 소득불평등 변화를 설명하는데 결정적인 역할을 하기도 한다.

한편 대니얼 마코비츠(Daniel Markovits)는 그의 저서『엘리트 세습(The Meritocracy Trap)』(2020)에서 불평등의 주요 원인을 능력주의 자체에 있다고 주장한다. '내 능력만큼의 보상'이라는 능력주의는 겉으로는 정당해 보여서 우리 시대의 기본 상식으로 여겨진다. 그러나 현대 미국 사회에서는 고학력 엘리트의 노동생산력 독점이 빈부격차의 핵심 요인이다. 엘리트 부모들은 자녀 1인당 교육비용으로 1,000만 달러를 투자하면서 최고 수준의 교육기회를 제공하며 자녀들을 고도의 능력을 보유한 초고도 엘리트층으로 키워낸다. 그리고 인공지능 등 기술혁신을 통해 중간숙련 노동자가 필요 없는 시스템을 구축함으로써 직업구조를 양극화한다. 그 결과 중산층의 일자리는 없어지고 고학력 엘리트가 업무를 독점해 엄청난 고임금을 받게 되는 구조가 된다.

거꾸로 가는 능력주의 혁명으로 억압·박탈·착취 없이도 부모의 경제력과 학벌이 인간자본으로 세습됨에 따라, 신분과 부의 불평등이 고착화되고 현대판 신분제가 되고 있다는 것이 마코비츠의 진단이다. 자수성가의 비중이 높은 미국 사회를 분석한 내용이지만 우리에게도 묵직한 울림을 준다.

그럼에도 불구하고 많은 경제학자들은 전 세계적인 소득불평등 확대의 최대 요인으로 기술진보와 세계화를 제시하고 있다. 기술진보와 세계화가 특정 국가나 시기에 국한되지 않고 소득불평등에 영향을 미치는 보편적이고 지속적인 힘으로 작용하기 때문이다. 특히 디지털 시대에서는 기술진보가 소득불평등의 주범으로 지적받고 있다. IMF(2014)는 선진국의 소득불평등이 커지는 이유를 기술진보가 50%, 세계화가 25%, 나머지가 25%로 추정한 바 있다.

기술이 어떤 일자리 또는 업무에 중립적 위치를 가지는가는 오랜 논란거리였다. 우선 일자리 관점에서 보면 기술진보가 모든 노동자에게 똑같이 이롭지는 않기 때문에 혜택이 어느 한쪽으로 치우쳤다. 1차 산업혁명 기간 중 영국에서의 기술진보는 비숙련 편향적이었다. 밀려드는 기계에 일자리를 위협받은 대상은 숙련노동자였다. 반면 20세기 후반에 일어난 기술진보는 숙련 편향적이었다. 컴퓨터를 다루고 생산적으로 이용할 줄 아는 고학력 전문인력의 수요를 훨씬 크게 늘렸다.

그러나 1980년대 이후 범용기술이 인터넷, 인공지능·빅데이터로 변화함에 따라 노동시장을 '일자리 관점'이 아닌 '특정 업무 관점'으로 보아야 한다는 인식 전환이 있었다. 어떤 일자리든 업무종사자들이 다양한 업무를 수행한다는 사실이 밝혀지고 인간의 교육 수준(숙련 수준)보다는 특정 업무가 루틴 업무인지 여부가 기술진보에 더 큰 영향을 받는다는 것이다. 아래 그림에서 보듯이 '모라벡의 역설'112이 적용되는 저숙련 노동자의 비정형 육체노동과 고숙련 노동자의 인지노동은 증가한 반면, 중간숙련 노동자의 정형화되고 집약적인 노동은 급감하는 상황이 된 것이다.

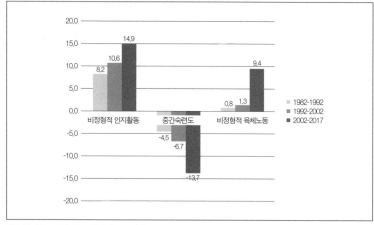

〈숙련도에 따른 고용점유율(%) 변화〉

자료: Nir Jaimovich & Henry E, Siu(2012. 8,), "Job Polarization and jobless recoveries"

디지털 사회 불평등의 특징

한국지능정보사회진흥원에서 발표한 「2020 디지털 정보격차 실태
조사」에 따르면, 저소득층·장애인·농어민·고령층 등 디지털 취약계층
의 2020년 일반국민대비 정보화 수준은 72.7%로 전년(69.9%) 대비
2.8%p 개선되어 디지털 정보격차가 꾸준히 완화되는 추세로 나타났
다. 그러나 디지털 사회에 살아가고 있는 우리가 직면한 불평등은 단
순한 정보격차에만 국한되지 않는다. 정보 접근과 활용에서의 차이가
초래하는 후폭풍에 더욱 주의를 기울어야 한다. 여기서 우리는 몇 가
지 드러나고 있는 불편한 진실을 직시할 필요가 있다.

첫째, 직업·가정·소비까지 다차원적이고 총체적인 격차 현상이다.
20세기 중반까지 상위계층과 중산층은 하나로 통합된 사회에서 살았
다. 그러나 오늘날 부유층과 나머지 사람들은 직장, 교육, 결혼, 소비

그리고 문화생활 등 거의 모든 면에서 분리되어가고 있다. 형식적으로만 교류하면서 서로에게 낯설고 이해할 수 없는 삶을 영위한다. 고숙련 근로자와 미숙련 근로자가 일하는 기업이 분리되어 있다. 소매업은 미숙련 일자리를, 금융업은 고숙련 직업을 상징한다. 엘리트들은 끼리끼리 결혼하고 자녀교육에 한층 더 능숙하고 그들만의 소비·문화생활을 영위한다.

둘째, 신카스트제도의 전조현상이다. 오늘날 청년세대의 불평등 문제는 단순히 그들의 삶이 평등하지 않다는 데 있지 않고 계층의 재생산이라는 사실에 있다. 20대가 취업과 함께 노동시장에 진입할 때 어떤 일자리를 얻느냐는 미래소득, 자산, 결혼 여부, 사회적·문화적 경험 등 생애주기 전반을 결정한다. 그 첫 번째 관문이 명문대 진학이다. 부모의 소득과 학력이 자녀의 중학교 성적에서부터 점점 더 큰 영향을 미치고 좋은 대학이라는 지위가 이전보다 훨씬 불평등하게 분배되고 있다. 교육과 일자리를 연계고리로 해서 이제 '정상가족'은 하나의 특권이 되었으며 정상가족의 형성에는 번듯한 일자리와 부모의 지원이 필수가 되고 있다.

셋째, 절대 빈곤보다는 부의 집중이 강조되는 상위 불평등 시대이다. 인류역사 대부분의 기간 동안 불평등 문제는 중산층과 빈곤층의 격차와 관련된 하위 불평등(절대 결핍)에 집중되었다. 그러나 오늘날에는 부유층과 중산층의 격차와 관련된 상위 불평등(부의 집중)이 경제 불평등을 심화시키는 원동력이다. 물론 절대빈곤은 남아 있고 빈곤 완화는 도덕적인 우선과제로 남아 있지만, 이제 저소득층의 비참함보다는 중산층의 좌절이 부각되고 있다. 이를 상징하는 것이 아래 그림의 브랑크 밀라노비치의 코끼리곡선이다. 1988년부터 2008년까지 전 세계 소득수준별 1인당 실질가계소득의 상대적 증가율을 보면, 세계화와 디지털 혁신의 수혜자인 글로벌 신흥 중산층(A)과 최상위 1%(C)의 실질소득은 크게 증가한 반면, 주요 선진국들의 중하위층(B)은 가장 낮은 증가율을 나타내고 있다.

넷째, 인공지능 시대 미국과 중국의 양극화 현상이다. 인공지능은 일반 범용기술(GPI)로 디지털 사회의 보이지 않는 인프라로서 모든 인류의 미래 삶에 지대한 영향을 줄 것이다. 우리는 인공지능을 공개 생태계로 간주하지만 사실상 소수의 인공지능족에게 빠르게 힘이 집중되고 있다. 그리고 인공지능의 미래는 미국과 중국에 의해 설계되고 구축되고 있다. 그러나 인공지능의 미래는 우리의 기대와는 달리, 휴머니티와는 거리가 먼 두 가지 방향으로 진행 중이다. 미국 몇 개 주요 대학 출신의 소수 백인 남성 인공지능족들에 의해 인공지능의 미래가 그려지고 있으며 이들은 윤리보다 기술에 치우쳐진 교육을 받고 있다(이는 구글의 여성과 흑인에 대한 폄하논란과 무관하지 않다).

〈전 세계 소득수준별 1인당 실질소득의 상대적 증가율(1988~2008)〉

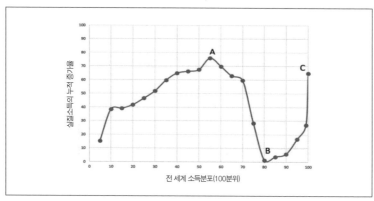

출처: 브랑코 밀라노비치(2016), "왜 우리는 불평등해졌는가", Global Inequality

한편 미 정부는 인공지능이나 우리들의 장기적인 미래에 대해 전략이 부재하고 G-Mafia(구글, 아마존, 애플, 페이스북, 마이크로소프트, IBM)로 통칭되는 관련 기업들은 단기적 상업주의에서 벗어나지 못하고 있다. 중국의 경우 BAT는 정부의 의지에 굴종하고 있으며 중국공산당은 인공지능을 중국 굴기의 수단으로 모든 정보의 통제를 통한 전제적 통치의 일부로 활용하고 있다. 특히 중국의 기술독재주의는 인공지능 혁명이 민주주의와 독재 간의 상대적 효율관계까지 변화시켜 20세기 민주주의의 우월성에 반문을 제기하고 과학기술의 윤리성 악화로 이어질 것이라는 문명사적인 우려를 유발하고 있다.

디지토피아를 향한 염원

미래 디지털 사회가 번영의 디지토피아가 될 것인가, 혼돈의 아마겟돈이 될 것인가는 사회가 가지고 있는 과학기술능력과 사회조절능력의 조화 여부에 달려 있다. 그런 측면에서 디지토피아는 그저 주어지는 것이 아니라 우리 모두가 만들어 가는 것이라 할 수 있다. 루소가 『인간불평등기원론』에서 이야기했듯이 자연상태가 아닌 복잡하고 다양한 현대사회에서 평등은 존재할 수 없다. 그럼에도 평등을 위한 노력이 중요한 이유는 평등 자체가 도덕적으로 바람직해서라기보다는 그런 노력이 타인에 대한 존중, 공정성 등 다른 가치의 확산을 촉진하기 때문이다. 우리 모두 디지토피아를 향한 여정에 적극적인 관심을 가지고 동참해야 하는 이유이다.

정부는 2020년 6월 이후 '소외 없는 디지털 세상'을 비전으로 설정하고「디지털포용추진계획」을 수립하여 추진하고 있다. 전 국민의 디지털 역량을 강화하고 우리나라 어디서든 이용할 수 있는 인터넷 환경을 조성하는 등 디지털 환경 전반을 정비해 나갈 계획이다. 디지털 격차 해소정책을 추진하여 디지털 대전환으로 발생할 수 있는 불평등 심화를 예방하고 디지털 기술을 활용함으로써 취약계층 삶의 질을 향상시킬 것으로 기대된다.

그러나 디지털 사회의 불평등 현상이 구조적으로 고착되어 가고 있음을 감안한다면, 교육과 일자리 측면의 근본적인 개혁작업도 병행되어야 할 것이다. 교육과 능력 배양의 기회가 보다 골고루 보장될 수 있도록 공공보육이나 공교육이 대폭 강화되어야 한다. 아울러 고숙련 근로 계층에 집중되는 부가가치 활동이 중간숙련의 중산층에게 분산될 수 있도록 방안을 모색해야 할 것이다.

디지털 사회에 적응하려는 개인 각자의 자조적인 노력도 어느 때보다 필요하다. 우리 청년세대가 미래의 꿈을 찾아갈 수 있도록 미래사회가 요구하는 디지털 혁신역량을 스스로 키워나가는 사회적 분위기를 조성해야 한다. 시니어들도 자신의 노력을 통해 디지털 라이프를 누릴 수 있는 여건을 만들어 나감으로써 인생 후반기의 삶이 더 풍성해지도록 해야 할 것이다. 미국의 은퇴커뮤니티에서 고해상도 가상현실 헤드셋을 사용해 노인들이 롤러코스터를 타고 이집트 피라미드를 방문하는 등 가상여행을 즐기는 것은 좋은 본보기가 된다.

디지토피아를 위해서는 부유한 엘리트 계층의 겸손과 사회적 책임의식(Richesse Oblige)도 중요하다. 페이스북의 마크 저거버그는 첫째 아이가 태어난 직후 아기에게 공개편지를 보냈다. 그 편지에서 저거버그는 '인간의 잠재력을 끌어올리고 다음 세대 모든 어린이의 평등을 촉진하는 일'에 페이스북으로 얻은 재산의 99%를 기부하겠다고 약속했다. 미국 최고 부유층 사회에서 그의 이런 기부행위는 특이하거나 유일한 사례가 아니다. 근자 우리나라의 부유층에서도 이런 사례가 속출하는 것은 고무적이다.

인공지능의 미래를 어떻게 그려나갈 것인가에 대한 글로벌 차원의 노력에 우리 사회도 관심을 가져야 한다. AMY WEBB은 그녀의 저서 『The Big Nine』(2019)에서 우리가 원하는 미래를 만들어 나가기 위해서는 개개인의 용기와 책임의식이 중요하며 큰 행동보다는 자그마한 행동이 연속적으로 확산되어야 한다고 강조한 바 있다. 디지털 사회의 미래 주인공은 인공지능과 메타버스를 만드는 사람이 될 것이다. 인공지능과 메타버스가 미래사회의 생활방식은 물론 사고방식까지도 규정할 것이기 때문이다. 우리 청년세대들도 남이 만들어 놓은 제품을 사서 잘 사용하면 된다는 생각에서 벗어나, 내가 디지토피아를 만들어 나간다는 패기와 열정을 가졌으면 하는 바람이다.

DIGITAL POWER
2022

Part. 4

인공지능과 양자컴퓨터의 미래

인공지능, 기대와 우려의 갭을 넘어

김문구 한국전자통신연구원 책임연구원, **오지선** 한국과학기술원 박사과정

인공지능 발전의 빛과 그림자

인공지능은 1955년 다트머스 콘퍼런스에서 다트머스대학교의 컴퓨터 과학자 및 수학자인 조셉 맥카시(J. McCarthy)에 의해 최초로 논의됐다.[113] 그 이후 많은 학자들이 인공지능의 개념에 대해 정의했다. 대부분의 학자들은 고도화된 컴퓨팅 능력과 합리적, 이성적 사고를 기계가 대신 수행하고, 행동하며, 성과를 내는 것이라고 밝혔다. 인공지능 기술은 컴퓨터가 인간처럼 사고하고 그와 관련된 마음을 갖고 있는 기계이기 때문에, 인간처럼 정서적인 마음까지도 보유할 수 있다.[114] 최근에는 인공지능이 다양한 산업 분야에 적용되어 발전하는 만큼 많은 학자들이 여러 관점에서 정의하고 있어 인공지능의 정의를 하나로 통일하기는 다소 어려운 측면이 있다.

인공지능은 학습의 많은 측면을 지능으로 이해하고, 체계적인 정보 검토를 통해 다양한 범위의 과학 및 정책 결정 분야에서 작동한다.[115]머

신비전, 자동운전, 이미지 캡션, 자율주행 자동차, 방사선 사진 판독 또는 생체검사 결과 해석, 지능형 에이전트까지 각각의 기술 분야에 적용되어 역할을 수행할 수 있다. 이처럼 인공지능은 인간처럼 생각하고 행동을 모방하도록 프로그래밍된 기계가 인간의 지능을 시뮬레이션하는 것이다.[116] 타우마르는, 인공지능은 효율성, 자동화, 정확성, 자율성, 보안 등의 향상 측면에서 많은 관심을 받았지만, 이와 함께 많은 문제도 발생한다고 경고했다.

4차 산업혁명이 주목받기 시작했던 2016년 1월, 다보스 포럼에서 가장 뜨겁게 주목받았던 주제는 바로 인공지능이었다. 인공지능, 사물인터넷, 빅데이터 등 4차 산업혁명의 새로운 기술들이 본격적으로 도입된 2016년에 이어 2017년은 4차 산업혁명의 개념과 요소기술들이 좀 더 고도화되고 확장되는 시기라고 볼 수 있다. 이를 입증하는 사례가 바로 알파고와 이세돌의 바둑대국이다. 1대4로 알파고가 이겼고, 이는 머지않아 인공지능의 시대가 도래할 것을 의미하기도 했다.

4차 산업혁명의 가장 주요 기술인 인공지능이 인류의 삶을 어떻게 변화시킬 것인지에 대한 예측은 각양각색이다. 세계 경제와 산업, 노동시장 등 사회 전반에 다양한 영향을 미치게 될 것이라는 예측과 함께, 인공지능 기술에 의한 편리함이 인간 삶의 영역을 대부분 차지해버릴 수도 있다는 막연한 두려움이 공존한다. 실제로 스티븐 호킹은 타계하기 전 인공지능의 발전은 인류의 멸망으로 연결될 수 있다고 경고한 바 있다.[117] 높은 이성과 판단력을 지닌 인공지능은 주체성을 가질 수 있어 통제할 수 없는 상황과 예측불허의 문제가 생길 수 있다. 또한 개인정보 침해와 유출에 관한 사회적 이슈, 이에 대응하는 정부 규제의 선은 어디까지인지도 논의 대상이다.

실제 제조업과 서비스 업종 등에서 인공지능으로 인력이 대체되고 있고, 일자리 감소에 대한 위협이 가시화되고 있다. 반복적인 업무만을 대체할 것이라는 예상과 달리, 거대한 데이터에 기반한 분석력과 창조력, 인간의 고유 영역으로 여겨졌던 금융 및 분석, 예술 분야 등에도 인공지능이 뛰어들었다. 인공지능은 인간의 삶과 사회, 산업 발전에 기여해 왔으며 미래에도 중요한 기술 인프라로 커다란 기여를 할 전망이다. 여기에서는 인공지능이 가져올 우려와 편익을 살펴보고 인류를 위한 인공지능의 방향을 제시하고자 한다.

인공지능의 편익과 우려

인공지능을 통해 누릴 수 있는 편익은 무척 크다. 첫째, 인간의 능력을 확장하여 생산성을 향상시킬 수 있다.[118] 손으로 하던 작업을 컴퓨터가 하여 업무 효율을 높이고, 공장자동화 시스템에 인공지능을 도입하여 생산성을 향상시킬 수 있다. 인간은 인공지능을 활용하여 열 명이 하던 업무를 한 명이 작업하여 인건비를 절약할 수 있고, 절약된 비용은 좀 더 생산성 있는 분야에 재투자할 수 있다.

둘째, 디지털 헬스케어로 인한 삶의 질이 향상될 수 있다.[119] 의료기술 발전에 따른 수명연장, 각종 질병들의 확대로 개인의 의료비가 증가하고 코로나19와 같은 새로운 전염병이 출현하고 있다. 이에 인공지능을 활용한 디지털 헬스케어 기술로 효율적 예방과 치료를 구현해, 의료비 및 사회적 부담을 줄일 수 있다. 또한 기존 의사가 눈으로 일일이 보며 판독하던 의료기록들은 이제 인공지능이 인간보다 더 정확하게 검사하고 판독, 진단, 예측할 수 있게 되었다. 유전체 분석 및 줄기 세포 등 새로운 치료의학 분야와 함께, 개인 맞춤형 치료 등 정밀의학 분야가 확산되는 등 의료 패러다임이 바뀌고 있다.[120]

셋째, 스마트 가전과 스마트 홈시스템 등 인공지능이 탑재된 생활 가전제품들은 사물인터넷과 연계하여, 스마트 홈을 실현하는 가전산 업의 미래로 주목받고 있다. 사람들은 자동화된 홈시스템으로 시간적 여유가 생기면서, 가사노동에 투자했던 시간과 노력을 다른 일에 투자 하며 좀 더 생산성 있고 편안한 생활을 즐길 수 있다. 각 제품들은 사 용자의 사용패턴이나 데이터를 축적하고 분석하여, 사용자가 따로 조 작하지 않아도 사용자 개인에게 최적화된 기능을 제공하는 것이 특징 이다.[121]

넷째, 사회적 약자 및 고령자, 장애인 등과 같은 사회적 불평등과 함 께, 도시와 시골의 지역적 불평등 해소가 가능하다.[122] 전 세계는 인터 넷과 인공지능으로 연결되어 있고, 세계 누구와도 SNS, 이메일 등으로 소통할 수 있다. 도시와 시골에서 누렸던 정보의 불균형, 교육의 불균 형 등도 인터넷과 인공지능을 통해 해소할 수 있다. 이제는 누구에게 나 열려 있는 정보를 통해 지식의 습득과 정보의 청취가 가능해졌다. 또한 고령자 및 장애인 등을 위한 다양한 재활시스템이 개발되고 휴먼 증강 시스템 등을 통해 신체적 불편함을 극복하여 활동성 불평등도 해 소할 수 있다.

다섯째, 온라인 환경의 복잡성과 데이터, 인간, 특정 행위 등 수없이 축적되는 다양한 정보들을 기반으로 결론을 낼 때, 빅데이터 활용 능 력과 인공지능에 대한 이해는 매우 중요하다. 수많은 결과가 혼재된 상태에서 책임과 권한을 결정하고, 기준을 규정하여, 명확한 합의점을 도출하는 것은 무척 어려운 일이다. 이에 인공지능을 통해 투명하고 공정하게 알고리즘을 활용하고 자동화된 의사결정에 적용할 수 있다.[123] 인공지능을 기반으로 신속하고 정확한 의사결정을 하면 사회적 비용과 에너지를 절약할 수 있을 것이다.

여섯째, 사이버보안 분야에서 인공지능을 활용하면 신속, 정확하게 대응할 수 있다. 악의적인 의도로 해킹을 시도하여 시스템을 공격하고 비윤리적인 방식으로 정보를 탈취하는 사이버 사고가 증가하고 있다. 기업 및 정부, 국방 분야에서 보안은 더욱 중요하다. 사이버 공격으로부터 조직을 보호하기 위해서는 신속한 복구가 필수적이다. 이때 인공지능을 활용하면 사이버 위협 패턴을 사전에 파악하여, 관련 위협을 사전감지 및 예측할 수 있다. 또한 사고식별, 피해 정도, 조사, 복구 등을 정확하게 대응하여 시간과 비용을 절약할 수 있을 것이다.[124]

인공지능이 미래 인류의 삶을 크게 변화시킬 것이라는 예측에는 모두가 공감한다. 공장 자동화로 인한 생산성 증가부터 빅데이터 기반 미래 예측, 자율주행 자동차 및 스마트 시티 등 지능화 사회의 도래로 인류 삶의 질 증가까지, 인공지능은 인간의 삶을 편리하게 변화시킬 것이다. 그러나 인공지능에 대한 우려도 크다. 기계와 상호작용을 하며, 끊임없이 학습하여 고도화된 인공지능의 알고리즘에 의해 인간은 콘텐츠나 정보 공유 등 모든 것을 제공받을 수 있을 것이다. 이런 경우, 인간의 자율성과 사고작용, 잘못된 정보에 의한 판단오류 등 인간다움을 저해할 가능성이 있다.

첫째, 인간의 정체성과 존엄성, 존재감에 대한 위협이 될 수 있다.[125] 시리나 빅스비 등 질문에 답을 해 주는 인공지능 시스템이 이미 존재한다. 더 발전하여 고도화된다면 감정적 교류까지 가능해질 것이라고 과학자들은 예견하고 있다. 인공지능에 의존하고 감성의 상호작용까지 하다 보면 인간의 정체성과 인지능력 등이 인공지능에 의해 영향을 받을 수 있다.

둘째, 윤리적, 도덕적, 법적 문제의 야기 가능성이다.[126] 인공지능은 도덕적 판단이 불가능하고, 오직 수집한 빅데이터를 학습하여 결론을 추론한다. 인간의 고유한 인권과 책임 등이 인공지능의 상호작용에 의해 침해받을 수도 있다. 예를 들어 자율주행 자동차에 의해 인명사고가 났을 때 그 책임소재를 어떻게 할 것인지에 대한 논의는 아직도 이어지고 있다. 적절한 법적 장치를 마련하기 위해 노력을 하고 있으나, 이는 여전히 논란의 소지가 된다. 인공지능 사용에 대한 권리와 책임도 결국은 인간에게 부여되기 때문이다.[127]

셋째, 개인정보 보안의 중요성이다. 빅데이터 처리 능력이 진화하고, R&D가 가속화되면서 정보가 넘치고 있다. 정보의 공유성, 연결성도 강해져서 인간의 권리, 사생활 침해, 데이터 보호 및 개인정보 보안 등의 문제가 지속적으로 거론되고 있다.[128] 살고 있는 집, 자동차, 사용하는 스마트폰과 컴퓨터, 의료기록 등 인간이 살아가는데 필요한 다양한 기기들에 인공지능 기능이 내장되어 있다. 이러한 시스템은 스마트 기기를 매개로 인간의 정보를 수집하고 제조사나 보험사로 데이터를 전송한다. 이에 개인정보 보호는 특히 유럽에서 중요한 사회적 문제로 제기되고 있다.

넷째, 인공지능으로 인해 사회 양극화 현상이 가속화될 우려가 있다.[129] 인공지능을 활용하는 데 있어서, IT 장비와 빅데이터 활용 능력이 필요한데, 사회적 약자들은 이러한 능력을 갖추는 게 쉽지 않다. 인공지능 기술은 다양한 영역에서 활용되고 있고 인간의 삶의 질을 높일 수도 있으나, 사회적 약자의 권리와 편의를 보호할 수 있어야 한다. 하지만 왜곡된 학습 데이터와 알고리즘으로 인해 의도하지 않은 차별과 왜곡이 발생할 수 있어, 사회 불평등 해결과 공정성을 기하기 위한 사회적 장치가 필요하다.

다섯째, 시민의식 및 대중의견 조작 가능성이다. 빅데이터는 이미 소비자 마케팅이나 광고 등 사회과학의 여러 분야에서 활용되고 있다.[130] 이러한 빅데이터는 정치, 프로파일링, 여론 등을 조작할 수 있고 이를 통해 사회 전반의 시민의식에 영향을 줄 수 있다. 빅데이터가 민간 기업이나 특정 조직에 귀속될 경우 민주주의의 이념이 위협받을 수도 있다. 또한 정치광고를 통해 투표 결과를 조작할 수 있고, 가짜뉴스와 같은 허위정보를 유포하여 온라인 환경의 신뢰성을 침해하고, 대중의견에 영향을 미칠 수도 있다.[131] 딥페이크와 같이 인공지능이 생성한 가짜 비주얼 콘텐츠로 다양한 피해가 발생할 수도 있다.[132]

여섯째, 정보의 흐름과 발신, 수신의 자율성 보장이 필요하다. 폭넓은 정보 수집에 기반하여 합리적인 결론을 도출하는 인공지능의 특성상, 정보의 가치나 이해관계에 의하여 정보 선택을 제안하는 알고리즘은 인공지능의 정당성을 손상시킬 수 있다. 정해진 결론을 도출하기 위하여 유리한 정보만을 취득하거나, 혹은 부정적인 정보만을 제공하여 나쁜 결론으로 유도하는 의도성이 존재할 수도 있다. 이러한 경우 인공지능 알고리즘의 독립성과 공정성을 침해하는 행위이다.[133]

일련의 상위 권력기관이나 특정 기업이 자신들의 필요에 의해 알고리즘을 조작하여 사용한다면 연구, 정책 등 한 국가의 정책결정에 부정적인 영향을 미칠 수 있다. 축적된 모든 데이터와 누적 지식체계는 거대한 사회적 무형자산으로써 공공재로 인정받아야 한다.[134] 검증된 데이터가 축적되고, 이를 시민들에게 개방하고, 활용의 자율성을 보장하여 미래 발전에 기여할 수 있도록 해야 할 것이다.

〈 인공지능에 의한 편익과 우려 〉

	정책	세부 내용
편익	생산성 향상	• 업무효율 향상, 공장자동화로 인한 생산성 향상
	디지털 헬스케어 기술로 삶의 질 향상	• 효율적 예방과 치료 구현, 의료비 감소 등 사회적 비용 절감 • 인공지능을 활용한 의료기록 판독, 진단, 예측 가능
	편리한 실생활	• 스마트 가전 및 스마트 홈 시스템으로 인해 편리한 생활 • 쾌적한 환경 조성과 이동의 편리
	사회적 불평등 해소	• 고령자 및 장애인, 사회적 약자에 대하여 인공지능 기술을 활용한 불평등 해소 가능 • 정보 및 지식의 불평등 해소 가능
	투명하고 신속, 정확한 의사결정	• 사회에 존재하는 다양한 빅데이터 관리, 결론 도출, 신속한 의사결정 가능 • 사회적 비용과 에너지 절약 가능
	사이버보안 강화	• 인공지능을 활용하여 사이버 위협 패턴 파악, 위협 사전감지 및 예측, 사고식별, 조사, 복구 등 신속하고 정확하게 대응하여 시간과 비용 절약
우려	인간의 정체성 위협	• 인공지능과 감정적 교류, 의존, 감성의 상호작용으로 인한 인간의 정체성과 존엄성 영향 위험
	윤리적, 도덕적, 법적 문제 야기 가능성	• 인공지능은 도덕적 판단 불가능, 고유한 인권과 책임이 인공지능의 상호작용에 의해 침해받을 가능성 존재
	개인정보 보안 위협	• 정보의 공유성, 연결성 강화에 따른 인간의 권리, 사생활 침해, 데이터 보호 및 개인정보 보안 등의 문제 발생
	사회 양극화 현상 가속화 우려	• 사회적 약자의 권리와 편의 보호가 아닌 차별과 왜곡 발생 가능성, 사회 불평등 해결과 공정성 해결 필요
	시민의식 및 대중의견 조작 가능성	• 정치, 프로파일링, 여론 조작 가능성, 사회 전반의 시민의식에 영향을 줄 수 있음 • 가짜뉴스, 딥페이크 등 허위정보 유포로 온라인 환경 신뢰성을 침해
	정보 흐름 자율성 침해 가능성	• 정해진 결론 도출을 위해 유도하는 의도성 • 인공지능 알고리즘의 독립성과 공정성을 침해 행위

자료: 본문 내용을 바탕으로 저자 구성

인공지능에 대한 일반인들의 인식

그렇다면 일반인들은 인공지능에 대하여 어떻게 생각할까? 한국전자통신연구원은 2020년 9월 국내 일반인 800명을 대상으로 대면 설문조사를 수행하였다. 일반인들은 인공지능에 대하여 어떤 부분을 기대하고, 어떤 부분을 우려하는지, 그리고 향후 10년 이내 인공지능을 통해 해결이 필요한 분야는 어떤 분야인지 다양한 항목으로 설문조사를 진행했다.

첫 번째로, 향후 10년 이내에 인공지능에 대해 기대하는 것으로 가장 많이 나온 답변은 인공지능이 삶을 보다 편리하게 만드는 데 기여할 것이라는 답변이었다. 인공지능의 발전에는 우려와 기대가 함께 공존하지만 인간의 삶을 편리하게 만든다는 의견은 변함없다. 두 번째는 인공지능이 업무시간 감소 등 노동환경 개선에 기여할 것이라는 것이다. 세 번째는 인공지능이 사회를 투명하고 신뢰성 있게 만드는 데 기여할 것이라 기대했다.

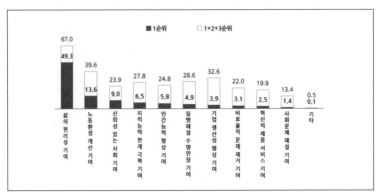

〈향후 10년 이내 인공지능에 대해 기대하는 것 설문조사 결과〉

자료: 한국전자통신연구원 설문조사를 바탕으로 저자 구성

두 번째로, 향후 10년 이내에 인공지능에 대해 우려하는 것에 대한 설문 결과는 다음과 같다. 첫 번째는 일자리에서 인간의 대체, 두 번째는 개인정보 유출이나 남용, 세 번째는 인공지능에 의한 개인이나 사회 감시, 네 번째는 해킹에 의한 범죄 악용, 다섯 번째는 인공지능 기술의 오작동에 따른 피해 발생 우려이다. 여섯 번째는 사람마다 인공지능 기술이나 서비스 활용에서의 격차 발생을 우려하고 있었다. 그 밖에 가짜뉴스, 딥페이크에 의한 피해 발생 위험, 인공지능에 의한 인간다움의 상실, 인공지능에 대한 사람들의 과도한 의존, 인간관계 소통단절 등의 답변이 나왔다.

〈향후 10년 이내 인공지능에 대해 우려하는 것 설문조사 결과〉

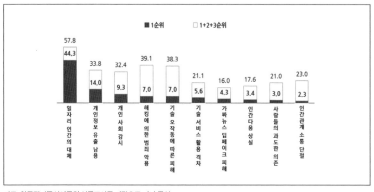

자료: 한국전자통신연구원 설문조사를 바탕으로 저자 구성

마지막으로 향후 10년 이내에 인공지능을 통해 해결이 필요한 분야에 대한 질문에는 다음과 같은 답변이 나왔다. 가장 높은 비율의 답변은 새로운 일자리 창출이었다. 인공지능 기술이 차츰 인간의 일자리를 잠식해 갈 것이라는 우려의 반증인 것으로 판단된다. 기존의 단순·반복이라는 특징을 가진 직업군이 점점 사라지면서, 인공지능을 통해 새

롭게 창출되는 산업군과 직업군의 출현이 절실하게 필요하다. 다음은 경제·산업의 발전이다. 세 번째는 배달·물류·유통 등 서비스의 혁신, 네 번째는 난치병 예방 및 치료였다. 다섯 번째는 고령화 사회의 문제점 해결, 여섯 번째는 스마트 공장을 통한 제조기업의 혁신, 일곱 번째는 더욱 편리한 전자정부 서비스 제공, 여덟 번째는 지능화된 도시 시스템 구축, 아홉 번째는 범죄예방, 열 번째는 신종 전염병이나 감염병 예측과 대응 등이었다. 그 밖에 다양한 분야에 대한 답변이 나왔는데, 재난 재해 예방 및 대응, 교통사고 및 교통혼잡과 같은 교통문제 해소, 사회 복지 서비스 강화, 지구온난화 및 기후변화에 대한 대응, 에너지 문제

〈향후 10년 이내 인공지능을 통해 해결이 필요한 분야 설문조사 결과〉

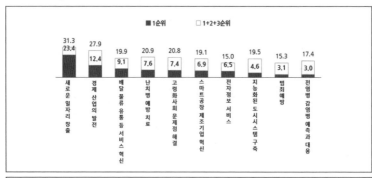

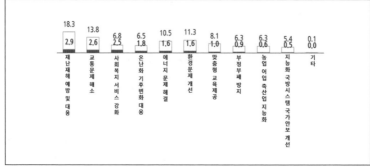

자료: 한국전자통신연구원 설문조사를 바탕으로 저자 구성

해결, 환경문제 개선, 맞춤형 교육 제공, 부정부패 방지, 농업·어업·축산업 등의 지능화, 지능화된 국방 시스템으로 국가 안보 개선이 있었다.

인간에게 기여하는 인공지능 활용을 위하여

2016년 구글의 인공지능인 알파고가 세계 최고의 바둑기사인 이세돌에게 승리하면서 전 세계는 충격과 기대, 불안과 설렘이 교차했다. 4차 산업혁명 시대가 도래했고, 이의 핵심기술이 인공지능임을 인지하고 있었지만, 실제로 일반인들이 체감할 수 있었던 최초의 이벤트였기 때문이다. 인공지능은 평생 훈련하고 실력을 연마해 온 프로 바둑기사에게 완승을 거두며, 인공지능의 강력한 실력을 보여주었다. 컴퓨터가 데이터를 수집하고, 학습하여 판단하는 것뿐만 아니라, 이미지와 음성을 인식하는 다양한 콘텐츠를 소화하면서, 딥러닝·머신러닝과 같은 더욱 진화한 알고리즘을 생성하여 인간 영역의 많은 부분을 다룰 수 있게 되었다. 이에 더해 인공지능은 인간의 맥박이나 표정 등을 읽어 감성을 파악하는 감성 증강기술에까지 닿아 있다.

이처럼 다양한 기술과 산업 분야, 사회 분야에 인공지능이 확산·활용되면서 인공지능 기술은 새로운 전성기를 맞고 있다. 반면 점점 고도화되어 가는 인공지능 기술이 일반 지능을 갖추게 되고, 인간이 인공지능을 통제할 수 없는 시기가 올 것이라는 우려도 크다. 인공지능의 올바른 활용을 위해서는 무엇을 해야 할까?

첫째, 사회적 불균형 해소와 사회적 약자 보호를 위한 인간 중심적 인공지능 개발이 필요하다. 인공지능으로 인해 개인과 사회, 국가와 기업 간의 격차가 커질 수 있고, 사회 불균형과 양극화 현상이 심해질 수 있다. 인공지능을 개발하고 활용할 수 있는 역량이 있는 집단은 점점 더 인공지능에 의한 효용을 많이 누릴 것이다. 인공지능 기술을 기업에 맞게 학습하고 적용하는 데 비용과 인력, 시간이 많이 소요된다. 그렇기 때문에 중소기업보다는 대기업에서 인공지능을 학습하여 적용하는 데 유리하고 그 도입 비율 역시 높다.

또한 단순노동 직업군은 점점 사라질 것이며, 인공지능을 잘 다룰 수 있는 개인, 기업, 국가만이 점점 더 강해질 것이고, 빈부격차도 심해질 것이다. 이에 인공지능 활용에 대해 명확한 윤리적, 법적, 도덕적 가이드라인이 필요하다. 특히 유럽은 인공지능 R&D와 활용에 대해 명확한 윤리 기준을 수립하고 있고, EU뿐 아니라 회원국들 전체가 주요 사안으로 다루고 있다.

둘째, 인공지능 기술을 악용하지 못하도록 사회적 장치를 마련해야 한다. 인공지능은 점점 더 고도화되어 가고 알고리즘은 진화하고 있다. 잠재력이 큰 기술인 만큼 누가 어떤 목적으로 사용하느냐에 따라 파급효과는 어마어마하다. 고도로 발달한 인공지능은 인간의 감성을 지닐 수도 있고, 인간과 구분할 수 없게 될 수도 있다. 대표적인 것이 바로 딥페이크 기술이다. 본래 딥페이크 기술은 인간이 영상을 직접 수정하기 때문에 쉽게 구분이 가능했다. 그러나 최근에는 인공지능 기술을 이용하여 특정 인간과 비슷한 얼굴, 체형, 표정 변화, 입 모양, 음성 등을 자연스럽게 구현한다.

이처럼 인공지능이 생성하는 거짓 콘텐츠들은 구분이 점점 어려워져 상호 간의 신뢰가 위협받는 사회가 될 수 있다. 이에 윤리와 사회적 가치를 고려한 인공지능 디자인, 즉 인공지능의 설계 및 기본 설정에서 프라이버시 보호 중심 디자인이 되어야 할 것이다. 개인정보 보안과 사회적 가치, 규범 등 합리적 기준에 부합해야 하고 투명한 설계 후엔 정보의 활용에 있어 투명한 정보공개가 수반되어야 할 것이다. 다시 말해 어떤 데이터를 사용하고 활용하는 데 있어 목적과 흐름이 투명하게 공개된다면 인공지능 디자인의 공정성이 높아질 것이다.

셋째, 역기능 방지뿐 아니라 편익의 제고를 위해 인공지능 기술을 어떻게 잘 활용할 것인가에 대해 끊임없이 고민해야 한다. 인공지능은 다양한 디지털 기술 융합 시대의 뜨거운 화두가 되고 있다. 인간의 삶을 혁신적으로 발전시키며, 인류에게 많은 기회를 선사한다. 인공지능의 급속한 성장은 컴퓨팅 능력의 발전, 알고리즘 개발 능력 향상, 디지털 데이터의 급격한 증가에 의해 가능했다.

미국과 중국의 인공지능 R&D는 기술력 선점을 위하여 치열한 경쟁을 벌이고 있다. 글로벌 기술을 선도하고 있는 미국을 중국이 빠르게 추격하고 있다. 유럽은 인간 중심의 가치, 정보보안, 윤리 등을 균형 있게 발전시키기 위해 다양한 노력을 기울이고 있다. 유럽 부흥을 위한 효시가 되었던 인더스트리 4.0의 제조업을 시작으로 자율주행 자동차, 로보틱스, 디지털 헬스케어 등 관련 산업의 경쟁우위 확보와 함께, 견고하고 정교한 법률 프레임워크 제정을 추진하고 있다. 특히 사람들의 일상뿐 아니라 기업, 산업, 행정, 정부, 상거래 등의 목적으로 인공지능은 사회 전반에 깊숙이 들어와 있고, 폭넓게 활용되고 있다. 코로나19로 인한 언택트 사회 도래가 이를 증명하고 있다.

앞으로도 5G, 분산형 컴퓨터, 사물인터넷 등 다양한 기술영역에서 인공지능의 활용은 더욱 폭넓어질 것이다. 이에 따라 사회 전체가 데이터를 투명하고 공정하게 상호 운용할 수 있는 안전한 프레임워크가 필요할 것이다. 또한 인공지능의 신뢰성 향상을 위한 섬세한 정책적, 기술적 설계도 요구된다. 교육, 법률, 의료, 경제 등의 분야에서 인공지능의 도입은 다양한 논쟁과 변화를 야기하나, 결국 인공지능으로 구축될 데이터 인프라와 컴퓨팅 생태계는 미래사회 전반에 긍정적인 영향을 줄 것이다.

마지막으로 앞서 언급한 설문조사를 통해 알 수 있듯이, 앞으로 인공지능으로 인해 사회의 많은 부분이 변화할 것이다. 삶의 편리성과 자동화로 인한 생산성 향상, 헬스케어 산업 발전으로 인한 수명 연장, 다양한 사회문제 해결에 기여할 수 있으리라는 긍정적인 기대는 점점 더 커지고 있다. 하지만 이와 함께 인공지능의 인간 일자리 대체, 개인정보 유출, 해킹 등에 대한 정보보안 범죄, 기술 격차 및 소통 단절 등과 같은 우려도 커지고 있다. 인공지능의 올바른 활용과 투명성, 공정성이 확보되고, 축적된 지식을 공공재화하여 사회 구성원들에게 투명하게 공개한다면, 인간과 인공지능이 공존할 수 있는 건강한 미래사회가 구현될 것이다.

인공지능 신뢰 확보 경쟁이
시작되다!

유재흥 소프트웨어정책연구소 선임연구원

흔들리는 AI 신뢰성

연초부터 '이루다 사건'으로 불리는 뜨거운 이슈가 인공지능 업계를 강타했다. 이루다는 스캐터랩이라는 유망 인공지능 벤처기업에서 개발한 챗봇 서비스다. 카카오톡 메시지를 학습해 사람과 자연스러운 대화를 구사하도록 만들어진 대화형 메시지 서비스로 20대 여성 캐릭터를 활용한 인터페이스를 선보였다. 문제는 이루다의 자동화된 대화 내용에 심각한 성적 편향성이 나타난 것이다. 게다가 학습에 활용한 개인정보의 불법적 활용도 발견되었다. 언론은 '이루다' 서비스의 신뢰성 문제를 앞다투어 제기했다. 편향적이고 불완전한 데이터 학습의 결과를 마구 뱉어낸 인공지능 서비스를 가차없이 비판했다.

개인정보보호위원회가 서비스 개발 전 과정에서의 개인정보 침해 조사를 실시했고 사회적으로 인공지능 윤리를 둘러싼 수많은 세미나와 토론회가 개최되었다. '이루다' 서비스는 출시 20일 만에 중단되었고 해당 벤처기업의 대표는 언론 앞에 거듭해 고개를 숙였다. 개인정보보호위원회는 조사 석 달 만에 개발사에 과징금 5,500만 원과 과태료 4,780만 원 등 총 1억 330만 원을 부과하는 것으로 결론 내렸다.[135] 카카오톡 대화에 포함된 이름, 전화번호, 주소 등 개인정보를 삭제하지 않거나 암호화하지 않은 60만 명의 정보 94억 건의 데이터를 신규 서비스에 활용한 것이 각 개인이 신규 서비스 개발 목적에 동의한 것으로 볼 수 없다고 판단한 것이다.

이루다가 촉발한 인공지능 윤리 논란은 예견된 것이었다. 이미 2015년 6월 미국에 사는 한 흑인 남성은 자신의 트위터에 사진을 한 장 올렸다. 구글 포토 서비스가 자신이 친구와 함께 찍은 사진에 자동으로 '고릴라'라고 태깅을 한 사진이었다. 구글은 즉시 문제에 대해 공개 사과했다. 2016년 3월에는 마이크로소프트가 이루다와 비슷한 인공지능 챗봇 서비스를 개발해 출시했다. 챗봇인 테이(Tay)는 비속어, 인종 차별, 욕설, 성차별적 발언들을 학습해 혐오 발언을 쏟아냈고 출시 16시간 만에 중단되었다. 2016년 5월 미국의 독립언론 '프로퍼블리카'는 미국 여러 주 법원에서 사용되는 콤파스(COMPAS)라는 재범 예측 인공지능 소프트웨어의 문제점을 보도해 세간의 주목을 받았다. 콤파스가 흑인 범죄자의 재범률을 백인보다 두 배 이상 높게 예측하는 편향성을 보였던 것이다.

한편 2018년 10월 아마존은 채용 심사 효율성을 높이고자 인공지능 시스템을 개발했으나 인공지능이 기술직군에 대부분의 남성 지원자들을 추천하는 편향성을 보이자 시스템을 폐기했다. 테슬라는 지속적으로 자율주행(오토파일럿) 기능의 이상이 의심되는 사고들에 곤욕을 치르고 있다. 지난 2020년 6월 대만의 한 고속도로에서 테슬라의 자율주행 시스템이 전복된 트럭을 인지하지 못해 그대로 충돌하는 사고가 발생했다.

최근에는 안면 인식 인공지능이 문제시되고 있다. 레몬에이드 보험사(Lemonade Insurance)는 2021년 5월 인공지능 시스템을 통해 사고 후 제출된 동영상을 분석해 자동차 사고에 대해 청구인이 거짓말을 했는지를 판단하겠다고 발표해 큰 반발을 샀다.[136] 해당 회사는 인공지능이 보험 청구 거절 건수를 높여 수익을 극대화할 수 있다는 트윗도 올렸다. 이 트윗은 즉각적으로 시민들의 반발을 가져왔고 보험사는 사과와 함께 트윗을 삭제했다. 그들은 '자동화된 청구 거절 시스템'이나 청구자의 배경, 성별, 외모, 피부색, 장애, 신체적 특성을 평가하는 시스템을 만들려는 것이 아니었음을 해명해야만 했다.

이미 IBM, 아마존, 마이크로소프트 등은 인종 차별, 범죄자 오인 등 기술의 오남용 문제로 개발 중인 프로젝트를 중단하거나 관련 기술의 판매 철회 의사를 밝혔다. 실제로 지난 2019년 미국표준기술연구소(NIST)는 산업계와 학계에서 제출한 189개의 안면 인식 소프트웨어 알고리즘을 조사한 바 있다.[137] 조사 결과 알고리즘의 오류 편차는 최소 10배에서 최대 100배까지 차이가 났다. 아시아인, 아프리카계 미국인의 인식률이 떨어지는 것으로 나타났으며 아프리카계 미국인 여성의 오류 비율이 높게 나타났다. 조사에는 국무부, FBI, 국토안보부 등에서 제공한 849만 명의 1,827만 개 사진이 사용되었다. 하지만 안면 인식 솔루션은 여전히 지역 곳곳에서 활용되고 있다. 2021년 7월 미국 미시간주에 사는 10대 청소년이 안면 인식 프로그램 때문에 공공 스케이트장에서 부당하게 쫓겨나는 사건이 발생하기도 했다.[138] 얼굴을 스캔한 인공지능 프로그램이 그곳에 처음 가 본 한 흑인 여성 청소년을 몇 달 전 난투극에 연루된 흑인 여성으로 오인하여 출입을 금지시켰던 것이다. 한편 북경에 위치한 캐논정보기술에서는 사내 직원들을 대상으로 설치한 안면 인식 카메라를 통해 웃어야지만 출입을 허가하는 시스템을 선보여 논란을 일으켰다.[139] 정보기술 분야 학술지 〈MIT Technology Review〉에서는 최근 영국에서 네덜란드 연구팀이 코로나19 탐지에 사용한 232개의 인공지능 모델들을 검증한 결과를 소개했다. 연구에서는 두 개의 모델을 제외한 대부분의 모델들이 부적합한 데이터를 활용해 사실상 실제 임상에서 효과를 보지 못했다고 전하고 있다.[140]

국내외 정책 대응

이루다 사태는 현재 인공지능이 가지고 있는 취약점을 돌아보는 계기가 되었다. 본격적인 상용화에 앞서 윤리적 개발, 성능의 안전성과 신뢰성 확보가 무엇보다 중요한 과제임을 보여주었다. 이미 해외 선진국과 선도 기업들은 지난 수년간 제기되어 온 인공지능 윤리, 신뢰성 문제에 대응하기 위해 정책과 전략을 마련해 나가고 있다. 우선 국가적 차원에서 인공지능 윤리 원칙의 제정이 이뤄지고 있다. 영국, 프랑스, 미국, 일본 등 개별 국가를 비롯해 EU, OECD, UNESCO와 같은 국제기구 차원에서도 윤리 원칙을 수립해 신뢰할 만한 인공지능의 개발 방향을 제시하고 있다. 그 중에서도 EU가 인공지능 윤리 규범을 정립하고, 나아가 구체적인 실천 지침을 만드는 일을 착실하게 진행하고 있다.

EU는 지난 2018년 4월 유럽 인공지능 전략을 발표하고 2019년 4월 인공지능 윤리 원칙을 담고 있는 '신뢰할 만한 AI 가이드라인'을 발표했다. 그리고 지난 2020년 7월에는 인공지능 개발자와 업체가 자유롭게 참조할 수 있는 '자율 점검 목록'을 개발해 공개하였다. EU는 데이터의 편향성, 알고리즘의 불투명성, 설명 불가능성 등 인공지능의 기술적 한계에서 오는 결과들로부터 어떻게 시민과 사회를 보호할 것인가에 대한 내용을 2021년 4월에 발표한 인공지능법 초안에 담았다.

법안은 인공지능의 위험도를 평가해 고위험 인공지능을 엄격하게 모니터링하며 사회적 피해를 초래할 경우, 현행 유럽연합일반데이터보호규정(GDPR)보다 높은 수준의 과징금을 부여하는 등 규제를 강화하겠다는 내용을 담고 있다. 또한 인공지능이 내포하는 위험도에 따라 인공지능 서비스 및 제품을 '용납할 수 없는 위험', '고위험', '제한된 위험', '최소한의 위험'군으로 구분하여 규제를 다르게 적용하는 방안을 제안했다. 이 중 고위험군 관련 규제가 전체 85개 조항 중 절반을 차지해, 관련 제품군에 대한 국경을 초월한 강력한 규제를 예고하고 있다.

〈EU AI법안의 인공지능 위험 수준 분류〉

위험 수준	해당 주요 인공지능 시스템	규제방식
용납될 수 없는 위험 (Unaccepted Risk)	• 사람의 행동을 무의식적으로 왜곡시키거나, 연령이나 신체적 정신적 장애 등 취약점을 이용해 피해 유발 • 공공기관 등이 사회적 행동, 성격 특성 등을 기반으로 개인 및 집단의 신뢰도를 평가하고 차별 • 법 집행을 위해 공개적으로 접근할 수 있는 공간에서 실시간 원격 생체 인식 사용(범죄 피해자 표적 수색, 테러 예방 등 제외)	금지

위험 수준	해당 주요 인공지능 시스템	규제방식
고위험 (High Risk)	• 제3자의 적합성 평가가 부과된 제품의 안전 구성요소 또는 제품 자체인 인공지능 시스템 • 실시간 및 사후 생체 인식 • 도로 교통의 관리 및 운영과 용수, 가스, 난방 및 전기 공급의 안전 구성 요소 • 교육 및 배치, 입학 지원자 및 학생 평가 • 직원 채용 및 면접, 업무 할당, 성과 평가 • 공공보조 혜택 적격성, 신용 평가, 의료지원 등 긴급우선 대응서비스 우선순위 평가 • 범죄 위험 평가, 감정상태 감지, 가짜 이미지 감지, 증거 신뢰성 평가, 잠재적 범죄 예측, 범죄 탐지/조사/기소 • 공공기관의 보안/부정 이민 위험/건강 위험 평가, 여행 서류 등 문서 진위 판독, 망명/비자/거주 허가서 등 지원 • 사법당국의 사건 및 법률 조사, 해석, 법적용 지원	관리 및 준수 의무 부과 • 공급기업: 위험관리 시스템 구축, 데이터 세트 관리, 기술문서 작성, 로그기록 보관, 투명성 보장, 인간의 통제, 견고성/정확성/사이버 보안 강화, 공인대리인 지정, 적합성 평가 수행, 등록, 모니터링 및 보고 • 사용자: 사용지침 준수, 위험조치, 시스템 모니터링 • 수입기업: 적합성 평가 수행, 대규모 위험 징후 통지, 등록상표 등 표시, 요구 시 관리당국 협조 • 유통기업: CE 인증 확인, 대규모 위험 징후 통지, 필요 시 시정/회수/리콜
제한된 위험 (Limited Risk)	• 개인과 상호작용하거나 감정과 특징을 인식 • 이미지/영상 콘텐츠 생성 및 조작	투명성 의무 부과 • 사용자에게 AI 노출 상황임을 공지 • 인공지능에 생성·조작된 콘텐츠임을 공지 • 자발적 행동강령 수립 권고
최소한의 위험 (Minimal Risk)	• 현재 EU에서 보편적으로 사용되는 인공지능 기반 비디오 게임, 스팸 필터 등	비규제 ※ 추가 의무 없이 기존 법규 적용

출처: 양희태(2021. 6. 15.), "신뢰할 수 있는 인공지능을 위한 최근 주요국 대응동향 및 시사점", KISDI AI Watch 2021-11호

미국은 공정거래위원회(FTC), 회계감사원(GAO) 등을 통해 정부 기관을 중심으로 신뢰할 만한 인공지능 기술 확보를 유도하고 있다. 우선 FTC는 지난 2020년 공식블로그를 통해 인공지능 사용의 5대 지침을 발표했다.[141] 투명성, 설명 가능성, 공정성, 견고성 및 실증적 타당

성, 책임성이다. 각각 민간 정보 취득 시 소비자를 기만하지 말 것, 결정에 대한 구체적인 이유를 설명하고 결과에 영향을 미친 요인을 설명할 것, 인종·종교·국적·성별에 따른 차별 금지와 공정한 결과를 보장하고 정보의 정확성과 최신성을 유지할 것, 이와 관련된 명문화된 정책과 절차를 마련할 것, 편향성 보정 가능성에 대한 자기 점검의 의무화와 무단 이용이나 악용 가능성의 차단을 위해 노력할 것을 명시했다.

한편, FTC는 관련법을 통해서 이미 인공지능 관련 규제를 시행하고 있다. FTC법 5조에서는 불공정하거나 기만적인 행위를 금지하고 있어 인종 편향적 알고리즘 판매와 사용 규제의 근거를 제공한다. 공정신용정보법(FCRA)은 알고리즘을 채용, 주택 공급, 신용, 보험 등의 혜택을 거부하는 데 사용할 경우 적용할 수 있다. 신용기회균등법(ECOA)은 기업들이 편향된 알고리즘을 사용해 인종, 피부색, 종교, 국적, 성별, 결혼 유무, 나이 등에 따라 차별하는 것을 제재한다.

2021년 7월 6일 미국 회계감사원(GAO)은 미국 정부의 책임감 있는 인공지능 활용을 촉구하는 'AI 활용 프레임워크'를 발표했다. GAO가 발표한 프레임워크는 거버넌스, 데이터, 성능, 모니터링의 네 가지 주요 요소를 포함하고 있다. 보고서는 가난한 유색 인종이 실제 범죄율과는 무관하게 불균형적으로 경찰의 개입을 받는 사례들을 소개한다. 또한 경찰이 편향된 인공지능 예측을 사용했을 때 인공지능은 더욱 편향적인 시각을 체계적으로 습득하고 그 편견은 영구화되고 증폭될 것을 경고한다.[142] 보고서는 책임성 있는 인공지능 개발을 위해 정부 차원의 거버넌스 구축을 제안한다. 인공지능의 역할과 책임을 할당하고 다양한 이해관계자를 참여시켜 인공지능의 위험성을 관리할 수 있는 조직을 구축해야 한다는 것이다. 이와 함께 초기 문제를 식별하고 적합한 데이터 세트를 사용할 수 있는지 확인할 수 있게끔 기술적 성과를 평가하도록 권고한다. 인공지능 시스템을 사용 중인 조직은 인공지능 위험성 평가를 포함한 데이터 보안 평가와 데이터 보안 계획을 수립해야 한다. 한편, 이러한 역할을 감당할 수 있는 인재 공급의 파이프라인을 갖출 것을 권고한다.

미국표준기술연구소(NIST)에서도 2021년 6월 인공지능의 편향성을 식별하고 잠재적으로 발생할 위험을 관리할 수 있는 프레임워크 초안을 제안했다.[143] 보고서는 인공지능의 생애주기별로 사전 설계, 설계 및 개발, 배포 단계에서 나타날 수 있는 주요 문제들을 도출하고 각각의 원인과 해결 방안을 제시하고 있다. 8월까지 대중의 의견 수렴을 거친 후[144] 9월 전문가 워크숍을 개최하여 초안을 보완할 계획이다.

〈 인공지능 개발 단계별 편향의 원인과 해결 방안 〉

단계	편향 원인	편향 관리 방안
사전 설계	• 인공지능 시스템의 목적(부정적 활용) • 잘못된 문제 정의 • 잘못된 데이터 상관관계의 의존성 • 기술적인 결함	• 구체적인 개발 지침 마련 • 의사결정의 거버넌스 구축 • 광범위한 테스트 과정 설계 • 다양한 이해관계자의 참여
설계 및 개발	• 인공지능 시스템의 성능과 최적화에 집중 • 인공지능 시스템 활용 모집단에 대한 학습데이터의 대표성 부족 • 인공지능 예측 결과의 차별	• 위험 관리 시스템 구축 • 알고리즘 감사(Auditing) 수행 • 편향을 판단하는 지표 마련 • 편향 완화를 위한 개발자 인식 개선
배포	• 배포 단계가 테스트로 활용 • 실제 상황에서 예견하지 못한 편향 발생 • 인공지능 시스템의 의도된 목적에서 벗어난 활용 • 사용자의 인지적 편향(인공지능 시스템의 결과를 의도한 바와 다르게 해석)	• 인간의 개입(Human-in-The-Loop) 속성 구현 • 광범위한 활용 시나리오 모색 • 배포 모니터링 및 감사 도구 구현

출처: 미국표준기술연구소(2021. 6.)

OECD는 지난 2019년 회원국 만장일치로 '인간중심의 AI 권고안'을 채택했다. OECD의 권고안에는 인공지능이 가진 위험성을 제거하기 위해 인간이 인공지능이 만들어 낸 다양한 결과에 대응할 수 있어야 하고 인공지능의 보안을 강화해야 한다는 내용이 포함되어 있다. 구체적으로 인공지능 시스템은 정보를 투명하게 공개해야 하고, 결과에 책임을 져야 하며, 인간이 통제권을 행사할 수 있도록 개발되어야 하고, 안정적으로 작동하고, 잠재적 위험도는 지속적으로 평가되어야 한다는 원칙을 담고 있다. 최근에는 인공지능 시스템의 분류 프레임워크를 마련하고 공개 의견 수렴을 진행하고 있다.

OECD가 제안한 인공지능 시스템의 분류 기준은 사용환경(Context), 데이터 및 입력, 인공지능 모델, 작업 및 결과다.[145] 이는 각각 시스템이 배포되는 환경과 배포하는 사람, 시스템이 사용하는 데이터와 수신하는 입력의 종류, 시스템을 구성하는 특수성, 시스템의 작업 결과물을 나타낸다.

OECD에서는 인공지능 시스템을 주어진 목표 달성을 위한 추천, 예측 또는 결정을 내림으로써 환경에 영향을 미칠 수 있는 기계 기반 시스템으로 정의한다. 가령, 신용 등급 평가 시스템에 적용하면 다음과 같다. 사람들의 신용 점수를 산정하기 위한 '시스템'은 대출 제공 여부를 결정하여 '콘텍스트'에 영향을 준다. 여기서 콘텍스트는 시스템이 사용되는 산업, 업무 기능, 인간의 기본권 침해 등 산업과 사업, 사용자가 관여한 사용 환경으로 이해할 수 있다. '결과'는 신용도를 정의하는 '인공지능 모델'을 기반으로 주어진 목표에 대한 신용 점수를 산출하는 것이다. 사람들의 프로필 및 대출 상환 여부에 대한 과거 데이터와 같은 '기계 기반 입력'과 일련의 규칙과 같은 '인간의 입력'을 모두 사용하여 이를 수행한다. 이 두 데이터 세트의 입력을 통해 시스템은 실제 환경, 즉 사람들이 대출을 정기적으로 상환하는지 여부를 인식하고, 자동으로 이러한 인식을 '모델'로 추상화한다. 신용 점수 알고리즘이 통계 모델을 사용해 신용 점수를 추천하고 대출 신청의 승인 여부를 결정한다.

현재 OECD가 진행하는 인공지능 시스템 분류 관련 공개 의견 수렴의 목적은 인공지능 시스템을 안정적이고 일관적으로 구분할 수 있는 핵심 기준을 도출하는 것이다. 의견 수렴 결과는 2021년 여름에 발표되고 공식적인 프레임워크는 가을에 발표될 예정이다. 이러한 시스템 분류는 장기적으로 EU의 인공지능 위험도 평가 등과 연계되어 인공지능 시스템을 구분하여 규제를 적용하는 방안에 활용될 것으로 전망된다.

우리 정부에서도 지난 2021년 5월 13일 '신뢰할 만한 AI 구현 전략'을 발표했다. 2019년 AI 국가전략, 2020년 AI 윤리기준안에 이어 정부 차원의 세 번째 인공지능 국가전략에 해당한다. 누구나 신뢰할 수 있는 인공지능, 모두가 누릴 수 있는 인공지능 구현을 모토로 기술, 제도, 윤리 측면의 3대 전략 10대 실행과제를 2025년까지 단계적으로 추진한다.[146]

3대 전략 중 첫 번째는 신뢰 가능한 인공지능 구현 환경 조성이다. 여기서는 인공지능의 개발, 검증, 인증 3단계에 맞춰 각각 개발 가이드라인과 검·인증 체계를 구축해 지원한다. 또, 데이터 확보에서부터 알고리즘 학습과 검증을 지원하는 플랫폼을 구축한다. 마지막으로 인공지능의 설명 가능성, 공정성, 견고성 제고를 위한 원천 기술 개발을 추진한다.

두 번째 전략은 안전한 인공지능 활용 기반 마련이다. 인공지능 학습용 데이터의 신뢰성 제고, 고위험 인공지능으로부터 이용자 보호, 이용자 권리 보장, 인공지능이 국민 생활에 미치는 영향을 분석하는 영향 평가 제도의 도입을 준비한다. 또한, 고위험 인공지능 기술 기준, 알고리즘 공개 기준, 플랫폼 알고리즘 공정성 확보 등 인공지능 신뢰성 제고를 위한 법제도 정비가 이뤄진다.

세 번째 전략은 사회 전반적인 AI 윤리 의식 확산이다. 이를 위해 일반 시민과 개발자를 아우르는 인공지능 윤리 교육을 실시한다. 또한 연구자, 개발자, 이용자들 주체별로 인공지능에 대한 행위 지침을 제공하는 체크리스트를 개발한다. 끝으로 윤리정책 플랫폼을 운영해 지속적인 인공지능 윤리 과제를 도출하고 해결 방안을 모색한다.

신뢰, AI 확산의 열쇠

기술 진보는 신뢰 축적과 궤를 같이한다. 신기술에 대한 사회적인 수용은 기술에 대한 신뢰 없이 불가능하다. 증기기관, 전기에너지, 자동차, 철도, 비행기 등과 같이 지금은 보편화된 기술도 초기에는 그 위험성에 극도로 예민했다. 자동차를 발명한 영국에서는 적기조례를 도입해 자동차가 마차보다 빨리 달릴 수 없도록 했으며, 자동차 한 대를 굴리는데 세 명의 사람들이 붙도록 하였다. 이후 자동차는 프랑스와 독일에서 전성기를 맞이했다. 또한 세계 바다를 주름잡던 범선의 나라 영국에서는 증기기관을 가장 먼저 발명했음에도 감히 증기기관을 나무배에 달 생각을 하지 못했다. 오히려 증기기관은 신대륙에서 꽃을 피웠다.

이제 본격적인 인공지능 신뢰성 확보 경쟁이 예상된다. 대규모 데이터와 컴퓨팅 인프라를 동원해 정밀한 모델을 만들어 나온 결과라 하더라도, 그것의 정확성이 떨어지거나 결과를 해석할 수 없다면, 그리고 그 결과에 누구도 책임지지 않는다면 기술은 더 이상 성장할 수 없다. 인공지능의 세 번째 겨울이 도래하는 것을 걱정하는 이유이기도 하다. 인공지능이 디지털 전환 시대의 국가 핵심 인프라로서 자리매김하기 위해서는 기술의 신뢰성과 안전성 확보가 급선무다.

이제 기업들은 앞다투어 인공지능 개발 윤리를 제정하고 전사적 차원에서 인공지능 윤리 확립에 매진하고 있다. 올해가 시작되자마자 터진 이루다 사건 이후에는 인공지능 윤리 준수에 보다 적극적인 대응을 하고 있다. 카카오는 전 직원을 대상으로 인공지능 윤리 교육을 실시한다고 밝혔으며, 네이버는 서울대학교와 함께 인공지능 윤리 준칙을 지속적으로 발전시켜가고 전사적 차원에서 인공지능 개발에 인공지능 준칙을 적극 준수한다는 의지를 표명했다. SKT, KT, 삼성전자 등 국내 IT 대기업들도 인공지능 윤리 원칙 준수 움직임에 동참하고 있다. 향후 기업 경영에 있어 ESG 패러다임[147]의 확산과 더불어 인공지능의 사회적 책무를 다하는 활동에 무게가 실릴 것으로 전망된다.

두 번의 인공지능 겨울을 보내고 새로운 봄을 연 AI 산업이 위축되지 않도록 규제 적용에 신중할 필요가 있다. 시민들이 공정하고, 안전하고, 믿을 만한 인공지능을 향유할 수 있도록 보장하는 제도적 장치를 마련하되, 자칫 산업을 위축시킬 과도한 규제는 시민사회, 산업계, 정부가 합리적인 타협안을 모색해 최소화해야 한다.

한편, EU의 인공지능법과 같이 사업적 영향력이 큰 국제 규범의 동향은 지속적으로 점검하고 대응해야 한다. 원천 기술 개발, 표준 마련은 민간이 주도하되 규제 개혁, 정책 자금 지원, 국제 협력은 정부가 간접적으로 지원하는 방안을 고심해야 한다. 가령, 데이터와 자본이 집중된 대기업 중심의 인공지능 경쟁 구도 속에서 아이디어와 혁신 기술을 갖춘 중소기업이 상생·협력할 수 있는 시장을 조성하기 위해 정부가 어떤 역할을 할 수 있을지 고민해야 한다. 신뢰할 만한 인공지능 기술 확보라는 인공지능 경쟁의 제2라운드가 시작되고 있다.

인공지능이 가져오는
사회변화와 우리 교육의 과제

김진형 인천재능대학교 총장

사회변화를 선도하는 인공지능

인공지능이 세상을 바꾸고 있다. 인공지능이 신문에 칼럼을 쓰고, 작고한 가수를 형상화해 신곡을 부르기도 한다. 택시를 부르면 운전사 없는 자동차가 오고, 바이러스 변이를 추적하여 신약을 신속히 만들어 낸다. 하루가 다르게 놀라운 성과가 더해지고 있다. 인공지능 시대를 살아갈 우리는 이를 잘 알고 활용해야 한다. 인공지능 기술의 본질은 무엇인가? 인공지능은 어떤 능력과 한계를 갖고 있는가? 이 기술은 우리 경제와 사회, 그리고 인류의 미래에 어떤 영향을 미칠 것인가?

인공지능이 인간의 능력을 능가하는 분야는 이미 한둘이 아니다. 자동화 기술인 인공지능은 기존 일자리를 매우 빠르게 소멸시킨다. 하지만 새로운 일자리도 많이 창출한다. 인류의 역사는 기술의 변천이 기존 일자리를 소멸시킴과 동시에 새로운 일자리를 더 많이 창출했음을 보여준다. 그러나 가만히 있는다고 새로운 일자리가 창출되는 것은 아니다. 새로운 산업환경에서 요구되는 새로운 기술을 사용할 수 있는 능력을 갖추도록 교육하고, 일자리를 잃는 수백만의 근로자를 새롭게 성장하는 일자리와 연결하는 것이 중요하다. 이는 국가와 교육기관의 책무이자 사명이다. 인공지능이 일자리, 특히 미래세대의 일자리에 미치는 영향을 깊이 인식하고 이에 신속히 대응하고 준비해야 한다. 이러한 변화에 대처해야 할 우리 교육의 과제에 대하여 살펴보고자 한다.

우리는 빠른 변화에 적응할 수 있을까?

인류사회는 인공지능으로 매우 빠르게 변화되어 자동화 사회로 다가가고 있다. 이에 더해 고도의 사고기능까지 자동화되고 있다. 일거리가 급속히 줄어드는 만큼 일자리도 급속히 줄어든다. 인간이 필요 없는 계급이 되어가는 것은 아닌지 걱정된다. 하지만 산업에서는 인공지능이 혁신을 거듭할수록 부가 기하급수적으로 증가한다. 하지만 이 혜택은 능력 있는 사람 일부, 즉 슈퍼스타에게 집중된다. 이는 산업혁명 이후 계속되어 온 사회현상이다. 이에 따라 양극화와 사회적 갈등이 심화된다.

또한 국가 간의 격차가 심화된다. 잘사는 나라가 인공지능을 만들 수 있는 부와 능력을 독점하게 될까 걱정이다. 앞으로 인공지능 능력이 국제정치에서 갖는 위상은 핵무기를 능가할 것이다. 인공지능 헤게모니 쟁탈 전쟁은 이미 시작되었다. 미·중 갈등은 인공지능 헤게모니를 두고 심화하고 있다. 인공지능을 사회통제에 사용하려는 사회주의 국가와, 민주주의 신장을 목적으로 사용해야 한다는 민주주의 국가 간의 갈등이 시작된 것이다.

지금까지 오랜 역사를 통하여 인류가 만들어 왔던 사회 시스템은 인공지능으로 인하여 쓸모없어지거나 수정해야 할 것이다. 산업 사회에서 만들어진 교육 제도, 노동시장, 정치 체계 등이 계속 작동할까? 미래가 어떻게 변할지 10년 앞을 내다볼 수가 없다. 이런 빠른 속도의 변화에 인류는 적응할 수 있을까? 변화를 거부하고 기득권을 지키려는 사회는 어려움을 겪을 것이다.

자율시스템의 위험성

인공지능은 자율적 의사결정 능력을 가질 수 있고, 데이터로부터 학습하기 때문에 개발자의 의도와 다른 방향으로 성장할 가능성이 항상 존재한다. 따라서 인공지능이 바람직한 방향으로 성장하고 있는지 항상 감시하고 통제해야 한다. 검증되지 않은 인공지능을 사용하는 것은 위험할 수 있다.

물리학자 스티븐 호킹 박사는 살아생전 공개적인 자리에서 인공지능의 위험성을 자주 경고한 것으로 유명하다. 그는 '인공지능은 스스로를 개량하고 도약할 수 있는 반면, 인간은 생물학적 진화 속도가 늦어 인공지능과 경쟁할 수 없고 대체되고 말 것'이라고 경고했다. 인공지능을 통제할 수 없게 되면 인공지능이 인류를 멸망시킬 수도 있다는 의견이다. 인공지능의 잠재적 위험은 피하면서 인류에게 어떤 도움을 줄 수 있을까에 대한 연구는 지금 시작하지 않으면 늦을 수 있다.

이성의 시대, 그 종말이 오는가?

인공지능이 출현하면서 인간의 능력은 이미 많이 퇴보되었다. 계산기의 출현으로 암산 능력이 저하되었으며, 네비게이션의 등장으로 길 찾는 능력이 저하되었다. 인공지능 시대에서는 인간 사회의 중요한 의사결정을 인공지능에게 맡긴다. 인공지능의 판단은 대부분 옳다. 그러나 우리 인간은 그 과정을 이해하지 못한다. 단지 그 결과만을 받아들이려고 할 것이다.

역사학자인 키신저는 알파고의 능력을 보고 계몽(啓蒙, Enlightenment)은 끝났다고 한탄했다.[148] 신의 계시로 설명되던 세상의 온갖 이치를 인간의 이성으로 밝혀보겠다는 것이 17세기의 계몽정신이다. 계몽사상은 과학기술의 발전을 가져왔다. 현재에는 몸이 아프면 기도를 하거나 굿을 하기보다는 과학적으로 '이해'된 바이러스와 항생제를 사용한다. 또한 이성은 개인의 행복과 자유를 추구하는 민주주의 사상의 근간이 되었다. 인공지능이 일상화된다면 '이해하는 존재'라는 인간의 본질이자 특성을 상실하게 될 것이다. 이성의 시대가 인공지능의 출현으로 종말이 오는 것이 어찌 두렵지 않은가?

인간이 통제만 놓치지 않는다면 기계가 점점 똑똑해지는 것은 큰 문제가 아닐 것이다. 그러나 인공지능 등의 첨단 IT 기술과 바이오 기술을 인간의 생물학적 능력 증강을 위하여 사용한다면 우리 인류 사회는, 인류의 미래는 어떻게 될까?

강력한 인공지능의 능력을 인간의 두뇌와 연결하면 인간은 전지전능해진다. 미래학자 레이 커즈와일은 『특이점이 온다』에서 "2030년 이후엔 인간과 인공지능이 결합한 '하이브리드 두뇌'가 실현될 것"이라고 전망한다. 컴퓨터와 두뇌를 연결하고자 하는 기술을 BCI(Brain and Computer Interface)라고 한다. 인간의 뇌와 컴퓨터를 직접 연결하여 뇌신경신호를 실시간으로 해석하고 활용하거나, 외부 정보를 입력하고 변조하여 인간의 능력을 증진시키려는 노력이다. 일론 머스크가 설립한 뉴럴링크(Neuralink)라는 회사는 두개골을 뚫고 전극을 삽입해 뇌와 컴퓨터를 직접 연결하는 침습기술을 개발하고 있다. 두개골을 열고 뇌에 미세한 전극을 연결하여 뇌 신호를 감지한다. 2021년 4월에는 칩을 장착한 원숭이가 생각만으로 컴퓨터 게임을 하는 모습을 시연했다.

두뇌에서 기억과 지식을 직접 외부로 꺼내고, 외부에서 두뇌로 정보를 직접 보낼 수 있다면 지금과는 완전히 다른 세상이 될 것이다. 남의 두뇌를 해킹하여 그가 생각하는 것을 다 알아낼 수도 있을 것이다. 이러한 세상에서 개인의 프라이버시는 존재할 수가 없다. 또 그의 지식을 왜곡하고, 그로 인해 원치 않는 행동도 하게 할 수 있을 것이다. 이런 기술이 연장되면 두뇌와 두뇌를 직접 연결할 수도 있을 것이다. 그렇게 되면 다른 사람의 지식을 사용할 수 있고, 다른 사람이 한 경험을 내가 느낄 수 있게 될 것이다. 즉 다른 사람의 삶을 내가 살게 되는 것이다. 그렇다면 내가 남이고, 남이 내가 된다. 무서운 세상이 될 것이다.

유전자 조작을 통해 사람의 형질에 변형을 가할 수 있게 된다. 유전자 조작으로 한 생명체의 특성을 타 생명체에게 이식하고자 하는 연구도 진행되고 있다. 심지어는 한 중국의 실험실에서 원숭이와 인간의 하이브리드 종을 만들었다는 보도도 있었다. 인공장기를 생산하려는 좋은 의도라고 해도 심각한 윤리적 문제를 야기한다. 사회적으로 능력이 있는 사람은 건강하고, 똑똑한 자손을 만들 것이고, 그렇지 못한 사람의 자손은 절멸할 것이다. 이런 세상을 사는 우리의 후손은 지금의 인류와는 완전히 다른 종이 될 것이다. 더 이상 호모사피엔스라고 할 수 없을 것이다.

일자리의 변혁

인공지능의 확산이 일자리를 감소시키는지에 대하여 알아보자. 인공지능이 일자리를 감소시킨다고 주장하는 사람들은 하나만 알고 둘은 모르는 사람들이다. 신기술의 도입으로 단순 일자리는 계속 없어지지만 새로운 일자리가 끊임없이 생겨나는 다이내믹한 노동시장의 메커니즘을 이해하지 못하는 사람들이다. 또 새로운 환경에 항상 적응하는 사람의 속성과 기업의 능력을 낮게 평가하는 것이다. 하나를 성취하면 더 많은 다음 것을 요구하는 사람의 속성은 새로운 일자리를 끝없이 추구한다.

물론 단순한 일자리는 자동화로 감소한다. 2년 전, 맥킨지 글로벌 연구소는 현재 일자리의 절반이 2055년까지 자동화될 것이라고 추정했다.[149] 그러나 사라진 일자리에서 밀려난 대부분의 노동자들은 새로운 일자리를 찾을 것이다. 긴 시간으로 글로벌 차원에서 보면 새로운 기술의 도입은 항상 더 많은 일자리를 창출했다. 역사적으로 볼 때 170년 전에는 전 인구의 3분의 1이 농업에 종사했다. 현재의 농업 인구는 1% 밖에 안 된다. 1%의 농민이 생산한 식량을 전 인류가 소비하는 것이다. 농업 인구는 산업혁명을 거쳐서 공장 노동자로 옮겨갔다. 이제는 공장 노동자도 줄어들고 서비스업이나 IT 개발 등으로 옮겨가고 있다.

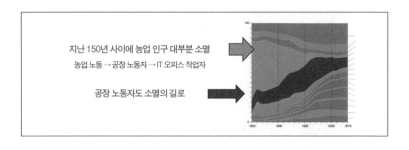

2018년 발표된 World Economic Forum의 자료에서도 2022년까지 글로벌 차원에서 7,500만 개의 일자리가 없어지지만 1억 3,300만 개의 새로운 일자리가 생길 것이라고 예측했다. 즉 한 개의 일자리가 소멸되면 두 개의 일자리가 생성된다는 것이다. 지난 1950년 이래 60년간 지구상의 인구는 약 2.68배 늘었으며 일자리는 3.3배 늘었고, 글로벌 개인소득은 약 10배 정도 증가했다. 늘어난 인구보다 일자리가 더 많이 생겼고, 모두 풍요로워진 것이다.

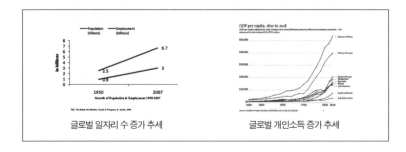

글로벌 일자리 수 증가 추세　　　　　글로벌 개인소득 증가 추세

신기술이 나타남에 따라 일자리에 어떤 변화가 오는지 살펴보자. 저소득의 단순한 일자리에서 탈출한 노동자들은 원래 하던 일보다 훨씬 고상하고, 높은 소득을 올리는 새로운 일자리로 이동한다. 새로운 일자리에서 노동자들은 인공지능과 같은 강력한 도구의 도움으로 높

은 생산성을 올릴 수 있게 될 것이다. 일자리 사다리에서 바닥으로 진입하던 노동시장의 초기 진입자들이 단순한 일자리의 숙련 과정을 거치지 않고도 직접 고상하고 높은 소득을 올리는 일자리로 진입하게 될 것이다. 단순한 일거리는 없어지지만 그들이 하던 일을 한두 사람이 인공지능의 도움을 받아 모두 처리하게 될 것이다. 즉 'Job'은 없어지지만 'Super Job'은 없어지지 않는다. 변호사 사무실에서 허드렛일을 하던 변호사의 일거리는 없어지지만 대장 변호사는 인공지능의 도움으로 많은 업무를 혼자서 처리하게 된다. 또 인공지능이 의사를 대체하는 것이 아니라, 인공지능을 잘 사용하는 의사들이 인공지능을 모르는 의사들을 대체할 것이다.

물론 단순 노동에서 탈출하는 노동자는 재교육을 받아야 하고, 노동시장의 신규 진입자들은 새로운 산업환경에서 요구되는 능력을 갖추기 위하여 더 높은 능력을 쌓아야 할 것이다. 이런 교육기회를 제공하는 것은 국가의 책무다. 교육훈련을 받고, 적응하는 것은 힘들고 고통스럽지만, 적응하고 난 후에는 높은 소득을 올리고 신분상승의 기회도 가질 수 있을 것이다.

컴퓨팅과 인터넷의 도입으로 디지털화가 가속화된 미국의 경제는 거의 완전 고용을 이루고 있다. 인터넷이 확산되기 전에는 상상할 수 없었던 새로운 형태의 일자리들이 많이 생겼고, 지금도 계속 생기고 있다. 디지털 기술은 고소득과 안락한 근무 형태를 보장한다. 또 인터넷과 소프트웨어 기술은 피고용인 신분에서 고용주 신분으로 바뀌는 프리랜서, 창업주의 기회도 제공한다. 이런 변화는 코로나19 팬데믹의 영향으로 가속화되고 있다.

노동자들의 소득이 늘고 근무 형태가 바뀜에 따라서 중산층이 두텁게 형성된다. 이는 자유민주주의의 근간이다. 우리나라에서도 1960년대 이후 산업화과정을 거치면서 민주화가 이루어지지 않았는가? 생산성 증가, 소득 증가, 부의 증가는 보편적 다수의 행복 전제조건이다.

그러나 신기술로 새로운 일자리가 생긴다는 주장도 조건부적으로 해석해야 한다. 아무것도 하지 않으면 새로운 일자리는 생기지 않는다. 2022년까지 생긴다는 1억 3,300만 개의 새로운 일자리는 기업들이 신기술을 적극적으로 도입하고, 노동자들이 잘 적응했을 때 창출되는 것이다. 신기술에 잘 적응한다면 일자리가 많이 생기겠지만, 적응하지 못한다면 사라지는 일자리만큼 새로운 일자리가 생기지 않을 수도 있다는 것이다. 더구나 국가 간에 경쟁하는 마당에서 좋은 일자리의 대부분을 일부 국가가 차지하는 불평등한 상황이 벌어질 수 있다.

인공지능 시대의 산업 변화와 인재 양성

인공지능의 발전에 힘입어 단순 노동뿐만 아니라 고도의 정신노동까지도 자동화되어 가는 추세이다. 자격증으로 보호받던 직업조차도 거센 자동화의 물결을 벗어날 수 없다. 기존 일자리의 업무도 인공지능의 능력을 요구하는 형태로 빠르게 변하고 있다. 새로운 시대의 노동자 능력은 타고난 기본적인 능력에 더하여 인공지능 등의 신기술로 증강된 능력이다. 인공지능을 잘 활용하여 자신이 제공하는 노동의 가치를 증폭시켜야 한다. 즉 컴퓨팅과 인공지능을 잘 사용하는 능력이 경쟁력이다. 이제 컴퓨팅과 인공지능은 미래를 살아가는 기본적인 기술이자 생존을 위한 핵심기술이 되었다. 또 새로운 일자리가 어디에서 생기는지도 생각해 보자. 통계를 동원하지 않더라도 컴퓨팅과 인공지능 영역에서 새로운 일자리가 많이 만들어진다는 것은 모두 수긍할 수 있을 것이다. 미국 시가총액의 변천 추세를 보면 IT, 인프라 기업들이 세상을 석권하고, 많은 일자리를 만들고, 부를 차지하는 것을 알 수 있다.[150]

〈미국 시가총액 기업의 변천 추세〉

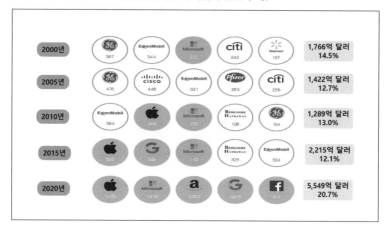

우리나라도 비슷한 추세이다. 20년 전에 창업한 카카오, 네이버가 시가총액 3, 4위를 차지하고 있으며 카카오 창업자 김범수 대표가 상속형 부자 이재용을 물리치고 한국 최고의 부자로 등극했다.[151]

기존 일자리의 업무도 인공지능 능력을 요구하는 형태로 빠르게 변하고 있다. 이렇게 급변하는 기업 환경과 노동시장에서 기업과 노동자들은 신기술을 활용할 수 있도록 준비하지 않으면 경쟁력을 가질 수가 없다. 노동자들의 경쟁력이 없다면 새로운 산업이 창출되지도 않을 것이고, 기업은 성장을 멈출 것이며, 그 사회는 도태될 것이다. 더구나 이제는 하나가 된 글로벌 노동시장에서 젊은 세대의 준비가 부족하다면 새로 생기는 일자리는 다른 나라의 젊은 세대가 모두 차지하게 될 것이다. 새로운 시대에 적응할 수 있도록 우리의 미래 세대를 교육하는 것은 국가의 책무이다. 이는 공교육의 기본적인 존재 이유다.

〈 인공지능에 준비된 인재의 종류 〉

인공지능 시대에 준비된 인력이란 첫째로 자신의 업무를 위하여 인공지능 도구를 사용할 수 있는 인재다. 사람의 능력은, 타고난 능력이 인공지능의 도움으로 증강된 것으로 보아야 한다. 나아가 인공지능을 이용하여 차세대 혁신을 창출하는 전문가도 양성해야 한다.

지금 우리 사회에 묻고 싶다. 대한민국은 이러한 시대적 변화를 준비하고 있는가? 우리 노동자들은 부상하는 신기술에 대응하여 재교육을 제대로 받고 있는가? 노동시장에 새롭게 진입할 우리 미래 세대는 새로운 환경이 요구하는 신기술을 충분히 교육받고 글로벌에서 경쟁할 능력을 키워 가고 있는가?

미국 전역에서 연간 4만 명의 컴퓨터과학 학사 학위자가 배출되고 있다. 유명 대학들이 학교당 1천 명 수준으로 배출한다. 컴퓨터와 인공지능이 우리 사회와 경제를 바꾸고 있다는 것을 젊은 세대는 잘 알고 있다. 그래서 그들은 그것을 배우고 싶어 한다. 이에 대학들이 신속히 반응하는 것이다. 인구가 많은 중국과 인도가 배출하는 컴퓨터과학 전공자들의 숫자는 무서울 정도로 많다.

이에 비해 우리나라가 배출하는 컴퓨터과학 전공자는 매우 적다. 수도권 대학에서는 지난 20여 년간 컴퓨터공학과 정원을 묶었고, 우스꽝스러운 학칙으로 복수전공의 기회도 박탈했다. 기존 학과들의 기득권 보호와 정부의 규제로 우리 대학은 새로운 시대가 요구하는 노동인력 양성 기능을 포기했다. 우리 젊은이들이 컴퓨터과학이나 인공지능 영역으로 진출할 수 있는 길이 막혀 있다.

우리 젊은 세대도 알고 있다. 미래사회에서 살아남기 위해서는 무엇을 배워야 하는지 말이다. 대부분의 대학에서 컴퓨터 기초과목에는 전

〈미국 스탠포드대학교, KAIST, 서울대학교 컴퓨터 전공자 입학 추세〉

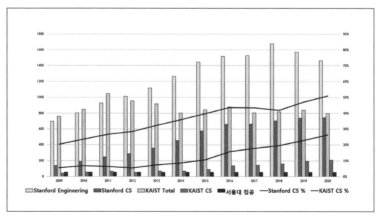

공을 불문하고 수백 명의 수강생이 몰려든다. 그런데도 정원을 조정할 수 없음은 물론이고 교수 충원도 요원하다. 시장은 냉정하다. 소프트웨어 개발자의 몸값은 기업이 감당할 수 없을 정도로 치솟았다. 이렇게 준비되지 않은 상황에서 새롭게 창출되는 일자리를 우리 젊은 세대가 글로벌과의 경쟁에서 이길 수 있을까? 지금 우리 젊은 세대가 취업난에 고생하는 것은 우리 사회가 컴퓨터·인공지능 시대의 변화에 준비되어 있지 않다는 것을 극명하게 보여주는 것이다.

디지털 역량 개발을 위한 교육 개혁

삶과 일의 방식이 바뀌고 새로운 기술이 자동화될 수 있는 모든 직업을 대체하고 있는 큰 변화의 시기에, 우리 젊은 세대가 미래직업을 준비할 수 있도록 초·중등 교육에서부터 도와주어야 한다. 새로운 인공지능 시대에 컴퓨터과학은 선택의 문제가 아니다. '읽기', '쓰기', '셈하기'와 함께 모두가 기본적으로 갖춰야 할 기초 소양이다. 단순히 컴퓨터를 사용하는 것에 그치지 말고 데이터 분석 기술과 프로그래밍 역량을 향상시켜 인공지능을 활용할 수 있도록 도와주어야 한다.

청소년들이 디지털을 이용하여 자신을 표현하며, 컴퓨터를 이용하여 문제를 분석하고 해결할 수 있도록 훈련받아야 한다. 디지털 역량은 그들이 살아갈 미래의 일자리를 위해 꼭 필요하기 때문이다. 이 교육은 반드시 공교육에서 실시하여야 한다. 가정 형편의 차이를 불문하고 누구나 평등하게 미래를 위한 새로운 능력을 쌓을 기회를 제공받아야 한다.

대부분 국가의 공교육은 기존 "ICT 활용교육"에서 탈피해 "컴퓨팅 교육"으로 대전환했다. 영국은 2014년 9월부터 5~16세의 모든 학년 단위에서 컴퓨팅을 필수 독립교과목으로 지정하고 주에 한 시간 정도의 강의 시수를 배정하여 교육하고 있으며, 일본도 2025년부터 대학입시에 정보과목을 반영하기로 했다.

우리나라에서도 2018년부터 정보과목을 초·중·고 정규 교과목으로 지정했다. 하지만 초등학교에는 6년간 17시간, 중학교에는 3년간 34시간을 배정해 인공지능 등을 제대로 가르치기에는 시수가 절대적으로 부족하다. 또한 학교별 전담 교원 채용도 불가능한 상태이다. 게다가 정보과목을 선택과목으로 하는 고등학교에서는 대부분이 선택하지 않고 있다. 정보교사를 채용한 중학교는 전체의 31%이고, 전체 교사 대비 정보교사 수는 1%이다. 인문계 고등학교의 학교당 정보교사 수는 평균 0.45명이다. [152]

최근 자료[153]에 의하면 우리나라 컴퓨팅 교육 시수는 선진국의 1/8~1/4 수준이다. 이에 따라 우리 학생들의 정보화 능력이 세계 최하

〈국가별 컴퓨팅 교육 시수 비교〉

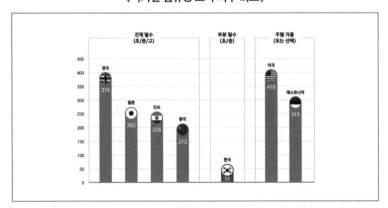

위 수준으로 나타났다. 더 큰 문제는 초·중·고 정보교육의 지역 편차가 심하다는 것이다.[154] 교육감의 정치적 성향에 따라서 지역별 편차가 심하다. 대구, 세종, 경기는 수준급이나 기타 지역은 타 지역의 1/3, 심지어는 1/5수준이다. 대학에 진학하거나 직업을 찾을 때 특정 지역의 학생들은 심각한 핸디캡을 갖게 될 것이다.

〈교육청별 정보 교과 수업 시수〉

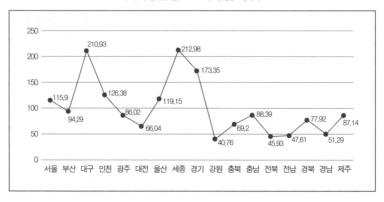

교육 당국은 미래 세대에게 창의력과 상상력, 그리고 주어진 문제를 해결하기 위한 컴퓨팅 사고력 중심의 정보교육이 필요하다는 것을 깊이 이해해야 한다. 컴퓨팅 사고력은 읽기, 쓰기, 셈하기와 같은 보편적 기초 소양으로, 그 시작은 초·중·고 정보교육에서부터 시작해야 한다. 국가는 정보교육을 제공해야 할 의무가 있으며 모든 학생은 공교육을 통해 정보교육을 받을 권리가 있다.

일부 인사들은 컴퓨팅 교육보다 인공지능 교육을 강조하는데, 이는 인공지능을 정확히 이해하지 못하기 때문에 나오는 처사다. 컴퓨팅 사고력 기반의 소프트웨어와 인공지능 교육이 초·중·고등학교 정보교육의 핵심이며 융합적인 문제해결력을 위한 필수 역량이다. 초·중·고 정보교육은 소프트웨어와 인공지능을 모두 포함해야 하며, 초·중·고부터 대학교까지 이어지는 체계적인 교육과정으로 제공되어야 한다.

급격한 기술의 발전에도 흔들리지 않고 환경 변화에 유연하게 적용하기 위해 인공지능 교육과 인공지능 융합교육은 기초 정보교육과 인공지능 원리교육에서 출발해야 한다. 이를 위해서는 전 학년에 걸쳐 적어도 매주 1~2시간, 연간 34~68시간의 정보교육이 연속적으로 이루어져야 한다. 전문성을 갖춘 자격 있는 정보교사를 임용하고, 모든 교사가 컴퓨팅 사고력과 인공지능에 대한 기본 소양을 갖추도록 연수를 받는 등 기회를 제공해 이들이 인공지능을 활용한 교육의 선도자가 되도록 해야 한다. 정보과목 시수 확대와 정보교사 확충은 가장 시급한 국가 대사이다.

인공지능의 사회적 영향에 대한 교육

인공지능이 사회에 미치는 영향은 그 어느 기술보다 심각하다. 인공지능은 양날의 검이다. 잘 사용하면 많은 이익을 주지만 잘못 사용하면 커다란 사회 문제를 야기한다. 어쩌면 인류를 멸망으로 이끌 수도 있다. 인공지능은 이미 인간의 삶 속에 깊숙이 파고들고 있지만 우리는 인공지능이 가진 양날의 위력을 아직 잘 이해하지 못하고 있다.

인공지능이 정교해지고 보편화됨에 따라 많은 윤리적 문제가 제기되고 있다. 피할 수 없는 편견, 이에 따른 공정성 문제, 안전성과 투명성 결여, 그리고 책임 소재의 문제점들이 윤리적 이슈를 복잡하게 만든다. 결국 안전하고 윤리적으로 책임감 있는 인공지능을 만들려면 엔지니어가 기술적 능력과 윤리적 감수성을 함께 가져야 한다. 인공지능의 부작용을 모두 막는 건 사실상 불가능하다. 중요한 건 인공지능의 부작용을 최소화하면서 이점을 극대화하는 방향으로 사용하는 것이다.

인공지능을 윤리적으로 사용하기 위해 각 정부는 물론 OECD 등의 국제기구와 비정부기구들이 노력하고 있다. 기업들도 자체적으로 인공지능 사용 원칙을 제정해 시행하고 있다. 학술단체인 ACM과 IEEE에서도 컴퓨터 전문가들이 지켜야 할 윤리장전을 오래전부터 제정하여 운영하고 있다. 대학 컴퓨터과학 커리큘럼에도 전산윤리학 과목을 포함하도록 권고하고 있다.

인공지능 개발과 활용에 있어서 지켜야 할 원칙을 정리해 보면 다음과 같다. 첫째 원칙은 인공지능을 사회적으로 유용하게 사용해야 한다는 것이다. 인공지능의 사용이 사회적, 경제적 가치를 가져와야 한다. 그 편익이 예측 가능한 위험과 단점보다 많아야 한다. 둘째는 공정성이다. 불공평한 편견을 배제해야 하며 활용 목적을 숨기지 않아야 한다. 셋째는 안전과 신뢰성이다. 안전한 사용을 보장하고 사람에게 위해를 가하면 안 된다. 인공지능이 항상 사람의 지시와 통제하에 있도록 하고, 우리는 인공지능을 감시하고 통제할 수 있는 능력을 놓쳐서는 안 된다. 넷째는 투명성이다. 인공지능이 인간의 판단을 대신하기 때문에, 그것이 내린 결정을 설명할 수 있어야 한다.

윤리적이고 책임감 있는 인공지능 개발은 결국 인공지능 엔지니어의 몫이다. 교육을 통해서 책임감 있는 엔지니어를 양성해야 한다. 인공지능 엔지니어는 세상을 바꿔 나가고 있다는 자긍심과 책임감을 갖고 무엇이 옳고 그른지 판단하기 위해 끊임없이 성찰해야 한다.

우리 교육이 인공지능과 함께 나아가야 할 방향

초·중·고·대학의 수준을 불문하고 인공지능 시대의 교육은 학생들이 컴퓨팅과 인공지능을 이해하고 잘 활용할 수 있도록 준비해야 한다. 인공지능 교육의 핵심은 인공지능의 본질을 이해하고 이를 이용하여 자신의 문제를 해결하는 능력을 갖추는 것이다. 일상적인 컴퓨팅 사고력에 더하여 인공지능의 특성을 이해해야 한다.

가장 본질적으로는 컴퓨터가 센서를 활용하여 세상을 인식하고 사실을 인지하는 능력을 가질 수 있다는 것을 이해해야 한다. 인공지능 시스템은 인지한 세상의 표현을 유지하고 이를 이용하여 판단한다는 사실도 알아야 한다. 또 데이터로부터 학습을 통해 알고리즘을 만들 수 있다는 것과 함께, 사람과 자연스러운 상호작용을 하기 위해서는 여러 가지 종류의 지식이 필요하다는 것을 이해해야 한다. 마지막으로 인공지능이 사회에 미치는 영향은 긍정적인 측면과 부정적인 측면이 모두 있어서 조심해서 잘 사용해야 한다는 사실을 숙지해야 한다.

4차 산업혁명 시대를 맞아 인공지능을 이용한 새로운 경쟁이 시작되었다. 이번 경쟁에서는 변화에 신속히 적응하는 국가가 승자가 될 것이다. 이 승리는 매우 달콤할 것이다. 부의 창출이 기하급수적으로 증가하기 때문이다. 전 세계 인구의 1%인 우리나라가 전 세계 부의 5%나 10%를 차지한다면 우리나라는 풍요를 즐길 수 있게 될 것이다. 보편적 정보교육과 인공지능 교육을 통해 전 국민의 디지털 소양을 고양하고 인공지능을 가장 잘 사용하는 나라가 되기를 바란다.

인공지능, 멀티플랫폼 그리고 언스케일드 교육대혁명

강신천 공주대학교 교수

교육의 새로운 국면

혹자는 교육이 '사람 살아가는 이야기'라고 한다. 이는 교육이 '사람'에게 집중하기 때문이다. 사람은 홀로 살아가기도 하지만 대체로 사회라는 공동체(이하 커뮤니티)를 형성하여 상호작용하고, 때로는 협업하기도 하고, 때로는 각자의 역할을 감당하기도 하며 함께 살아간다. 물론 개인주의적인 삶을 강조하고 홀로 고립되어 살아가는 사람들에게 이런 견해는 도전받을 여지가 있다. 하지만 오프라인 대면 상황뿐만 아니라 사람의 커뮤니티 범위를 온라인 비대면 상황으로 넓힌다면 앞선 주장에 대해 대체로 수긍할 수 있을 것이다.

이러한 관점의 변화는 교육의 변화와 발전을 위해 매우 중요한데, 이런 이유로 교육이 '사람'에게 집중하기에 사람과 관련된 모든 것이 교육의 대상과 관심 영역이 되고, 온라인 커뮤니티와 온라인 교육 상황은 '교육 패러다임 변화'나 '교육개혁'의 주요인이 되고 있다.

단적인 예로, 새로운 '교육과정 개정'이 '디지털 대전환 시대(Digital Transformation Era)'나 '인공지능 사회(Artificial Intelligence Society)'를[155] 시대나 사회상으로 고려하고 있다.

지금까지 교육은 비대면 온라인 교육을 대면의 오프라인 교육과 같은 무게로 여기지 않았다. 물론 MOOC나 이러닝은 대학이나 성인 교육의 장에서 이미 대면 오프라인 교육과 동일하게 인정되는 중요한 교육 시스템으로 자리를 잡았다. 그러나 2020년 코로나19 팬데믹을 맞이하기 전까지 K-12[156]와 같은 초·중등학교는 비대면 온라인 교육을 학제 운영의 일환으로 인정하지 않았다. 그랬던 초·중등교육의 학제 운영에도 큰 변화가 일기 시작했는데, 그것은 2020년 코로나19 팬데믹 이후의 일이다. 비대면 온라인 교육을 대면 오프라인 교육과 같은 무게로 고려하는 분위기가 형성되었다.

하지만 이런 사항을 공식화할 것인가에 대해서는 여전히 논란이 있다. 『언스케일드: 앞으로 100년을 지배할 탈규모의 경제학』(2019)[157]의 저자 헤먼트 타네자와 캐빈 매이니에 의하면 교육이나 의료 부문의 파이프라인(Pipeline)[158]이 가장 경직되어 있고 쉽게 변하지 않는 영역이라고 한다. 이들 저자는 플랫폼의 등장으로 철옹성 같은 교육과 의료 부문의 파이프라인이 무너지고 있다고 주장한다. 이와 같은 상황에서 코로나19 팬데믹은 타고 있는 장작에 기름을 부은 것이다.

현재 우리가 처한 교육을 냉정하게 살펴보자. 플랫폼 혁명으로 교육 패러다임을 바꾸어 놓기 시작했지만, 한국의 교육은 다른 부문의 발빠른 변화에 비해 많이 뒤처져 있었다. 그러던 중 갑자기 다가온 코로나19 팬데믹은 비교적 안정적이었던 우리 교육을 대혼란에 빠져들게 했으며 교육 플랫폼이 이러한 위기를 극복하는 중요한 채널이 되었다.

이제 비대면 온라인 교육이 대면 오프라인 교육과 같은 무게로 고려되기 시작했다. 이런 점에서 클라우드 기반의 교육 플랫폼은 우리 교육을 위기로부터 탈출시킨 일등 공신 중 하나라고 평가할 수 있다. 이는 새로운 교육과정 개정의 시대상 설정이라는 중요한 위치에 디지털 대전환 시대와 인공지능 사회를 끌어들였다. 더불어 교육 내용과 방법에 디지털 리터러시와 인공지능, 데이터과학과 같은 소위 4차 산업혁명 시대의 핵심 첨단과학기술과 플랫폼을 적극적으로 도입하도록 하는 고삐를 당기게 했다.

우리의 교육, 왜 인공지능과 플랫폼에 주목해야 하나?

콜세라(Coursera)의 코파운더, 랜딩AI(Landing.AI)의 CEO이면서 미국 스텐퍼드대학교 교수인 앤드류 응(Andrew Ng)은 "인공지능은 새로운 전기와 같다(AI is New Electricity.)"고 한다.[159] 그가 이렇게 주장한 이유는 처음 전기를 도입했을 때 두려워 전기 사용을 꺼렸던 과거와 전기 없이 단 하루도 살 수 없는 현재로의 변화가 마치 인공지능의 그것과 많이 닮아 있기 때문이다. 1956년, 미국 다트머스대학교의 존 매카시 교수는 다트머스 회의에서 처음으로 인공지능이라는 용어를 사용했다. 당시 인공지능 연구의 핵심은 추론과 탐색이었다.[160]

인공지능이라는 용어는 1956년에 처음 사용되었지만, 인공지능 머신러닝의 하나인 딥러닝 핵심 알고리즘인 인공신경망에 대한 연구는 월터피츠(Walter Pitts)와 신경외과 의사인 워런 맥컬럭(Warren Mc Cullonch)이 이미 1943년에 논문(「A Logical Calculus of Ideas

Immanent in Nervous Activity」)으로 발표하였다. 논문에서 그들은 0과 1의 논리 모델로 인간 두뇌에 대한 최초의 개념적 모델을 제안했다. 한편, 1950년 영국의 수학자인 앨런 튜링(Alan Mathison Turing)은 「계산 기계와 지능(Computing Machinery and Intelligence)」이라는 논문을 통해 기계가 생각할 수 있는지 테스트하는 방법과 지능적 기계의 개발 가능성, 학습하는 기계 등에 관해 연구했다. 이 연구를 바탕으로 존 폰 노이만 교수는 튜링머신을 개발했으며 이것이 현대 컴퓨터 구조의 표준이 되었다.

먼저 인공지능 역사를 짧게 살펴본 것은 인공지능이 도입되었던 시기에 인공지능과 무관한 보통의 사람들과 인공지능 간의 거리가 어느 정도였을지 상상해보기 위해서다. 일반인은 물론, 연구자라 하더라도 인공지능을 전문적으로 연구하지 않았다면 도저히 접근할 수 없는 정도의 거리거나 아예 단절된 거리라는 상상이 된다. 그렇다면 지금의 인공지능은 어떠한가? 우리는 이미 인공지능 기술이 직간접적으로 도입된 편의 시설이나 기기를 사용하고 있다. 아이폰의 시리나 인공지능 스피커 등이 그 예이다. 교육 부문에서도 정보교육이 잘 설계된 국가에서는 이미 인공지능을 교육과정에 포함하여 초·중등학생이 인공지능 원리를 배우고 인공지능을 튜닝하거나 개발하는 교육과 경험을 하고 있다.

우리나라는 어느 정도일까? 한국은 2020년에 관계부처합동 발표로 한국판 뉴딜 정책을 발표했고, 하위에 스파트 뉴딜과 그린 뉴딜이라는 두 개의 큰 정책을 편성하였다. 주목할 부분은 스마트 뉴딜의 하위 과제가 인공지능과 데이터과학과 같은 핵심 기술이 근간이 되었다는 것이다. 앞으로 개정될 교육과정에도 인공지능과 데이터과학을 포함하

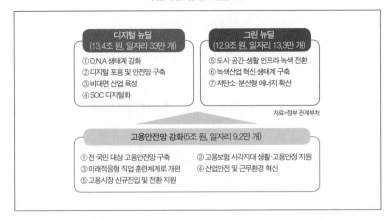

〈한국판 뉴딜 개념도〉

디지털 뉴딜
(13.4조 원, 일자리 33만 개)
① D.N.A 생태계 강화
② 디지털 포용 및 안전망 구축
③ 비대면 산업 육성
④ SOC 디지털화

그린 뉴딜
(12.9조 원, 일자리 13.3만 개)
⑤ 도시·공간·생활 인프라 녹색 전환
⑥ 녹색산업 혁신 생태계 구축
⑦ 저탄소·분산형 에너지 확산

자료=정부 관계부처

고용안전망 강화(5조 원, 일자리 9.2만 개)
① 전 국민 대상 고용안전망 구축   ② 고용보험 사각지대 생활·고용안정 지원
③ 미래적응형 직업 훈련체계로 개편   ④ 산업안전 및 근무환경 혁신
⑤ 고용시장 신규진입 및 전환 지원

〈인공지능(기계학습)과 데이터과학을 위해 어떤 언어를 먼저 배워야 하는가?〉

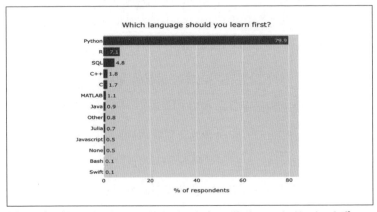

Which language should you learn first?

Python	79.9
R	7.1
SQL	4.8
C++	1.8
C	1.7
MATLAB	1.1
Java	0.9
Other	0.8
Julia	0.7
Javascript	0.5
None	0.5
Bash	0.1
Swift	0.1

% of respondents

출처: Kaggle(2020), "Kaggle Data Science and Machine Learning Survey: What language should you learn first?"

는 것과 더불어 초등학교-중학교-고등학교에 학교급을 관통하는 정보과 교육과정 개발이 필요하다. 또한 인공지능 융합교육의 관점에서 일반 교과 경험과 문제해결을 위해 인공지능을 활용하거나, 인공지능 원리 기반의 문제해결 또는 인공지능 사고에 노출되는 것을 적극적으로 고려할 필요가 있다.

한편, 2010년을 기점으로 파이썬이라는 언어와 기하급수적으로 늘어난 파이썬 커뮤니티, 그리고 인공지능 오픈소스 기반의 프레임워크와 패키지가 소개되면서 파이썬은 최다 사용자를 보유한 언어가 되었다. 이를 통해 인공지능 설계와 인공지능 개발도 더는 전공자들의 전유물이라고 보기 어렵게 되었다. 디지털 인문학(Digital Humanities)과 데이터과학(Data Science)은 이제 인문사회과학이나 심지어 예체능을 전공한 사람에게도 필수가 되어가고 있다. 파이썬이 활발하게 보급되기 시작한 2000년 후반부터 2010년대 초반의 미국이나 영국과 같은 IT 선진국에서 2015년 이후에는 파이썬과 R이 엑셀이나 기타 통계 패키지보다 훨씬 범용으로 사용될 것이라고 예상하였다. 이런 맥락에서 우리나라도 2025년 이후에는 많은 분야, 다양한 교과에서 파이썬과 R을 사용할 것이라는 조심스러운 예측을 해 본다. 인공지능을 둘러싼 다양한 사람들의 노력, 변화 시도, 그리고 이를 향유하는 것에 우리 교육이 주목할 필요가 있다.

플랫폼이란 용어를 사용하는 곳은 다양하다. 그중 우리는 기차나 버스를 타는 넓은 승강장을 가리켜 플랫폼이라고 한다. 플랫폼의 사전적 의미는 중세 프랑스에서 유래되었는데 역에서 승객이 열차를 타고 내리기 쉽도록 철로 옆의 지면을 평지보다 높게 설치해 놓은 평평한 장소를 말한다.[161] 플랫폼은 비즈니스에도 사용되는데, '플랫폼 비즈니스'가 가장 일반적으로 사용하는 개념이다. 지금을 '플랫폼 비즈니스의 시대'라고 표현하는 것이 어색하지 않을 정도로 플랫폼을 비즈니스에 많이 사용한다. 플랫폼 용어의 조어는 대체로 '○○ 플랫폼'으로 사용하는데, 일상에서 교육 플랫폼, 비즈니스 플랫폼, 의료 플랫폼, 코딩 플랫폼 등과 같이 사용하고 있다.[162] 우리 교육이 플랫폼에 주목해야 하

는 이유가 무엇일까? 가장 큰 이유는 세계의 모든 나라가 플랫폼 비즈
니스를 하고 있기 때문일 것이다. 어쩌면 현실적이지만 다분히 포퓰리
즘(Populism)적 이유이기 때문에 몇 가지 다른 이유를 찾아보려 한다.

〈전통적인 플랫폼의 디지털 플랫폼으로의 대전환〉

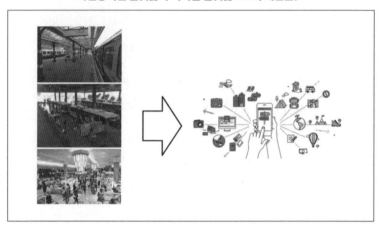

객체와 객체가 만나는 장소인 플랫폼에 공존하는 사람에 주목해 보
자. 사람은 왜 플랫폼에서 만나는가? 기차역이나 버스터미널은 사람과
사람이 만나 이야기를 나누기도 하지만 함께 다른 곳으로 이동하기도
하는 공간이다. 이런 플랫폼의 개념이 최근 디지털 기술의 발달로 비
록 비대면이지만 SNS나 화상 기술을 이용하여 만남, 소통, 거래가 이
루어지기 시작하면서 디지털 플랫폼 개념으로 자리 잡았다. 디지털 플
랫폼은 오프라인의 물리적인 장소인 플랫폼보다 속도, 거래, 소통의 양
과 규모 측면에서 디지털 플랫폼이 높은 비교우위를 갖는다. 교육 효
과성이나 정의적 영역의 교육을 고려한다면 당연히 대면 플랫폼인 학
교에서 교사와 학생이 만나서 교육 활동을 진행하는 것이 더 우수하다

고 생각할 수 있다. 하지만 디지털 대전환 시대와 인공지능 사회로의 진입이 가속화될 경우 우리가 당연시하던 것들이 어떻게 바뀔지에 대해 연구가 필요할 것이다. 교육이 플랫폼에 주목해야 하는 가장 큰 이유는, 초·중등학교 교육 주체인 학습자, 교사, 학부모가 디지털 플랫폼에서 배우고, 가르치고, 소통하고, 다양한 사람을 만나며, 많은 시간을 보내고 있기 때문이다. 이런 관점에서 이미 오래전부터 우리의 교육이 주목해야 했던 디지털 플랫폼은 2000년 초반 코로나19 팬데믹 상황에서 교육 문제를 극복하는 중요한 채널이 되었다고 할 수 있다. 이것이 교육이 디지털 교육 플랫폼에 주목해야 하는 두 번째 이유이다. 코로나19에 의한 교육 문제 극복을 위해 e학습터는 이미 대면의 오프라인 학교 교육과 양립하는 중요한 공교육 시스템이 되었다.

스케일드(SCALED) 교육에서 언스케일드(UNSCALED) 교육으로

전통적으로 교육은 경제, 사회, 문화 등의 분야보다는 질서가 매우 잘 잡혀 있는 분야이다. 특히 학교 교육은 1년을 기준으로 학사력이 있으며 이는 스케일된 교육을 보여주는 전형적인 예이다. 스케일된 교육의 기조에서 최근 언스케일된 교육에 주목하는 것은 디지털 교육 플랫폼의 강세와 함께, 교육적 효과를 입증하는 연구와 노력이 빠른 속도로 늘고 있기 때문이다. 앞서 이야기한 것과 같이 2000년 이후 코로나19 팬데믹은 이런 교육의 변화를 더욱 빠른 속도로 부추긴다. 앞서 소개한 헤먼트 타네자와 케빈 매이니의 『언스케일드: 앞으로 100년을 지배할 탈규모의 경제학』에서 빌려온 '언스케일드' 개념을 교육과 다양하게 결합해볼 수 있다. 이 개념을 구체적으로 어떻게 해석할지에 대해서는 사람마다 차이가 있을 것이다. 하지만 공통적으로 언스케일드는 기존의 스케일된 그 무언가에 대한 생각, 접근방법, 내용, 차원 등을 무너뜨리는 것의 표현이라고 해석할 수 있을 것이다.

〈스케일드 vs 언스케일드〉

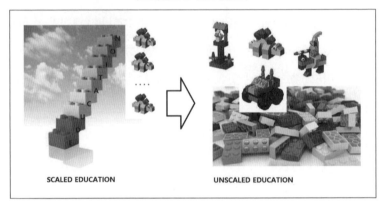

스케일된 학교에 대해 조금 더 구체적으로 이야기를 해 보려 한다. 전통적으로 학교는 학령기 학생들이 입학해서 정해진 학년의 위계를 밟고, 동시에 각 학년에서 이수를 요구하는 교과목을 체계적으로 학습한다. 이에 더해 정해진 시간까지 등교하고, 일정한 시간 동안 학교 수업에 참여하고, 정해진 시간이 되면 집으로 돌아가는, 마치 틀에 박힌 듯한 스케일드 시스템으로 운영되고 있다. 그리고 도심에 위치한 학교의 규모가 큰 것과 비해, 농산어촌 지역으로 갈수록 학교 규모는 물론 학급당 인원수 그리고 학교의 환경이나 예산 등에서 차이가 발생하는데 이는 고스란히 교육 격차와 교육 불균형으로 이어진다.

학교 교육 표준화와 각각의 학교 간 차이를 없애기 위해 정부와 관계 기관이 다각적으로 노력하고 있다. 하지만 스케일된 교육 여건하에서는 가시적인 차이는 물론, 잠재된 많은 차이를 해소하기에는 많은 어려움이 따른다. 그렇다면 언스케일드 교육 시스템의 전형인 디지털 교육 플랫폼은 어떤 특징을 가지고 있으며 무엇에 집중할까?

2020년 초반에 급속도로 증가한 코로나19 팬데믹 상황에서 우리 교육은 초동 대응을 제대로 할 수 없었다. 그것은 코로나19가 퍼져나가는 속도와 위기를 교육이 따라가지 못했기 때문이다. 하지만 디지털 교육 플랫폼들은 어쩌면 더 큰 문제가 될 수도 있었던 교육 격차의 위기를 가장 빠른 시간에 조금씩 극복해 나갔다. 물론 초기에 동시접속자 병목 문제로 플랫폼이 느려지거나 다운되는 현상이 잦았지만, 코로나19 팬데믹 2년째를 맞이하는 최근에는 안정적인 서비스를 제공하고 있다.

디지털 플랫폼은 비대면 온라인 공간상에서의 객체와 객체 간의 만남은 물론, 소통과 교육 활동이 전개되는 특징이 있기에 누구에게나 균등한 교육 기회와 혜택을 받을 수 있다. 물론 학습자 개인의 자기주도학습 능력이나 혼자서 문제를 해결하는 학습자의 학습 역량에 차이가 존재하는 것은 사실이다. 그렇기 때문에 디지털 교육 플랫폼이 비록 균등한 교육 기회를 제공한다고 하더라도 실질적인 교육 격차가 생기는 것은 여전히 풀어야 할 숙제이다.

언스케일드 플랫폼은 몇 가지 속성을 갖는다. 하나는 생산자와 소비자로 사용자를 구분한다는 점이다. 다시 한번 기차역이나 버스 터미널과 같은 플랫폼을 상상해 보자. 생산자는 팔거나 공유하려는 것을 공급하는 사용자 그룹으로 기차표나 버스표를 판매하는 교통 회사라고 볼 수 있다. 그리고 표를 구매해서 다른 지역으로 이동하려는 사람은

〈디지털 대전환은 스케일드 교육을 얼마나 변화시킬까?〉

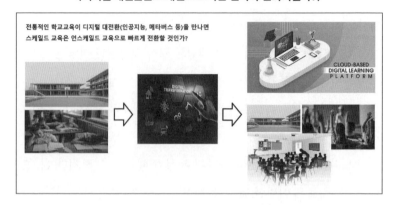

소비자가 된다. 이들이 서로 필요로 하는 매개 수단은 표와 그것에 대한 대가로서의 돈이다. 이와 같은 매개 수단과 그것에 대한 가치 단위(Value Unit)가 플랫폼이 갖는 두 번째 속성이다.[163]

디지털 교육 플랫폼은 어떤가? 정부가 주도하여 제공하는 디지털 교육 플랫폼 중의 하나인 'e학습터'를 생각해보자. e학습터에는 최소 3종의 생산자와 2종의 소비자가 있다. 교육부나 관계 기관이 교육 콘텐츠를 만들어서 e학습터에 올려 주기 때문에 그들이 하나의 생산자가 될 수 있다. 다음은 현장 교사들이 자신이 가진 교수학습용 콘텐츠를 올려서 학습자가 이를 보게 할 수도 있기에 교사도 생산자가 될 수 있다. 또한, 학생들도 그들이 수행한 과제를 올릴 수 있고, 올린 내용을 친구들이 참고할 수 있기에 생산자가 될 수 있다. 이렇듯 각각의 생산자 종류에 따라서 소비자는 교사가 되기도 하고, 학생이 되기도 한다. 이런 관점에서 e학습터는 전형적인 디지털 교육 플랫폼이라고 할 수 있다.

플랫폼이 갖는 또 하나의 속성은 폭발적으로 성장하는 플랫폼이 되는가, 그렇지 않은가를 결정하는 생산자와 소비자 간의 네트워크 증가

효과(Both Side Network Effect)이다. e학습터를 생각해 보자. e학습터는 생산자와 소비자 간의 경계가 허물어질 수 있도록 설계되었는가? 이는 소비자로 참여한 학생이 직접 콘텐츠를 만들어서 생산자 대열에 참여하고 자신이 자유롭게 자신의 콘텐츠를 탑재하는 것이 가능한지, 설령 그게 가능하다고 해도 학생들이 올린 콘텐츠를 교사나 타 학생들이 얼마나 이용할 것인지에 대한 답으로 귀결된다.

결론적으로 e학습터는 생산자와 소비자, 매개 수단과 가치 단위를 속성으로 가지고 있기 때문에 플랫폼으로 볼 수 있지만, 자연스러운 디지털 교육 플랫폼 생태계(Digital Education Platform Eco-System)가 조성되기는 어렵다. 유튜브, 우버, 에어비앤비의 경우 플랫폼의 전형적인 속성을 그대로 반영하고 있다. 그래서 이들 플랫폼 사용자는 기하급수적으로 늘어날 수밖에 없고, 모든 플랫폼 참여자에게 균등한 기회가 주어지며 서비스 질도 점차 고도화되고 있다. 우버나 에어비앤비는 차량이나 집의 상태나 규모와 관련 없이 플랫폼에 자신의 상품을 자유롭게 올린다. 유튜브 영상도 대규모의 영상이 필요 없다. 영상에 고급 정보를 잘 담아서 유튜브 독자들이 이를 보고 서브스크립션을 결정하고 하트를 클릭하도록 하는 것이 더욱 중요하다.

요컨대, 언스케일드는 규모에 집중하기보다 싱귤래리티(Singularity)에 더욱 집중한다. 따라서 언스케일드 교육 시스템인 디지털 교육 플랫폼은 사용자 간 매개물, 매개 수단과 그것에 대한 교환 가치를 잘 설정하고 이들을 고려하여 사용자들을 서로 매칭하는 큐레이션에 집중한다. 이런 관점에서 언스케일드 학교 운영(경영)은 교사 모두에게 동일한 것을 전달하는 것도 중요하지만 그것보다는 교사 개개인의 실천에 주목하고 그것을 싱귤래리티로 만드는 학교 경영 전략이 필요하다.

언스케일드 수업 역시 학생 개개인에게 집중하고, 학생 개개인의 독특함에 더 큰 로열티를 부여하는 전략이 필요하겠다.

교육대혁명을 상상케 하는 인공지능과 플랫폼

때로는 우리 교육을 바꾸는 상상이 즐겁다. 정부가 주도하여 교육을 바꾸든, 아래로부터 교육개혁을 시도하든 많은 시간과 많은 예산이 들기에 교육을 마음대로 바꿔보는 상상을 하는 것은 더 즐겁다. '교육대혁명(Education Bigbang)'이란 용어를 만들기는 했는데 과연 가능할지 의문이 든다. 인공지능과 플랫폼 기반의 언스케일드 교육이라면 가능할 것이라는 생각이, 그렇지 않다는 생각에 비해 51% 이상은 되는 것 같다. 이는 두 가지 이유에 기인한다.

현재의 우리가 상정한 미래가 완벽한 인공지능 채택 사회(AI Adopted Society)이고 그 시대는 분야를 막론하고 인공지능을 사용하거나 인공지능을 쉽게 만들 수 있는 사회이다. 현재의 우리가 그런 사회를 위해 교육과정을 개정하고 우리 교육 시스템을 바꾼다면 지금 상상하고 있는 '교육 빅뱅'이 가능하지 않을까? 미래의 이야기라 단정하기 어렵지만 이러한 희망은 우리를 설레게 하기에 충분하다.

인공지능과 함께 공존하며 인공지능과 소통하며 가르치고 배우는 일을 상상하면 더 구체적일 것이다. "인공지능이 교사를 대신할 수 있을까?"라는 원론적인 논의도 필요할 것이다. 하지만 교육이 학생의 성취에 집중하고 학생의 성취를 도와주는 교사와 교육 시스템을 전제한다면, 인공지능은 교사와 겨루는 교수 경쟁 관계가 아니라 교사를 도와 궁극적으로 학생의 학업 성취를 도와주는 관계일 것이다.

학생들은 공부나 활동을 도와주는 인공지능과 소통하는 일이 많아질 것이며 때로는 학습자가 직접 인공지능을 통제하거나 능동적으로 튜닝하여 인공지능과 함께 자신이 처한 문제를 해결하는 경험을 할 수도 있을 것이다. 이런 이유로 학생은 인공지능 원리를 이해하고 인공지능적인 사고 과정을 학습하여 인공지능에 대해 능동적 생비자(Prosumer, Producer and Consumer)의 역할을 감당해야 할 것이다. 따라서 인공지능 원리나 인공지능 사고과정에 대한 이론과 실습 경험은 우리가 상정한 미래 교육내용에서 중요하게 고려해야 한다.

인류의 발달과 인간이 개발한 테크놀로지의 발달, 그리고 테크놀로지와 소통하기 위해 필요한 교육내용이나 경험의 3차원을 생각해 보면, 인공지능 사회로 특징 지어지는 미래 교육과정에 무엇을 포함해야 하는지는 조금 더 선명해진다.

미국이나 여러 선진국의 홈스쿨링(Home Schooling)과 같은 학교의 틀 밖에서 이루어지는 초중등교육의 가능성이 우리 교육에서 보편화된 것은 그렇게 오래된 일이 아니다. 21세기는 산업 시대에서 디지털 시대로의 전환과 인공지능 사회로의 진화가 두드러진다. 『언스케일드: 앞으로 100년을 지배할 탈규모의 경제학』에 소개된 초다리(Sam Chaudhary)는 클래스 도조(ClassDojo)를 만들어 교실을 바꾸는 시도를 하기 전까지는 교육자가 아니었다. 그런 초다리가 지적한 것 중 하나가 디지털 시대로 이미 사회는 급속도로 진화하고 있는데 초·중등학교의 교사는 여전히 100년 전, 50년 전 전과 같은 방식으로 학생을 가르쳐야 한다는 점이다.[164]

이에 더해 초다리는 '교육은 기계가 아니라 사람으로 구성된 체계'이기 때문에 교사, 학생, 학부모 하나하나의 객체에 주목하는 데서 교육 플랫폼을 만들어야 함을 강조했다. 이런 강조점을 바탕으로 초다리는 클래스 도조라는 교사-학생-학부모 간 커뮤니케이션 기반 커뮤니티를 만들게 되었다. 초다리가 주목한 것은 우리의 교육 전체도 아니고 당연히 학교도 아니었다. 그는 학교 교육을 구성하는 아주 작은 것에서 출발했다. 어쩌면 교사-학생-학부모를 하나의 유닛으로 하는 교육 플랫폼을 기획한 것인지도 모른다.

〈 인류의 발달, 테크놀로지의 발달 그리고 인간과의 소통 〉

인류의 발달 (풀 제거)	핵심 테크놀로지	테크놀로지 구동 시뮬레이션	교육(경험) 내용
구·신석기	손, 돌칼 등	손, 돌칼과 관련된 말을 배워서 직접 사용	손, 돌칼을 사용해서 제초하는 것과 관련된 명칭과 기능에 해당하는 언어
청동기, 철기	낫, 호미 등	낫, 호미와 관련된 새로운 말을 배워서 직접 사용	낫, 호미 등 농구와 관련된 명칭과 기능에 해당하는 언어
...			
근대	제초기	제초기와 관련된 새로운 언어는 물론 버튼 조작 등을 배워서 제초기 직접 가동	제초기에 포함된 구동 장치에 대한 이해와 구동
현대	자동차 제초기 로봇 제초기	자동차 제초기를 구동하기 위해 새로운 언어는 물론 운전과 관련된 기술 습득 로봇 제초기의 경우 버튼 클릭 등을 통한 제초기 시스템 코딩하여 자동 제초	자동차 제초기를 구동하기 위해 필요한 언어, 기능 습득 그리고 로봇 제초기를 위한 초보적인 시스템 코딩 등
미래	인공지능 제초기	인공지능과 소통(언어, 제스처 등 인식)은 물론 인공지능에게 제초 학습을 시켜 인공지능이 스스로 제초하게 하고 오류를 발생시키면 재학습을 시켜 오류 개선도 시도	인공지능 제초기 구동을 위한 언어, 시스템 코딩, 인공지능 제초기 원리에 대한 이해와 재학습 등을 통한 인공지능 제초기의 학습을 통한 성능 향상 등

초다리의 클래스 도조 플랫폼이 시사하는 바는 너무 명확하고 간단하다. 우리가 상상하는 것은 교육대혁명이지만 그 출발점은 교육 시스템의 가장 작은 유닛이라는 점에 주목해야 한다. 이를 기반으로 하는 플랫폼이 우리의 상상을 실현해 줄 것을 믿는다.

구글은 세계에서 가장 큰 광고 회사이다. 그러나 우리는 구글을 정보검색이나 무언가를 개발하는 회사로 알고 있다. 그런 구글은 어쩌면 정보검색 서비스를 통해 오늘의 유니콘 기업이 되었다고 볼 수 있다. 넷플릭스는 영화나 드라마와 같은 문화 부문에서 유니콘에 버금간다. 애플은 정보 기기(아이폰 등)로 유니콘 기업이 되었으며, 아마존(AWS)은 온라인 쇼핑몰로 유니콘 기업이 되었다.

세계의 많은 기업이 유니콘을 향해 달리고 있다. 하지만 아직 교육 부문에서는 그 어떤 유니콘 기업이 나오지 못했다. 만약 교육 한류 기반의 디지털 교육 플랫폼이 만들어지고 그것이 교육 부문에서 유니콘 기업으로 성장한다면 플랫폼을 통한 교육대혁명도 먼 이야기가 아닐 것이라 생각한다.

많은 선진국은 새로운 국가 교육의 그림을 그릴 때 K-12로 국한하지 않는다. 최근 들어 그런 경향이 더욱 높게 나타난다. 그들이 주목하는 것은 평생학습을 위한 교육 시스템이다. 인공지능과 플랫폼으로 인해 우리가 교육대혁명의 가능성을 상상하고 있지만, 어떻게 평생학습 생태계를 만들 것인가에 대해서 구체화를 위한 추가적인 고민이 필요하다. 국가 교육과정 개정의 범위와 대상을 K-12가 아니라 평생 학습자로 설정한 선진국들은 이미 이런 고민을 했을 수 있다. 하지만 연령대와 상관없이 평생학습을 지원하는 플랫폼을 찾지는 못했다.

현재 서비스 중인 초대형 플랫폼은 대체로 연령대와 무관한 것이 많다. 우버와 에어비앤비는 미성년이 차량과 집을 소유하지 못해서 연령대가 고려된 서비스라는 생각을 할 수 있지만 유튜브, 페이스북, 인스타그램, 구글 검색 등 대부분은 연령대와 상관없이 플랫폼 서비스를 제공한다.

교육의 발전 과정을 보면, 테크놀로지 발달이 조금 천천히 진행되었던 시기는 아니지만, 최근 급속하게 변하고 발전하는 첨단 테크놀로지를 보면 교육 패러다임을 주도하고 있다는 생각을 들게 한다. 이런 관점에서 국가 교육과정 개정의 범위를 K-12에서 평생학습으로 늘리는 것은 어쩌면 다소 먼 이야기일 수 있다. 따라서 교육 플랫폼이 조성하는 생태를 먼저 평생학습체제에 맞게 구축하는 것을 선행하고, 구축된 교육 플랫폼이 국가 교육과정 개정 범위를 K-12에서 평생학습체제로 확대되도록 하는 전략도 나쁘지 않을 것이다.

교육 한류 플랫폼, 유니콘을 꿈꾸다

교육 부문에서 유니콘 기업이 나온다면 어떨까? 나라를 막론하고 흥미진진한 이야기가 될 것이다. '인간의 학습 본능과 동시에 인간은 망각하는 동물'이라는 점을 감안하면 교육이 가장 많은 서비스 대상자를 가지고 있어서 최대의 시장이라 할 수 있다. 그럼에도 교육에 큰 개혁이나 변화가 일어나지 못하는 이유는 경직된 교육 파이프라인을 쉽게 전환하지 못하기 때문이다. 어떤 지면과 어떤 채널이 될지 모르겠지만 교육 한류 플랫폼이 유니콘이 되는 상상을 계속하는 것은 즐거운 일일 것이다.

이번에 그런 가능성에 대해 우리의 생각을 바꾸는
계기가 되고, 교육의 가장 작은 유닛에서 교육 플랫폼
을 기획하는 다양한 시도가 나오기를 기대한다. 이런
재미있는 상상을 이어가기 위한 건강한 지식 생태를 만들어 보려는 생
각에, 그리고 파이썬으로 인공지능과 데이터과학을 직접 구현한 다양
한 프로젝트의 소스를 블로깅하여 질문과 답을 이어가는 학습 SNS를
구축해 보려는 생각에 AISNS(http://aisns.net)를 만들었다. 인스타그
램이나 페이스북과 같은 SNS가 있지만, 학습 부문에 중점을 두고 있다
고 생각하지는 않았기 때문에 AISNS가 더욱 필요했다. 누구나 가입하
면 사용할 수 있으며, AISNS가 서로의 상상을 나누는 작은 플랫폼이
되기를 기대한다.

DIGITAL POWER
2022

디지털 전환의 기로에 선 교육, 혁신이 아니면 죽음을

박수정 라이브데이터 대표

디지털 인재 양성의 핵심, 에듀테크

2019년 소프트웨어 전공 대학 졸업자 미취업률이 39%[165]나 되지만, 정작 회사는 뽑을 사람이 없고, 구직자는 취업할 회사가 없다고 한다. 구인 중인 회사가 제시하는 직무기술서(Job Description)를 받아 보면 디지털 전환(Digital Transformation) 관련 직무인 경우가 다반사이다. 전통 기업에서도 인터넷이나 모바일 기반의 제품, 서비스 혹은 플랫폼을 만들어 내기 위한 조직을 구축하고 해당 조직의 리더를 찾고자 하지만 산업 전반에 동시다발적으로 추진되는 디지털 전환의 당면 과제를 담당할 인재는 절대 부족한 상황이다. 각 기업이 쏟아내는 각고의 노력을 피부로 접할 때는 "드디어 올 것이 왔구나"라는 생각마저 들게 한다. 이 글에서는 소프트웨어 인재 수급의 어려움과 관련하여 최근 주목받는 에듀테크의 변화를 살펴보고, 변화의 방향과 추동하는 요인, 구성 요소별 특징을 핵심으로 다룬다. 먼저 세 가지 변화의 추동력을 소개하고, 디지털 민첩성, 지식 요소의 해체 후 재조합, 다양한 교수법을 설명하고자 한다.

에듀테크를 견인하는 세 가지 화살

첫째는 기술의 발전이다. 빅데이터와 인공지능이 클라우드에 탑재되면서 이제 어느 기업이나 빅스위치[166]만 켜면 최신 기술에 쉽게 접근할 수 있다. 보편화된 기술을 활용해서 경쟁사를 포함한 모든 기업이 고객가치를 창출하고 있으니 혁신하지 않고 머물러 있으면 살아남을 수 없다. 붉은 여왕 효과[167]가 나타나 산업 전반이 디지털 대전환에 박차를 가하고 있고 교육산업도 예외는 아니다.

맥그로힐의 알렉스[168]나 디그리드[169] 같은 선도적인 서비스는 디지털 기술을 교육 분야에 접목하여 응용 서비스를 만들었다. 알렉스는 학습의 효율성을 높였고 디그리드는 인터넷을 통해 활용할 수 있는 디지털 교육 콘텐츠에 접근성을 높일 수 있음을 보였다. 근미래에는 디지털 교육 콘텐츠를 확보하는 것이 용이해지고 학습자의 행동 데이터 즉 학습 이력을 인공지능에 활용하는 영역이 넓어진다. 학습이 필요한 기간과 분야 모두 넓어진다. 넓은 영역에서의 통합 학습과 평생 학습이 당연하게 여겨지게 된다. 교육산업의 영역이 확장됨에 따라 시장 지배적 사업자가 되기 위한 경쟁이 치열해진다.

선도 기업이 보여주는 비전에 다가가기 위해서는 우선 디지털 전환을 시작해야 한다. 전통교육 기업이 축적한 교육 콘텐츠와 학습이력은 거대하고 다양하다. 활용 가능한 데이터 자산은 컴퓨터가 다룰 수 있는 형태인 디지털로 전환하고 통합해야 한다. 통합에는 정보의 투명성과 표준화가 필수 관건이다. 교육 콘텐츠를 보편적으로 공유하기 위해서 스콤(SCORM)[170], 테스트 문제의 표준, 학습이력의 표준, 학습이력을 저장하기 위한 LRS[171], 학습경험을 주고받기 위한 xAPI, 마이크로학위 등을 확인해 주는 증명서(Digital Badge)의 표준, LMS 간의 네트워크의 표준 등 오래전부터 준비되어 온 표준들을 따르는 편이 좋다. 또한 개별 기업이 클라우드 소싱으로 폭발하는 지식의 발전을 다 담아내기란 불가능하기에 여러 기업과 기관이 제공하는 다양한 학습기회를 연결해야 한다. 표준을 따라 API를 이용하고, API를 제공하는 상호운용성[172]을 높여야 한다.

더불어 새로운 학습은 정해진 시간과 장소에만 일어나지 않는다. 눈 뜰 때부터 잠들 때까지 언제 어디서나 휴대하고 있는 스마트폰을 통해서 수시로 학습이 가능하다. 스마트폰과 연동된 태블릿이나 AR 등의 장치를 이용해 실감형 학습을 경험하는 것은 이제 낯선 풍경이 아니다. 이러한 디지털 기술은 새로운 교학의 탄생, 즉 에듀테크를 추동하는 강력한 요인이 된다. 기존 학습 콘텐츠 자산이 디지털화가 되고 학습이력이 빅데이터로 수집되면 인공지능에 의한 큐레이션이 강력한 힘을 발휘하게 된다. 이번 달, 다음 달의 학습 순서를 제시해 주는 근시안적인 큐레이션에서 벗어나 장래희망에 필요한 역량을 갖추기 위해서 어떠한 학습을 어떤 순서로 해야 하는지, 적절한 학습경로를 설계하는 것이 가능해지는 것이다.

둘째는 인구구조 변화이다. 한국의 출산율 추이를 보면 유치원생이나 초등학생을 대상으로 하는 기업은 미래를 걱정해야 하는 상황이다. 저출산·고령화에 정년연장이 공론화되었다. 지속 가능성을 고민하는 기업은 새 인재 유치에 노력을 기울이는 것과 동시에 중견 인력의 재교육 강화[173]에 나서야 한다. 교육 기업이 유아·초등 저학년 교육에서 성인·시니어 교육으로 비중을 옮기는 것이 당연하다.

고교 학점제가 곧 시행된다. 하이퍼링크를 따라 지적 호기심을 채우러 종횡무진 인터넷을 누비는 디지털 네이티브들을 대상으로 구태의연한 몇 가지 과목의 시험으로 평가하는 지금의 방식을 지속하기는 어려워 보인다. 이러한 추세라면 현 수능체제가 7~8년 후면 붕괴할 것[174]이라는 일타강사들의 예감이 정말 현실로 다가올 수도 있을 것이다. 대학 신입생 선발만이 문제가 아니다. 고교 학점제로 흥미 있는 과목을 조합해 학습하는 학생들을 기업에서 필요로 하는 다양한 역량을 갖춘 인재로 어떻게 육성할 수 있을까? 대학도 교육내용과 교수법을 심각하게 고민해야 할 것이다. 인구구조 변화와 다양성이 강조되는 새로운 방식의 학습이 혁신을 견인한다. 교육에도 대량생산의 시기는 끝나고 다품종 소량생산의 시기가 도래했다. 각기 다른 학습역량과 학습 필요에 맞춘 개인화 학습이 중요하다.

셋째는 미래 직업이다. 새로운 직업이 생겨나고 분업화, 전문화가 진행되면서 직업의 종류가 더욱 다양해지고 있다. 한국고용정보원에 따르면 8년간(2012~2019) 직업의 종류는 5,236개 늘어서 총 1만 6,891개가 되었다. 4차 산업혁명과 디지털 전환으로 빅데이터 전문가, 데이터 사이언티스트, 인공지능 엔지니어 등 새로운 전문직이 생겨났다. 교육에서 생기는 변화의 방향성은 근본적으로 미래 직업과 관련된 업무역량을 갖추도록 하는 데 있다. 새로운 전문직의 직무기술서에는 기존의 아날로그 역량이 사라지고 이를 대체하는 디지털 업무 역량이 빼곡하게 들어서고 있다.

글로벌 컨설팅 기업인 매킨지는 디지털 기반 기술을 미래의 업무수행을 위한 핵심 역량으로 새로이 선정했다. 디지털 기반 기술에는 디지털 문해력과 이를 기반으로 소통할 수 있는 능력, 소프트웨어를 이용하고 개발할 수 있는 능력, 디지털 시스템에 대한 이해를 바탕으로 시스템이 제공하는 각종 데이터를 이해하고 활용할 수 있는 능력이 포함되어 있다. 이러한 역량을 갖추기 위해서 정규교육에서도 STEAM 교육을 강화해야 한다는 의견에 힘이 실리고 있는 추세이다. STEM, 즉 사이언스, 테크놀로지, 엔지니어링, 수학이다. 여기에 창의교육인 ART가 추가되어 STEAM이 된다.

STEAM 교육을 통해 갖추도록 하는 소양의 핵심은 컴퓨팅 사고(Computational Thinking)이다. 다시 말해, 컴퓨팅 사고를 통해 문제를 해결하는 능력을 기르고자 함이다. 컴퓨팅 사고를 이용한 문제 해결방법은 가설수립, 실험, 검증, 결과분석 등의 단계를 반복하여 점진적으로 해결방법에 다가가는 것이다. 디자인 씽킹, 애자일 개발방법론, 데이터 사이언스의 업무 수행방식이 모두 컴퓨팅 사고를 바탕으로 하고 있다. 이러한 방식으로 사회적 문제까지도 해결할 수 있다고 판단하기 때문에 미래 직업에 요구되는 핵심 역량으로 인정받는다.

미래 교육, 에듀테크의 세상

에듀테크에 쏟아지는 관심은 새로운 유니콘의 탄생을 알리는 거대한 투자와 인수합병 뉴스로써 충분히 짐작할 수 있을 것이다. 미래학자 토마스 프레이의 예측대로 2030년까지 가장 큰 인터넷 기업은 교육 기업이 될 것이다. 동시에 모든 빅테크 기업은 교육 기업이 될 것이다. 이 장에서는 미래 에듀테크의 필수 구성 요소를 민첩성, 문해력, 지식요소의 재조합, 교사와 교수법으로 구분해서 살펴본다.

디지털 인재라고 하면 대표적으로 소프트웨어 개발자와 인공지능을 다루는 데이터 사이언티스트를 꼽을 수 있다. 소프트웨어산업협회에 등록된 소프트웨어 엔지니어가 60만 명인데 2025년까지 40만 명이 더 필요하다고 한다. 이에 과학기술정보통신부는 5년간 교육을 통해 41만 명의 인재를 육성하겠다고 밝혔다.[175] 인재가 부족하다고는 하지만 이는 단지 양적인 부분만을 의미하는 것은 아니다. 컴퓨터 공학 전공 대학 졸업자의 미취업률과 설문조사 결과[176]를 보면 채용 가능한 인재 중에 기업이 필요한 역량을 갖추고 있는 지원자가 부족하다는 것을 알 수 있다. 양적으로, 질적으로 교육기관과 기업 사이에 수급의 격차가 존재한다는 것이다. 격차의 원인으로는 급속히 발전하는 기술의 발전 속도가 근본적인 원인이지만 격차가 좁아지지 않는 원인으로는 STEAM 교육의 부족을 꼽기도 한다.

전통적인 인재상과 미래에 요구되는 디지털 인재상은 다르다. 무한 복제가 가능한 디지털 제품의 특성에 기인하여 세상에 존재하지 않던 제품과 서비스를 만들어 내는 디지털 인재는 기존 인재의 10배 성과를 창출할 수 있다고 한다. 이른바 텐엑스(10X)를 기대할 수 있는 것이다. 그것이 디지털 전환을 시도하는 기업이 기대하는 디지털 인재상이다. 텐엑스의 성과를 내려면 문제 해결 능력이 가장 중요하다.

예를 들어 그로스(Growth) 마케팅 담당자는 고객에게 제공하는 가치를 향상시키고 개선점을 찾기 위해서 데이터 기반의 문제해결 방법을 사용할 수 있어야 한다. 즉 과학적, 기술적, 공학적, 창의적, 수학적인 접근 방법을 자유자재로 활용할 수 있어야 한다. 매달 새로운 기술이 출현하는 데이터사이언스, 인공지능 분야에서는 새 기술이 문제의 해결책이 될 수 있는지 빨리 학습하여 판단하는 역량, 즉 디지털 민첩성이 경쟁력이 된다. 배움을 멈추는 순간 개인도 회사도 뒤쳐지기 시작한다. 빨리 배우고 연구해서 문제를 풀어야 한다.

디지털 민첩성, 데이터 기반의 문제 해결방법, 학습력을 계속 유지하기 위해서는 스스로 학습의 주체가 되어야 하고, 계속교육(Continuous Learning), 평생교육(Life-Long Learning)이 이루어져야 한다. 오늘날 직장은 일종의 교육기관이 되어야 한다. 디그리드, 에듀플렉스[177]는 전통적인 기업이 학습자 주도의 교육서비스를 아웃소싱할 수 있도록 서비스를 제공하고 있는 사례이다.

미국의 코세라와 유데미의 경우도 빅테크 기업의 강좌를 수강할 수 있도록 하고 수료증을 발부하고 있으며, 인도의 히어로 그룹의 Vired에서도 MIT와 협력[178]하여 기업이 필요로 하는 인재를 선발하거나 재교육한다. 교육 내용은 주로 데이터 사이언스, 머신러닝, 인공지능, 풀스택 개발이다. 심지어 사교육 금지 정책을 연달아 발표하고 있는 중국도 직무교육에 있어서는 학교와 기업이 협업하는 산교융합(产教融合) 정책을 펼치고 있다. 기업이 필요로 하는 인재와 역량을 기업과 학교와 정부가 함께 어우러져 협의하고 쌍사교육(双师教育)[179]이라 하여 선도기업의 연구형 인재, 핵심인재가 교수와 함께 학생을 가르친다. 산교융합, 쌍사교육 정책도 대학과 기업의 학습격차 해소 방안이라고 볼 수 있다. 삼성전자는 졸업을 1년 앞둔 학생에게 급여를 지급하면서 회사 업무에 필요한 학습을 미리 시키기도 한다. 일종의 입도선매라고 할 수도 있겠지만, 그보다는 학습격차를 줄여 졸업 후 실무에 투입하기 전에 소요되는 시간을 단축하기 위함이라고 볼 수도 있다. 기업과 대학이 협력하여 격차 해소를 위해 노력하는 경우는 온라인 교육에서도 빈번하게 목격할 수 있다.

페이스북이나 인터넷 동호회 카페 등의 SNS에서는 어렵게 얻은 자신의 지식을 나누고자 하는 사람을 많이 만날 수 있다. 그들은 프로그래밍 관련 질의응답 서비스에 누군지도 모르는 사람의 질문에 친절하게 답변해 준다. 오픈소스 프로젝트에서는 타인이 운영하는 프로젝트의 결점을 해결해 주겠다며 자발적으로 나서기도 한다. 인터넷에는 같은 주제를 가지고 학습하는 사람들의 커뮤니티가 다양하게 형성되어 있다. 먼저 학습한 사람의 경험, 시행착오, 학습 경로가 나중에 공부하는 사람에게 도움이 된다. 자발적으로 타인을 도와주는 사람은 언젠가 남으로부터 도움을 받은 경험을 간직하고 있다. 태어날 때부터 디지털 장비를 통해 인터넷에 연결되어 있는 것이 당연하게 여겨지는 디지털 네이티브들과 모바일 환경을 자유자재로 이용하는 디지털 인재들이 디지털 민첩성을 확보하기 위해 인터넷에서 자발적인 학습조직을 구성하는 세상이 지금이자 미래이다.

디지털 문해력 그리고 지식요소의 재조합

전 세계 인구의 20%에 해당하는 15억 명이 배우는 언어가 바로 영어다. 그런데 전 세계 인구가 배우는 또 다른 언어가 바로 프로그래밍 언어와 넓게는 STEAM이다. C++나 파이썬(Python) 같은 구체적인 언어를 일컫는 것이 아니다. 컴퓨팅 사고를 바탕으로 하는 프로그래밍을 의미한다. 프로그래밍은 직무를 수행하기 위해서 능수능란하게 사용할 수 있어야 한다. 미래 업무를 수행하기 위해서 필수적인 기초 소양이다. 컴퓨팅 사고 역량이 있으면 특정 프로그래밍 언어는 신속하게 배울 수 있다. 기초 소양을 기반으로 교육을 통해 확보해야 하는 핵심 디지털 역량은 디지털 문해력(Digital Literacy), 프로그래밍 능력(Programming Literacy), 데이터 분석과 통계다.[180] STEAM과 디지털 역량을 학습하기 위한 학습 콘텐츠는 디지털 콘텐츠가 최적일 뿐더러 국가적인 이념이 개입할 여지가 없기 때문에 국경을 넘나들며 학습하기가 수월하다. 태생이 글로벌인 셈이다.

배움이 넘쳐나는 미래에 대응하기 위해서는 핵심 내용을 학습하기 위한 방편으로 기존 디지털 학습 콘텐츠의 해체(Unbundling)와 플랫폼상에서의 재조합이 필요하다. 해체, 즉 콘텐츠의 언번들링은 콘텐츠 공급자에 의해서 묶인 것을 해체한다. 하나의 파일인 동영상을 여러 개로 분절해 다룰 수 있게 하고, 하나의 문서도 패러그래프 단위까지로 분절할 수 있어야 한다. 해체된 콘텐츠는 다수의 공급자들이 다시 조합할 수 있어야 한다. 콘텐츠의 해체와 재조합은 학습 콘텐츠를 나눌 수 있는 가장 작은 단위인 지식요소(Knowledge Component)로 수행한다. 학습자가 지식요소를 어느 정도 이해하고 있는지 알 수 있도록 이해 정도를 단계화한다.

학습자의 이해 정도는 관찰할 수 있는 대상이 아니므로 은닉상태(Hidden State)로 두고, 우선 관찰할 수 있는 수강 현황이나 문제풀이의 정오답으로 이해 정도를 유추해야 한다. 이렇게 지식요소를 학습자가 이해하고 있는지, 어느 정도 이해하고 있는지 판단하는 것을 지식추적(Knowledge Tracing)이라고 한다. 지식추적의 영역에서 딥러닝

(Deep Learning)이 적용되면서 지식추적의 정확도(Accuracy)가 크게 높아지고 있다. 지식추적은 정확도가 높아질수록 실생활에서 학습 효율을 높일 수 있다. 미래 세상에는 배울 것이 너무 많기에 꼭 배워야 하는 핵심 내용만 콕 집어서 배우는 마이크로 러닝과 지식을 획득했음을 증명해 주는 마이크로 수료증(Micro Credential)이 학위를 일부분 대신하게 될 수도 있다.

전통적인 교육 기업이 기존에 보유하고 있는 콘텐츠를 디지털 전환하고자 할 때 우선 쪼갤 수 있는 가장 작은 단위로 쪼갠다. 인도의 엠바이브는 고학년용 통합된 과목으로 지식요소 4만 개로 구성된 지식맵을 운영한다. 공학 및 의학의 입학시험용으로는 1만 5,000개의 지식요소를 운영한다. 중국의 Squirrel AI는 중학교 수학을 1만 개로 쪼개고, 미국의 알렉스(ALEKS)는 대략 1,000개로 나누었다. 그다음은 쪼개 놓은 최소단위를 학습한 학습자의 행동 로그를 수집한다. 행동 로그가 수집되어 누적되면 학습이력이 된다. 지식요소 간의 다양한 관계(Relationship)를 밝혀내서 지식그래프(Knowledge Graph) 형태로 저장하는 지식맵(Knowledge Map)의 활용도 발전하고 있다. 지식그래프를 활용하여 현재 학습이 미래의 학습에 미치는 영향을 분석하거나(Impact Analysis) 현재 학습이 불충분할 때 과거에 배운 연관 지식요소 중 어떤 것의 학습이 부족했는지 파악하는 근원분석(Root Cause Analysis)이 가능해진다.

지식요소 단위로 언번들링 된 학습 콘텐츠는 어떻게 재조합하느냐에 따라서 학습의 효율성을 확보하게 해 준다. 서책으로 구성되어 있는 학습 콘텐츠는 선형적인 학습을 할 수밖에 없는 구조다. 디지털화되어 멀티미디어로 구성된 학습 서비스라고 하더라도 순서대로 학습해야 한다면 효율성은 서책과 다를 바가 없다. 그러나 지식요소를 그래프 형태로 구성하면 비선형적 학습이 가능해진다. 자동차 내비게이션이 가장 빠른 길을 알려줄 수 있는 이유는 도로정보를 그래프 형태로 운용하기 때문이다. 지식 그래프상의 학습해야 할 내용을 실시간으로 합치거나 지식추적의 예측 결과를 근거로 삼아 이미 아는 내용을 건너뛸 수 있도록 하면 학습 속도가 빨라진다. 학습 완료된 부분은 복습을 종료하고 필요하지 않은 부분을 건너뛸 수 있도록 한다. 적당한 내용과 적당한 시기를 인공지능이 추천하도록 하면 낭비하는 시간을 최소한으로 할 수 있다. 인공지능이 학습자의 상태를 진단하고 학습 순서를 처방하는 것이다. 교육 목적에 따라 다양한 기법을 활용할 수 있다. 학습에 개인화가 이루어져 같은 내용을 학습하는 데 걸리는 시간은 줄어들어 학습 효율은 높아진다.

티칭 교사에서 데이터 코치로

과거 학습자가 오프라인에서 학습할 때는 자세한 학습 데이터를 수집하기가 어려웠다. 시험을 치러서 정오답 데이터를 얻어내는 것이 고작이었다. 그러나 온라인 학습은 학습자의 모든 행동이 데이터로 즉시 변환되어 축적과 분석이 가능하다. 문제를 이해하는 시간, 문제를 푸는 시간, 문제를 푸는 과정, 정답과 오답의 종류 등을 모두 측정 가능하고, 측정값은 즉시 데이터로 전송되어 학습자를 이해하기 위한 데이터로 활용된다.

학습자의 반응에 따라서 학습 콘텐츠에 대한 평가와 개선도 가능해진다. 효율적인 학습을 위해서는 학습 콘텐츠도 중요하지만, 그에 못지않게 학습 콘텐츠에 대한 학습자의 반응도 중요하다. 학습자의 반응을 다양하게 활용 가능한 데이터로 수집하기 위해서는 표준화가 필요하다. 표준화가 이루어져야 다른 교육기관, 교육 사업자와 데이터를 교환, 통합, 분석하여 더 많은 학습자를 대상으로 정확도 높은 진단과 처방이 가능해지는 것이다.

이러한 에듀테크의 세상에서 교사의 업무도 분업화, 전문화가 이루어지고 있는 상황이다. 사실 이번 코로나19 팬데믹으로 원격수업이 전면적으로 진행되면서 교사의 새로운 업무로 편입된 것이 바로 모니터링이라고 한다. 이 모니터링에는 원격수업에 참석한 학생의 상태를 스크린으로 관찰하다가 문제가 발생하면 부모에게 전화를 걸어서 조치를 취해 달라고 요청하는 것들이 포함된다. 수업의 형태가 교실의 상황을 화상회의 서비스로 그대로 옮긴 수업형태에서 학습자가 대화형 혹은 반응형으로 변하게 되면 인공지능이 교육에 참여할 가능성이 더욱 높아진다. 강의를 통해 내용을 설명하는 것은 동영상 콘텐츠나 대화형 멀티미디어 콘텐츠로 진행하고, 교사는 코치로서 교육이라는 업무에 참여하여 인공지능과 협업하게 된다. 이제 교사의 업무기술서에도 다양한 디지털 능력들이 추가되고 있다.

교사와 협업을 하게 되는 인공지능의 작업은 학습자의 상태를 면밀히 살펴보고 판단하는 것부터 시작된다. 먼저 컴퓨터에 부착된 센서인 카메라, 마이크, 키보드, 마우스의 움직임을 모두 데이터로 수집, 분석해서 학습자가 집중력을 발휘하고 있는지, 졸고 있는지, 칭찬받을 만큼 연속으로 정답을 맞혔는지, 부주의한 실수로 맞힐 수 있는 문제를 틀렸는지 등 학습자의 상태를 정확하게 '진단'한다.

진단 내용을 코치에게 실시간으로 전달하면서 인공지능이 추천하는 '처방'을 함께 알려준다. 교사는 사람이기에 동시에 다수를 관찰할 수 없었으나 인공지능의 '진단'과 '처방'을 추천받으면 어떤 학생도 소외되지 않는다. 교사는 적시에 적합한 내용으로 학습자와의 대화를 통해 데이터에 기반을 둔 '처방'을 전달한다. 대화를 통해 '처방'을 전달하는 사람의 휴먼터치와 공감능력은 절대적이다. 학습자에게 관심을 가지고 있고 학습자가 좋아하는 교수자에게 배울 때 학습이 더 용이하다.

인공지능과의 협업을 통한다면 이 관심의 효과가 극대화된다. '진단'과 '처방'의 데이터가 누적되고 모범 사례와 불량 사례가 구별된다. 베스트 프랙티스가 생성되면 코치를 맡은 교사의 역량도 향상된다. 학습이력이 디지털 데이터로 누적되면 학습경로도 개인화, 최적화할 수 있다. 다양한 과목이 있을 때 담당하는 LMS(Learning Management System)들의 운영방식이 각기 다르다면 LMS를 상호 연결하거나 데이터를 수집하여 하나로 통합할 수 있다. 데이터가 충분히 누적된다면 인공지능에 의한 진로상담도 가능하다. 진로상담을 맡은 교사는 인공지능과 협업하여 먼저 성공적인 진로를 개척한 사람들의 학습 데이터를 기반으로 진로상담이 가능해진다.

적응형 학습, 코호트 학습, 액티브 어댑티브 학습

대면강의에서 수강생이 수백 명이 되는 경우도 있다고 하지만 수강생이 많아지면 많아질수록 한 사람 한 사람에게 맞추어 주는 개인화는 더욱 어려워진다. 이러한 상황에서 최근 디지털 기술을 활용하여 양질의 교육 콘텐츠를 개인교사 수준으로 제공하여 맞춤형 학습을 가능하게 하려는 에듀테크 기업들의 노력이 이어지고 있다. 기술을 교육에 활용하는 중요한 사례로 대량 개인화 학습[181]을 꼽을 수 있다. 이를 구현하기 위해서 적응형, 코호트 그리고 액티브 어댑티브 학습이 등장했다.

먼저 적응형 학습(Adaptive Learning)은 개별 학습자에게 맞춘 학습 방식으로 커리큘럼을 진행하는 학습 방식이다. 학습자는 최소단위의 학습 콘텐츠 몇 가지를 다루는 동영상으로 학습하고, 내용을 아는지 모르는지 진단하기 위한 문제를 푼다. 시스템은 문제풀이에 걸리는 시간과 풀이과정과 정오답 결과를 수집한다. 이것이 빅데이터 수집이다. 수집된 빅데이터는 분석을 거쳐서 학습의 효율성을 높이고 인공지능을 가동하기 위한 원료로 사용된다. 인공지능은 학습자의 현재 상태를 진단하고 다음 학습의 내용을 결정할 수 있도록 처방하거나 추천한다. 대표적 사례는 6년 연속 가장 혁신적인 대학으로 선정된 아리조나 주립대(ASU, Arizona State University)의 대수학(Algebra) 과목 수업이다. ASU는 ALEKS를 활용하여 적응형 학습을 성공적으로 도입했다. ASU의 적응형 학습을 수강한 결과 수학 수강생 중 낙제점(Fail)을 받은 학생을 42%에서 22%로 줄였다[182]고 한다. 현재까지의 적응형 학습은 기존의 집체교육의 학습과정이 갖는 장점을 모두 구현한 것은 아니다. 집체교육에는 같은 공간에 모여서 학습을 할 때의 장점이 있다. 강의 내용에 대해 다른 사람이 질문하고 함께 답변을 듣는 과정에서 얻어지는 학습효과가 있다. 집단 안에서 잘하고 싶어 하는 경쟁심이 학습의 강력한 동기유발이 된다. 공통적인 특성을 가진 사람들의 모임이 효율적인 학습을 가능하게 하는 학습환경을 구성한다. 이런 장점들을 살리는 온라인 코호트[183] 기반 학습이 최근 재조명받고 있다. 온라인 코호트 학습은 정해진 시간에 실시간으로 진행된다. 흐트러지기 쉬운 학습자의 자율에만 맡기지 않고 강사, 퍼실리테이터가 높은 강도로 진행에 참여를 유도하고 학습을 독려한다. 그래서 학습이 진행되는 동안 적응형 학습에서는 보기 어려운 커뮤니티가 형성된다.

온라인 코호트 학습으로는 웹브라우저만 있으면 참석할 수 있는 세미나인 웨비나를 볼 수 있다. 같은 시간에 같은 내용을 학습하는 코호트(Cohort) 기반의 학습은 장점이 많다. 코호트 러닝의 장점은 학습자가 미처 인지하지 못했던 다양한 관점의 학습 내용을 다른 학습자의 토론과 질의응답을 통해서 알게 된다는 점이다. 집단이 만들어 내는 참여감, 학습 동기를 유발하는 경쟁심도 장점이다. 녹화 동영상을 통한 온라인 교육이나 적응형 학습을 주요한 서비스로 말미암아 성장했던 기업들이 최근 웨비나, 라이브 강연 등 코호트 기반의 학습으로 확장하는 사례[184]가 최근 트렌드를 보여준다.

대표적인 사례로는 altMBA, Reforge 등이 코호트 기반 학습을 서비스하고 있으며, 일본의 아타마플러스(Atama Plus)라는 기업은 적응형 학습의 장점과 코호트 학습의 장점을 학원 서비스에서 구현했는데, 한 장소에 학습 주체들이 모여 있지만 각기 다른 적응형 학습을 진행하는데 함께 모여서 학습을 하는 것만으로도 동기 부여가 된다고 한다. 이때 인공지능은 학생의 학습 상태를 실시간으로 진단하여 학원 선생님에게 알려주고 학원 선생님은 현장에서 학생이 어려움을 겪을 때 도움을 제공하는 코치 역할을 수행한다고 한다.

마지막으로 ASU가 시도해서 학습자의 성과가 가장 좋았던 액티브 어댑티브 접근법(Active Adaptive Approach)[185]이 있다. 일종의 '거꾸로 교실'로 역진행 수업(Flipped Learning)이라고도 한다. 이 학습 방법에서 학생들은 수업 전에 적응형 학습으로 기본적인 학습 내용을 파악하고 코호트 수업에서는 집단으로 토론을 하거나 문제풀이를 진행하여 심화학습을 하는 방식이다. ASU는 적응형 학습과 코호트 학습의 장점을 대학교 수업에서 구현하고 이 수업법을 액티브 어댑티브 접근법으로 분류했다.

코로나19 대유행 이후로는 모든 과정이 비대면으로 이루어질 수 있어야 한다. 적응형 학습과 코호트 학습을 유기적으로 통합하여 액티브 어댑티브를 구현하기 위해서는 온라인 현존감(Presence)을 강화해야 한다. 수업에 참여하고 있는 맥락을 교수자와 학습자가 함께 알 수 있어야 하고, 실시간으로 상호작용성(Interaction)을 통해서 상대방의 존재를 느낄 수 있어야 한다. 이런 요구사항에 맞추어 통합 학습 에코시스템을 만들기 위해 메타버스를 도입하려는 움직임[186]도 있다.

에듀테크, 피할 수 없는 미래

에듀테크가 집중 조명을 받고 있다는 것은 예상 시장의 규모가 2025년까지 4,040억 달러가 될 것이라는 전망과 2010년부터 2020년까지 투자 집행액이 5억 달러에서 161억 달러로 30배 이상 성장했다는 통계[187]를 통해서 잘 알 수 있다. 에듀테크에서도 특히 성인 교육에 투자되는 비중이 48%로 가장 높고, 세부적으로 직무 및 기술교육이 29%, STEAM 교육이 12%로 주목할 만하다. STEAM은 직무 및 기술교육에서 다루는 미래의 직무를 수행하기 위해서[188] 갖추어야 할 디지털 역량과 일관되게 연결되어 있다.

　전통 기업은 디지털 혁신(DX)을 하지 않으면 죽는다는 위기감을 가지고 대응하고 있다. 그런 절박함 속에서 조직을 구축하려고 해도 DX를 추진하기 위한 인재가 너무나 부족한 것이 현실이다. 단지 사람이 부족한 것이 아니다. 이렇게 된 이유는 기업이 필요로 하는 역량을 갖춘 인재를 채용할 수 없기 때문인데 다른 말로 표현하자면, 교육기관이 배출하는 역량과 기업이 원하는 역량 사이에 격차(Gap)가 존재하는 것이다.

　이 간극은 기술발전의 속도가 너무 빠르기 때문에 더욱 커지고 있다. 디지털 기술의 발전 속도는 기하급수적이다. 컴퓨터의 처리 속도가 빨라지고 인공지능이 활용할 수 있는 데이터를 수집하는 데에도 가속도가 붙어서 더더욱 빠르게 고도화되고 있다. 기술을 보유한 선도기업과 교육기관 간의 지식격차는 더 크게 벌어질 것이 자명하다. 기업이 제공하는 서비스와 사업의 연속성을 확보하기 위해서 자연스럽게 격차를 좁히려는 노력, 즉 교육이 관건이다. 이러한 배경에서 디지털 기술로 교육을 변화시키려는 에듀테크의 여러 시도가 특별한 관심을 받고 있는 것이다.

　같은 연구 목표를 가진 디지털 인재들이 학습조직을 구성하게 되면 구성원 간에 주고받는 대화, 질문과 답변, 토론 등을 통해서 지식이 디지털 콘텐츠로 축적된다. 인터넷을 통해 원격으로 서로 협력하며 스스로 배워 나가는 것이다. 학습조직 안에서 지식을 가지고 있는 사람은 누구나 가르치는 사람이 될 수 있다. 가르치는 사람은 오히려 더 많이 배운다. 결국에는 수많은 학습조직 중 가르침으로 배우고 지식의 생산자가 곧 소비자인 학습조직이 유의미한 지식을 쌓게 된다.

1998년에 창업해서 기업연수를 전문적으로 제공하는 일본의 네 트러닝에서 지금까지 자체 제작한 강좌가 1만 1,000개이다. 대표적 으로 대중의 참여를 이끌어 낸 GitHub에는 2억 개 이상의 저장소 (Repository)가 있다. 최신 기술이 등장하면 연구개발하는 사람들은 데이터와 소스코드를 저장소에 올려서 같은 주제에 관심이 있는 연구 자들의 참여를 기대할 수 있다. 대중의 참여를 만들어 집단지성이 동 작하는 학습조직이 형성되면 거대한 플랫폼으로 성장하게 될 것이다. 함께 연구하고 배워야 하는 학습에 있어서 학습 격차는 줄어들고 학습 의 주체는 개인에서 학습 조직으로 변화한다. 에듀테크가 만드는 새로 운 학습 비전의 하나이다.

6 DIGITAL POWER
2022

디지털을 넘어 양자시대를
준비하는 양자컴퓨터

박성수 한국전자통신연구원 양자기술연구단장

눈앞으로 다가온 데이터 폭증의 시대

전 세계는 디지털 전환을 준비하고 있다. 모든 비즈니스에 디지털 기술이 접목되고 새로운 생태계가 만들어지고 기존의 산업체계와 질서가 재편되고 있다는 것을 말한다. 이에 따라 매년 데이터 생산량이 폭증하고 있다. 인공지능의 도입, 전 세계 인구의 휴대폰 소지, 자동차 수요 급증 등에 따라 하드웨어, 즉 메모리, CPU, GPU, MPU 등의 반도체 수요가 크게 증가하고 있다. 또한 컴퓨팅 파워 증대 요구도 계속 높아지고 있다. 이러한 전 세계적인 기술 수요에 대처할 수 있는 방안에 대한 활발한 연구가 진행되고 있다.

2018년 발행한 IDC의 전 세계의 데이터 생산량 전망을 보면 지수함수적으로 급증하고 있으며 데이터 생산량은 2018년도에만 33ZB(1TB 하드디스크(HDD)에 저장한다면 330억 개 분량)라고 한다. 참고로 1ZB(제타바이트, Zetta Byte)는 10의 21승 바이트, 즉 1TB HDD 10

억 개로, 7mm 두께의 2.5인치 HDD로 쌓으면 지구 둘레를 175바퀴 돌 수 있을 정도에 해당한다. 2025년이 되면 175ZB(HDD 1,750억 개)에 이를 것으로 내다봤다. 이렇게 폭증하고 있는 데이터들은 저장장치에서 장기간 저장되는 경우도 있겠지만 잠시 저장되는 경우도 많아서 저장장치가 그 정도로 많이 필요하지는 않지만, CPU는 이 모든 데이처를 처리해야 한다.

2022년에는 약 80ZB 정도이지만, 3년 후에는 2배가 넘는 175ZB가 되면서 컴퓨팅 처리용량에도 많은 부담이 올 것이다. 또 3년 후에는 3~4배 정도로 증가하게 될 것인데 이렇게 되면 데이터 처리를 위한 많은 비용 증가도 무시하지 못하겠지만, 기술적으로도 CPU의 처리능력에 엄청나게 큰 부담을 주게 될 것이다. CPU 구조에서도 코어, 쓰레드 수를 늘리는 등 개선을 하고 있으나 CPU의 성능을 결정짓는 반도체 기술의 발전은 한계에 직면한 상황이다. 폭발적 데이터 증가를 수용할 수 있는 초고성능 CPU 개발을 위해서는 더 많은 노력이 필요할 것으로 보인다.

2021년 7월 인텔은 10nm 이하 미세공정에서 2nm 정도까지 내려갈 수 있음을 발표하였다. CPU 제작에 사용되는 반도체 기술로 현재는 10nm급 기술을 사용하고 있는데, 10nm → 7nm → 4nm → 3nm → 20A으로 작아지는 인텔의 미세공정로드맵에서 10nm에서 7nm로 내려갈 때 10~15% 정도의 성능향상을 기대하고 있다고 한다. 여기서 20A는 20Å(옹스트롱, 100억 분의 1m, 즉 0.1nm)를 의미하는 기호로 보이는데, 향후 2nm 이하는 1nm가 아니라 1.8nm, 1.6nm 등이 될 것임을 짐작할 수 있다. 반도체 칩은 실리콘 기판에 만드는데, 실리콘 기판은 원자가 일정한 간격으로 배열되어 있는 결정구조를 가지고 있다. 즉, 실리콘 원자 간 간격은 0.543nm로 4개 실리콘 원자 간 간격은 약 1.63nm이다. 다시 말해, 2nm 이하에서의 반도체 공정이라는 것은 실리콘 원자 3~4개를 덜어내는 문제가 되고 실리콘 원자 간 간격인 0.543nm 이하에는 아무것도 없으므로 그 이하로는 불가능하다는 뜻이다. 물론, 연구실 차원에서는 원자 1개를 조작하는 수준의 실험도 얼마든지 가능하지만, 웨이퍼 전체가 아니라 아주 극히 일부분에 국한된 부분에 그치는 정도로서 대량생산을 위한 기술이 아니다. 그러나 지름 300mm 웨이퍼에 CPU칩을 수백 개씩 한꺼번에 대량 생산할 때는 이야기가 달라진다. 인텔, 삼성의 반도체 공정이 그렇다는 것이다.

새로운 컴퓨팅 환경이 필요한 시대

2020년 7월 MIT, IBM, 연세대, 브라질리아대 등은 이미지인식, 음성인식, 번역 등 다섯 가지 인공지능 응용에 대해 딥러닝이라는 신기술이 컴퓨팅 파워의 한계에 접근하고 있다는 내용으로 논문을 발표하였다. 딥러닝에 필요한 컴퓨팅 파워는 "(데이터 포인트의 개수)×(매개변수의 개수)"에 비례하는데 여기서 매개변수는 딥러닝일 경우, 약 100만 개 데이터 포인트일 때 수백만 개 이상으로 늘어나는 것으로 알려져 있다. 딥러닝은 다른 인공지능 방법보다 훨씬 더 많은 컴퓨팅 파워를 필요로 하고 있다. 인공지능 인식의 오류율을 줄이기 위해서도 많은 컴퓨팅 파워를 필요로 한다. ImageNet 영상인식의 경우 11.5%의 오류율을 5%로 줄이기 위해 10만 배 더 많은 컴퓨팅 파워가 필요하고 1%로 줄이려면 100조 배나 더 필요하다고 계산하였다.

컴퓨팅 파워가 더 필요하다는 것은 더 많은 전력이 필요하다는 뜻이고, 많은 전력을 생산하기 위해서는 더 많은 환경오염을 만들어 낸다는 뜻이다. 이를 개선하기 위해 알고리즘 효율화와 저전력화 연구가 진행되고 있다. ImageNet 영상인식의 경우, 2015년 인간의 인식 오류율인 5.1%를 넘어섰다고 발표했다. 2010년 28%, 2012년 16.4%, 2011년 9.4%, 2015년 3.6%, 2017년 2.3%, 2020년 1.3%로 나아지고 있다. 그러나 연구개발 결과가 그렇다는 것일 뿐 실생활의 여러 가지 행태의 인공지능 인식에 적용될 때도 반드시 그럴 것으로 보기는 어려울 수 있다.

영상인식 이야기를 더 해보면, 자율주행을 위해 영상인식에 의존하고 있는 우버와 테슬라 자율주행 자동차가 2018년에 각기 사망사고를 냈다. 보행자 인식과 차선 인식의 오류로 인한 사고였다. 카메라 이외의 다른 센서도 같이 사용해야 안전하다는 의견이 높아졌음에도 테슬라는 영상인식 기술에만 전념하겠다고 발표하였고 도로 상황 영상 데이터 확보를 위해서 전 세계에서 운행 중인 테슬라 차량으로부터 1.5PB(Peta Byte, 1,000TB)의 영상정보를 수집하여 자사가 보유하고 있는 세계 5위급인 1.8EF(Exa FLOPS, 1초에 100경 번 소수점 계산이 가능), 10PB 메모리를 가진 슈퍼컴퓨터로 분석하여 자율주행 기술을 업데이트하는 데에 사용하고 있다고 2021년 6월 발표하였다. 즉 인공지능의 활용도가 높아짐에 따라 안정되고 신뢰할 수 있는 인공지능이 되기 위해서는 강력한 컴퓨팅 환경을 더욱 필요로 하게 된다.

2차 세계대전 중인 1940년대부터 시작되어 1초에 3번 정도 정수의 덧셈을 하던 디지털컴퓨터는 약 80여 년이 지난 지금, 비약적으로 성장했다. 2021년도 세계 1위 슈퍼컴퓨터인 일본 후카쿠의 계산능력은

1초에 약 40경 번 소수점 계산(442,010TFlop/s)을 할 수 있을 정도가 되었다. 단순히 비교해도 약 14경 배나 성능이 좋아졌다고 볼 수 있다. 슈퍼컴퓨터는 국가의 계산능력을 말하는 척도가 되므로 미국, 중국, 유럽은 자존심을 걸고 더 좋은 슈퍼컴퓨터를 개발하는 데에 막대한 자원을 투자하고 있다. 계산능력의 비약적인 증가와 함께 생긴 부작용도 있는데 바로 소비전력이다. 후카쿠의 소비전력은 약 30MW 정도인데 이는 서울 강남구 2018년 10월 한 달간 도소매업의 전기사용량인 21MW보다 높은 수치이다. 슈퍼컴퓨터는 여러 개의 프로세서(후카쿠의 경우 프로세스 코어로써 760만여 개)가 병렬계산을 함으로써 계산속도 향상을 추구하고 있다. 따라서 냉각, 프로세스 간 인터페이스, 소프트웨어 안정성, 안정된 전력공급 등의 여러 가지 문제를 해결해야 한다. 그리고 필연적으로 대규모 컴퓨팅 시스템으로써 유지보수에도 많은 자원을 필요로 한다.

따라서 현재의 디지털컴퓨팅을 더 발전시키기 위한 노력뿐만 아니라 전혀 새로운 컴퓨팅 방법을 찾아내는 연구도 진행되고 있는데 뉴로모픽컴퓨팅, DNA컴퓨팅, 멤브레인컴퓨팅, 오토마타, 확률컴퓨팅 등이 있다. 그중에서도 가장 오랫동안 연구가 진행되었고, 전 세계 모든 국가에서 동시에 연구개발 경쟁을 벌이고 있어서 디지털 컴퓨팅을 보완하고 대체할 수도 있는 가능성을 가지고 있다고 생각되는 것이 바로 양자컴퓨팅이다.

디지털에서 양자로

디지털은 전압으로 구분할 경우 5V인 1과 0V인 0이 1개의 비트에 할당된다. 양자컴퓨터에서는 1인 양자상태($|1\rangle$)와 0인 양자상태($|0\rangle$)가 1개의 큐비트(Qubit, Quantum Bit)에 할당되는데 1개 큐비트에는 중첩이라는 양자적 성질에 의해 $|1\rangle$과 $|0\rangle$이 동시에 존재하게 된다. 이 경우 3개의 큐비트라면 $|000\rangle$, $|001\rangle$, $|010\rangle$, $|011\rangle$, $|100\rangle$, $|101\rangle$, $|110\rangle$, $|111\rangle$의 2^3의 경우가 모두 중첩된 상태가 되어 다음과 같이 표현될 것이다. $a1|000\rangle+a2|001\rangle+a3|010\rangle+a4|011\rangle+a5|100\rangle+a6|101\rangle+a7|110\rangle+a8|111\rangle$. 모든 상태가 3개 큐비트에 저장 가능하다는 뜻이 되는 것이다. 여기서 a1, a2 등은 확률인데, 복소수로 표현되어 직관적으로 이해하기에는 약간 어려움이 있을 수 있다. 반면 디지털 비트라고 하면 위와 같은 경우에서 모든 상태를 표시하기 위해서는 "3개 비트×8개" 즉 24개 비트가 필요하다. 여러 가지 비트 상태에 대해 3개 비트씩 계산해 본다면 디지털컴퓨터로는 3개 비트에 대해 8번을 계산해야 하지만 양자컴퓨터로는 3개 큐비트에 대해 한 번만 계산하면 모든 상태를 계산한 셈이 된다.

이러한 계산방법을 '양자병렬계산(Quantum Parallelism)'이라 부르는데 양자컴퓨팅이 강력한 계산성능을 가진다고 말할 때 가장 많이 사용되는 예이다. 그러나 양자의 세상은 실생활과는 다른 복소수로 표현되는 세상이다. 양자계산된 결과를 알아보기 위해서는 측정이라는 과정을 거쳐 실수로 변환되어야 우리가 알아볼 수 있게 된다. 양자상태를 측정하는 방법에는 여러 가지가 있지만, 양자컴퓨팅에서는 일반적으로 On-Off 측정방식을 사용하게 되는데 1개 큐비트에 중첩된

|0>과 |1>의 2개 값이 있다면 1번 측정으로는 1개 값만을 얻을 수 있다. 0과 1이 얼마나 중첩되었는지 확률을 알고 싶으면 새로 계산하고 다시 측정하는 과정을 여러 번 반복해서 통계적으로 정리해야 한다.

즉 양자병렬계산은 한꺼번에 계산된 결과를 가지고 있지만, 실제 어떤 결과 값이 나오는지를 알아보려면 모든 경우에 대한 확률분포를 알기 위해 실제 디지털컴퓨터보다 더 많은 계산을 해야 하는 아이러니가 있다. 때문에 이러한 방법은 양자컴퓨팅에서 추천되지 않는다. 문제의 크기가 작은 경우에는 디지털컴퓨터로 계산하는 것이 훨씬 더 빠르므로 디지털컴퓨터로 계산하는 것이 답이다. 그러나 문제의 크기가 커지는 경우에는 적절한 양자알고리즘을 사용한 양자컴퓨터가 디지털컴퓨터에 비해 문제의 크기만큼 지수함수적으로 빨라지는 것을 이용할 수 있다. 그렇다고 해서 모든 양자알고리즘이 지수함수적으로 빨라지지는 않지만 산술적으로는 빨라질 수 있다.

간단한 예를 들면 13×7이 얼마인지(91)는 금방 계산 가능할 것이다. 조금 더 어렵게 문제의 크기를 키워 937×947이 얼마인지(8,873,339)도 금방 계산할 수 있다. 그러면 91은 무슨 수의 곱인가 하는 문제는 어떨까? 프로그램과 알고리즘을 통해 별로 어렵지 않게 알아낼 수 있다. 그러나 8,873,339을 소인수분해하라고 한다면 91의 소인수분해보다 조금 늦어질 것이다. 문제의 크기를 더 키운다면? 1,000비트의 숫자라면 2의 1,000승, 즉 300자리 정수가 되는데, 이에 대해 소인수분해를 하라고 한다면 수십만 년이 걸려도 풀 수 없을 정도로 어려운 문제가 된다. 이러한 경우는 문제의 크기에 따라 '기하급수적'으로 어려워지는 문제라고 한다. 그런데 양자컴퓨터를 사용하면 1초만에도 가능할 수 있다고 알려져 있다. 이러한 기하급수적으로 어려지는 문제를 양자적 알고리즘에 의해 빠르게 풀 수 있다고 알려진 계산들은 소인수분해, 검색, 추천, 양자근사계산 등이다. 인공지능 분야에서 획기적으로 계산성능을 높일 수 있는 양자알고리즘과 양자RAM(랜덤어세스메모리)에 대해 연구 중에 있고, 최근에는 편미분방정식을 풀 수 있는 양자알고리즘에 대해서도 연구가 진행되고 있다. 따라서 슈퍼컴퓨터로도 며칠씩 걸리던 유체역학 해석이 수분 만에도 가능하게 된다면 자동차, 비행기, 선박, 미사일 등의 설계뿐만 아니라 바람에 날리는 머리카락 한 올 한 올, 옷의 하늘거림 등도 바로바로 계산해 낼 수 있어 극사실감의 CG영상 제작도 가능해진다. 또한, 이 수식이 널리 쓰이는 분야로는 훼손된 영상의 복원, 비파괴검사, MRI 등의 영상처리, 경제학이나 금융 분야의 데이터 분석 등으로 실생활에서 매우 폭 넓게 쓰이고 있어서 양자컴퓨터의 활용 영역은 상상하기 어려울 정도로 커질 수 있다.

양자하드웨어도 계속 발전 중

양자컴퓨터의 하드웨어나 전체 시스템도 계속 발전을 거듭하고 있다. 2012년 캐나다의 D-Wave는 초전도소자로 만든 512큐비트의 양자컴퓨터를 출시한다고 발표하였다. 그 응용으로써 시스템 최적화, 기계학습, 패턴 인식과 이상패턴 탐지, 금융 분석, 소프트웨어/하드웨어 검증, 바이오인포매틱스, 암 연구 등에 사용 가능하다고 하였다. 그 당시 국내에서는 KAIST에서 NMR기술을 사용하여 4큐비트를 만들어 본다거나 ETRI에서 단일광자를 사용하여 양자암호통신을 실험실 수준에서 성공시킨 정도였다. 사실 그때까지는 양자컴퓨터에 어떤 것이 있고 어떻게 동작하는지에 대해 실제 연구자 이외에는 잘 알려져 있지 않은 상태라서 D-Wave 소식에 대한 국내외의 반향은 컸다. 2013년에 구글, NASA 등이 D-Wave 양자컴퓨터를 구매하였고, 구글은 기계학습과 인공지능의 알고리즘 성능 향상에 NASA는 외계탐사 시스템의 최적화 문제해결에 사용하기로 하였다고 한다. 양자컴퓨터에 대한 장밋빛 미래가 그려지는 듯했다. 사실 D-Wave 초전도 양자칩을 살펴보면 각 큐비트를 디지털로 제어하도록 디지털-아날로그 변환회로가 내장되어 있는 등 정말 잘 만들어진 칩이어서 엔지니어링 입장에서 볼 때 상당한 기술력을 가진 것으로 보인다.

그러나 2014년 초 미국 물리학회 발표장의 D-Wave 양자컴퓨터의 동작원리인 어닐링(Annealing)에 대한 세션에서 IBM의 스몰린은 D-Wave는 양자컴퓨터가 아니라는 발표를 해서 모두를 깜짝 놀라게 하였다. 그 후 여러 가지 방법에 의해 양자적 속도 향상에 대한 검증이 이루어졌다.

D-Wave에 대한 의구심으로는 512개의 초전도큐비트는 IBM이 2016년도에나 발표하게 되는 5개의 초전도큐비트에 비해 100배나 월등히 앞서 있는가 하는 것이다. 또 최적화 문제를 잘 푼다고 하는데 교통흐름 처리, 물류 처리, 신약/재료 탐색, 화학공정반응 최적화, 금융 포트폴리오 수립 등 현재의 디지털컴퓨터로 해결하기 까다로운 문제를 양자컴퓨터가 정말로 빠르게 해결해 준다는 것인가이다. 당시에는 이러한 문제들이 금방 해결될 것이라는 성급한 예상을 내는 보고가 국내외를 막론하고 많이 있었다. 현재까지 알려진 바에 의하면 D-Wave 와 IBM의 큐비트는 서로 다른 방법으로 작동시키므로 초전도체를 사

용하는 것은 맞지만 같은 선상에서 비교할 수는 없다는 것이다. 여러 가지 문제를 잘 풀 수 있는, 즉 실환경의 문제를 해결할 수 있을 정도의 큐비트 개수와 성능을 달성하기 위해 아직 많은 연구 중에 있고 이를 위해 어떤 하드웨어와 소프트웨어를 만들어 내야 하는지에 대해서도 진지하게 고민하고 노력하고 있다. 양자알고리즘을 설명할 때 아직도 논란이 없는 것은 아니지만 D-Wave 양자어닐러는 학자들과 일반인에게까지 양자컴퓨터의 존재를 알리고 그 가능성에 대해 많은 기대와 관심을 불러일으키게 한 점에서 큰 공로로 인정된다.

2016년 12월 뉴욕주 요크타운하이츠에 있는 IBM왓슨연구소를 방문하였다. 2016년 5월에 인터넷 접속을 통해 누구나 5큐비트 양자컴퓨터를 누구나 사용할 수 있도록 개방한 지 6개월 정도 된 시기였다. 실제 인터넷으로 서비스되고 있는 양자컴퓨터를 볼 수 있었다. 초전도 양자칩이 들어 있어서 20mK(약 -273.1℃) 정도의 극저온으로 냉각하는 흰 드럼통(희석식 극저온냉각기), 큐비트를 제어하고 판독하기 위한 전기신호를 발생시키고 측정하는 겹겹이 쌓인 전자장비, 이들 모두를 제어하는 컴퓨터가 있었다.

5큐비트를 만든 이후 어떤 일들을 해야 하는지에 대해 설명도 들었다. 큐비트 개수를 수십 개 정도로 늘리고 큐비트의 에러정정 방법에 대한 연구를 더 해야 한다고 하였다. 이것은 양자컴퓨터를 사용하여 실제 문제를 해결할 수 있느냐 없느냐를 결정짓는 대단히 중요한 요소들이다. IBM은 2017년 4월 양자볼륨(Quantum Volume) 개념을 말했는데 큐비트 개수와 각 큐비트의 유효 에러율의 역수를 곱한 값이 크다면 성능이 더 좋다는 것을 의미한다고 밝혔다. 한마디로 성능 좋은 큐비트가 많이 있어야 한다는 것으로서 이는 양자컴퓨터의 성능지표로 볼 수 있다. 큐비트의 성능에 영향을 줄 수 있는 것으로서 온도, 자기, 전기 등 외부환경뿐만 아니라 큐비트의 배열에 따른 간섭 및 큐비트 연산종류에 따라서로 성능에 영향을 미치게 된다. 즉 환경뿐만 아니라 큐비트 연산 방법이나 연산순서의 차이, 여러 개 큐비트에 대한 병렬처리 방법 등 큐비트 동작방법에 의해서도 에러가 생길 수 있기 때문에 양자볼륨은 큐비트 소자 자체의 성능뿐만 아니라 큐비트 동작 방법을 포함한 종합적인 평가방법이 될 수 있다.

또한, 당시 IBM의 설명으로는 양자컴퓨팅 서비스 확장을 위해 여러 대의 양자컴퓨터가 들어설 실험공간을 공사 중이라고 밝혔다. 그로부터 4년 만에 2020년 기준, 18대의 양자컴퓨터를 갖고 대기업, 벤처기업, 대학 등 106개 기관, 23만 명의 등록사용자를 보유하여 양자컴퓨팅 기술을 알리고 양자컴퓨터를 접할 수 있는 기회를 제공하게 되었다. 2020년에는 53큐비트 양자칩을 발표한 데에 이어 2020년 9월에는 2023년까지 1,121큐비트를 개발하고 그 후 수백만 큐비트를 개발하겠다는 하드웨어 로드맵을 발표하였다. 칩 사이즈도 커질 것이고 1천여 개의 모든 큐비트를 한꺼번에 동작시키기도 만만치 않을 것이다. 사람이 들어갈 수 있는 사이즈의 극저온냉각기, 1천여 개를 동작시키기 위한 외부제어기기로부터 큐비트 칩까지 신호전달선을 모두 합치면 어른 2명이 팔로 다 감싸지 못하는 정도가 될 것이고 구리선이므로 무게 또한 감당하기 어려울 것이다.

이를 위해서는 다중화를 통해 신호선 입출력 방법을 개선하고 플렉시블PCB를 사용하여 무게를 감소하고 칩에서는 적층에 의한 반도체 패키징, 다층배선 등으로 칩의 집적도와 입출력을 개선하고 무엇보다도 반도체 공정개선을 통해 초전도 칩의 수율을 향상시키는 등 다양한 노력이 필요할 것이다. 2년 밖에 남지 않은 시간에 이러한 모든 일을 해내야 하는 것이다.

위 내용을 자세히 들여다보면 큐비트를 어떻게 만들어야 하는지에 대한 내용은 거의 없고 칩 수율, 패키징, RF선연결방법, 극저온냉동기 등의 주변기술에 대한 내용이 더 많다. 그런데 IBM은 2023년에 1,121 큐비트를 동작시키기 위한 소프트웨어에 대한 로드맵을 2021년 2월에 발표하기에 이른다. 현재는 Qiskit이라는 응용 알고리즘 개발을 위한 소프트웨어 모듈을 제공하여 Use Case별로 사용되고 있으나 최종적으로는 하드웨어 컨트롤과 알고리즘 자체를 라이브러리화하고 최적화, 기계학습, 계산과학, 금융 등 분야별 모델화된 개발 서비스를 제공하는 등 통합개발환경 제공 등을 제시하고 있다. 즉 일반 소프트웨어 개발자가 어렵지 않게 양자컴퓨팅을 활용하여 응용 소프트웨어를 만들 수 있게 된다는 것이다.

한편 이온트랩양자컴퓨터도 개발 중인데 미국의 IonQ와 오스트리아의 AQT 등의 벤처기업이 20여 개 큐비트로 시제품을 만들었고 2개사 모두 인터넷으로 컴퓨팅 서비스 중에 있다. 반도체소자를 제작하는 공정기술을 그대로 사용하는 양자점큐비트도 개발 중인데 아직은 큐비트 성능과 개수를 높이는 데에 어려움이 있으나 향후에 수백, 수천만 개 집적도 가능할 것으로 예상하므로 미국 인텔이 집중하고 있다. 2020년에는 수K에서도 동작하는 큐비트를 선보여서 외부로부터의 용이한 제어와 연구개발 속도가 상대적으로 빨라질 것이라는 희망을 보이고 있다. 극저온 냉각기로 20mK까지 내리려면 하루 이상이 걸리고 양자칩의 특성을 측정 후 교체를 위해 다시 상온까지 올리는 데도 하루 이상 걸리기 때문에 일주일에 양자칩 1개를 측정할 수 있다는 뜻이다. 그렇다면 1년에 최대 50여 개 칩을 측정할 수 있다는 뜻인데 웨이퍼 1장에 수십, 수백 개가 나온다면 웨이퍼 1장도 다 측정할 수 없다는 뜻이 된다.

양자컴퓨팅 시스템의 발전 방향

양자컴퓨팅 기술은 그야말로 현존하는 모든 과학기술의 집약체이다. 중첩, 얽힘 등 양자현상을 보이는 여러 가지 방법 중에 외부에서 제어 가능하고 수백만 큐비트까지도 확장 가능하며 에러도 매우 작고, 많은 연산 스텝도 가능해야 한다. 때문에 기본적인 큐비트 설계기술과 이를 실현시킬 나노급 반도체 제조공정기술, 현존하는 모든 반도체패키징 기술 및 수백·수천 채널 이상 다중 고주파 저온측정 기술, 시간적·공간적으로 균일한 극저온냉각기술, 이온이나 원자를 제어하고 정보를 읽고 쓰기 위한 초정밀레이저광학기술 등이 필요하다. 또한 컴퓨터로써 동작하기 위해서는 양자적 계산을 하기 위한 수학적 알고리즘과 이들을 포함한 라이브러리 및 개발환경이 필요하고 인공지능, 최적화, 금융, 신약 탐색 등에 사용하기 위한 적절한 양자알고리즘 등의 소프트웨어뿐만 아니라 컨설팅까지도 필요하다. 인공지능을 처리하기 위해 컴퓨팅 파워를 클라우드로 서비스를 받는 것처럼 양자컴퓨터의 컴퓨팅 자원도 인터넷에서 제공하기 위한 효과적인 서비스 방법이 개발되어야 할 것이다.

발전 속도에 대해 확실한 예상을 하기에는 아직 이른 감이 있다. 양자컴퓨터 발전방향에서 달성해야 할 마일스톤 중 하나는 '슈퍼컴퓨터

보다 빠르다'는 것을 증명하는 양자우월성 증명인데 2019년, 2021년에 세 가지 논문에 의해 달성되었음을 인정하고 있다. 2019년 7월 구글의 53큐비트 초전도양자컴퓨터를 사용한 무작위양자회로방법과 2020년 12월 중국과학기술대의 50개의 압착양자광원을 사용한 보존 샘플링 방법과 2021년 6월 같은 중국과학기술대에서 56큐비트 초전도양자컴퓨터로 구글과 동일한 방법인 무작위양자회로방법으로 성공하였다고 발표하였다. 이것은 구글 입장에서도 환영하고 있는데, 자신의 방법을 모방했다는 것이 아니라 자신의 증명방법을 사용하여서 다른 연구자도 같은 결론을 도출할 수 있다는 것을 보여준 것이라고 생각하고 있다.

양자컴퓨터의 최종 목표는 결함허용범용양자컴퓨터이다. 소인수분해, 자료검색, 추천, 행렬의 고유값 계산 등 일부 계산에서만 범용고전컴퓨터보다 월등히 빠르기 때문에 양자컴퓨터는 슈퍼컴퓨터 옆에서 어려운 계산의 일부를 해 주는 계산 도우미 같은 형태로 쓰이겠지만, 최종적으로는 슈퍼컴퓨터를 대체하고 모든 계산을 양자적으로 해내는 범용컴퓨터가 되는 날까지 계속 발전해 나갈 것이다. 이런 전망에 따라 IBM, 구글, 마이크로소프트, 인텔, 알리바바, 텐센트 등 기술선도기업뿐만 아니라 미국, EU, 중국, 독일, 영국, 일본 등 각 정부에서도 연간 수천억 원 정도를 기술개발에 투자하고 있다. 향후 10년 정도면 소규모 또는 중간 규모 정도의 실제문제를 풀 수 있는 소프트웨어 툴까지 갖춘 양자컴퓨터가 나올 것으로 전망해 본다.

DIGITAL POWER
2022

Part. 5

메타버스와
신기술
패러다임의
변화

메타버스 혁명(Revolution)
시대를 준비하라

이승환 소프트웨어정책연구소 책임연구원

주목받는 메타버스

'넥스트(Next) 인터넷'으로 메타버스(Metaverse)가 주목받고 있다. 에픽게임즈 CEO 팀스위니는 메타버스를 "인터넷의 다음 버전(Next Version of Internet)"이라 표현하며 인터넷 이후, 새로운 메타버스 혁명의 시대를 예고했다. 메타버스란 가상과 현실이 상호작용하며 공진화하고 그 속에서 사회·경제·문화 활동이 이루어지면서 가치를 창출하는 세상이다. 메타버스는 '초월, 그 이상'을 뜻하는 그리스어 메타(Meta)와 '세상 또는 우주'를 뜻하는 유니버스(Universe)의 합성어로 1992년에 미국 SF 소설가 닐 스티븐슨의 『스노우 크래시(Snow Crash)』란 소설에서 처음 사용된 용어이다. 이미 포트나이트 3.5억 명, 제페토 2억 명 등 메타버스 플랫폼으로 수많은 사람이 가상과 현실을 오가며 생활하고 있다. 숭실대학교의 메타버스 축제, DGB 금융그룹의 메타버스 경영회의, 한화 이글스의 메타버스 출정식, SK텔레콤의 메타버스 채용설명회 등 연일 메타버스를 활용한 사례들이 늘어나고 있다.

왜 메타버스는 혁명인가?

메타버스는 왜 혁명(Revolution)일까? 인터넷 혁명과는 어떠한 차이가 있는 것일까? 상호작용하는 방식과 경험하는 수준이 다르다. 인터넷 시대에는 2D 화면 속에서 마우스, 터치 방식을 활용했지만, 메타버스 시대에는 3D 공간 속에서 동작, 시선 등 오감을 활용해 상호작용한다. 또한 메타버스는 가상융합기술(XR, eXtended Reality), 빅데이터 등 데이터 기술(D, Data Technology), 5G 등 네트워크(N, Network), 인공지능(A, Artificial Intelligence) 등 전 산업과 사회에 영향을 미치는 핵심기술이 복합 적용되어 차별화된 경험 가치를 만들어 낸다.

기술적 측면에서 메타버스가 혁명적 변화를 일으키는 이유는 메타버스가 범용기술(General Purpose Technology)의 복합체로 구현되기 때문이다. 범용기술은 역사적으로 영향력이 큰 소수의 파괴적 기술을 의미하는 용어로, 여러 산업에 공통으로 활용되어 혁신을 촉진하고 진화가 빠른 기술을 의미한다. 이는 경제 전반에 적용되어 생산성 향상을 유발하고 다른 기술과의 상호작용을 통해 기술적 조력자로서 산업혁신에 기여한다.

과거부터 범용기술은 산업과 사회의 혁명을 견인해 왔으며 18세기 말 증기기관, 20세기 초 전기, 20세기 말 인터넷이 이에 해당한다. 메타버스를 구현하는 핵심기술은 범용기술의 복합체, XR+D.N.A로, 이를 통해 가상과 현실의 경계가 소멸되고 융합되어 새로운 가치를 창출하는 것이다. XR, 빅데이터, 블록체인 등 데이터 기술, 5G 등 네트워크, 인공지능 각각의 기술은 전 산업에 다양한 용도로 영향을 미치며 혁신을 유도하는 범용기술이다. 하나의 범용기술만 해도 엄청난 사회 경제적 파급효과를 가져오는데, 메타버스는 여러 범용기술이 복합적으로 적용되므로 그 파급효과는 매우 클 것으로 전망된다.

〈메타버스와 복합 범용기술〉

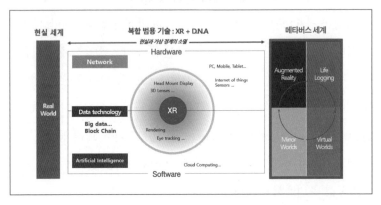

XR+D.N.A의 결합은 어떠한 경험 가치를 창출하는가? 가상현실 다큐멘터리 〈너를 만났다〉에서 엄마는 사별한 딸을 만나는 상상(Imagination)을 하고, 인공지능(Intelligence)으로 재탄생한 딸과 가상융합기술(XR)로 구현된 가상공간에서 몰입감(Immersion)을 느끼며, 햅틱 글로브 등을 통해 오감으로 상호작용(Interaction)을 하는 초현실적인 경험을 한다. XR+D.N.A 기술이 4I(Imagination, Intelligence, Immersion, Interaction) 측면에서 인터넷 시대와 차별화되는 경험 가치를 제공하는 것이다. 상상이 현실이 되는 것이다.

에픽게임즈의 메타휴먼 크리에이터(Meta Human Creator)라는 도
구를 활용하면, 무료로, 빠르게 원하는 가상인간(Virtual Human)을
만들 수 있고, 유니티(Unity) 등 가상공간 제작 도구를 통해 어떤 공간
이든 가상으로 구현할 수 있다. 과거 한 장면으로 돌아갈 수도 있고, 미
래를 예측해 볼 수도 있다. 메타버스 시대에는 인간과 공간, 시간을 초
월한 경험 설계가 가능하다. 진화된 편의성, 상호작용, 화면·공간 확장
성 그리고 범용기술 특성과 4I가 만드는 경험가치를 고려해 볼 때, 메
타버스는 인터넷의 뒤를 잇는 혁명적 변화를 가져올 것이다.

〈복합 범용기술이 제공하는 차별화된 경험 가치 4I〉

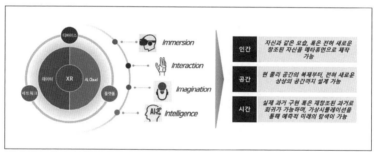

출처: Qualcomm Technologies(2018), "Grigore Burdea and Philippe Coiffet(1993)" 재구성

비상(飛上)을 준비하는 메타버스

현재 메타버스는 게임, SNS 등 서비스 플랫폼과 결합해 급속히 확산
중이다. 기존 게임이 미션 해결, 소비 중심이었다면, 메타버스 플랫폼
에서는 이용자가 자신의 아이디어로 가상자산(Virtual Asset)을 만들
어 수익을 창출하고, 다른 이용자들과 공연 등 다양한 사회, 문화적 교

류를 이룬다는 점에서 차이가 있다. 이는 플랫폼 참가자의 수익모델이 존재하고, 전 세계 가입자가 급속히 증가하는 등 플랫폼 경쟁력이 높아 메타버스 확산의 동력이 될 전망이다. 주목할 점은 메타버스 제작·구현 플랫폼의 활용 영역이 게임을 넘어 전 산업으로 확대 중이며, 진화된 플랫폼도 계속 등장하고 있다는 것이다.

주로 게임 가상세계 제작에 활용되던 유니티, 언리얼(Unreal) 등 게임개발 엔진 플랫폼이 최근 다양한 산업에 적용되고 있다. 유니티는 가상게임 제작의 플랫폼 경쟁력을 건설, 엔지니어링, 자동차 설계, 자율주행 등 타 산업으로 확대하고 있다. 유니티의 CEO 리치텔로는 "유니티는 건설, 엔지니어링, 자동차 설계, 자율주행 자동차 등의 영역으로 사업을 확장 중이며 개별 산업 영역들이 가진 시장 잠재력이 게임 산업을 넘어설 것"이라고 언급했다. 메타버스 구현을 지원하는 새로운 플랫폼도 계속 등장하고 있어 진화 속도가 더욱 빨라질 전망이다. 2020년 10월 엔비디아는 실제와 같은 가상세계를 협업으로 쉽고, 빠르게 구현하는 옴니버스(Omniverse)를 발표하며 전 산업의 활용 가능성을 시사했다.

2021년 2월 에픽게임즈는 누구나 쉽게 가상인간 'Meta Human'을 제작할 수 있는 'Meta Human Creator'를 출시했다. 또한 메타버스 협업 플랫폼이 새로운 의사소통과 일하는 방식의 변화를 주도하고 있는 가운데, 2021년 3월 마이크로소프트는 메타버스 시대를 이끌어 나갈 협업 플랫폼 'Mesh'를 공개했다. Azure를 기반으로 구축된 Mesh는 사용자로 하여금 다른 지역에 있어도 서로 같은 방에 있는 것처럼 느끼도록 해 주는 혼합현실 플랫폼이다. Mesh를 활용하면 교육, 설계, 디자인, 의료 등 다양한 분야에서 시공간을 초월한 협력이 가능하다.

기존 2D 기반의 마이크로소프트 협업 플랫폼이 3D 기반의 Mesh와 통합해 진화하면서 다양한 산업 분야와 융합하게 될 것이다. 이외에도 Spacial, Glue 등 다양한 메타버스 기반 협업 플랫폼이 존재하며 비대면 상황과 맞물려 사용량이 급증하고 있다. AR 기반 원격협업 도구를 제공하는 Spacial의 사용량은 코로나19 이전보다 열 배 이상 증가했다.

글로벌 IT 기업들은 메타버스 분야 기술혁신을 위해 다양한 프로젝트를 발표하며, 혁신 경쟁을 예고하고 있다. 페이스북은 연례행사 '페이스북 Connect'를 통해 AR Glass, 협업 플랫폼 등 새로운 메타버스 혁신 비전을 공유했다. 기존 연례 행사명 'Oculus Connect'를 '페이스북 Connect'로 변경하고, 페이스북 내 AR·VR 연구팀을 '페이스북 Reality Rab'으로 개편하면서 전사적인 노력을 기울이는 중이다.

또한 Oculus Quest2만 착용하면 컴퓨터가 없어도 사무실에서 일할 수 있는 협업 플랫폼 'Infinite Office', 가상생활 플랫폼 'Horizon', 모바일 기기에 최적화된 AR 필터 제작 플랫폼 Spark AR 등 플랫폼 혁신을 가속화하고 있으며, Ray-Ban과 제작 중인 AR Glass 프로젝트 Aria 등 후속 기기혁신을 준비 중이다. 메타버스는 트렌드를 넘어 실제 투자의 대상으로 부상하고 있다. ARK Investment는 투자대상 분야인 'Big Idea 2021'에 메타버스를 언급하며 'Virtual Worlds'를 유망 분야로 선정하고 관련 기업의 투자를 추진하고 있다. ARK Investment의 유니티 지분 보유가 증가하고 있으며, 로블록스 지분을 상장 당일 50만 주 매입하기도 했다.

메타버스 시대를 준비하자

본격화될 새로운 혁명, 메타버스 시대에 대한 준비가 필요하다. 다양한 메타버스 플랫폼 확산, 지속되는 기술혁신, 투자 증가로 인해 메타버스 시대가 본격화될 것으로 전망된다. 인간, 시간, 공간에 대해 기존에 가지고 있던 상식과 관성을 넘어선 새로운 전략 구상이 필요하다. 또한 다양한 분야에 인간×시간×공간을 결합한 새로운 메타버스 경험을 설계하여 미래 경쟁력을 확보해야 한다. 복합 범용기술 기반의 메타버스 시대에는 현실의 나, 가상의 나, 제3의 인물 등 새로운 인간의 모습을 구현할 수 있고, 시·공간을 초월한 경험 설계가 가능하다. 현재 메타버스는 게임과 놀이, SNS 등 소통 영역에서 많이 활용되고 있다. 하지만 이는 이제 확산되기 시작한 단계로, 전 산업과 사회영역에서 활용방안을 강구해야 한다.

〈 인간×공간×시간 혁신을 통한 메타버스 경험 설계와 적용 분야〉

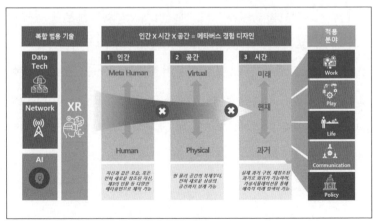

기업은 메타버스 경쟁력에 대한 점검과 협력 네트워크를 재구성하고, 변화하는 소비자 행동과 이에 대응한 차별화 전략을 수립해야한다. 메타버스 시대에 먼저 들어선 Z세대와의 소통 등 마케팅 믹스(Marketing Mix, 가격·장소·상품·홍보를 의미한다)의 변화와 초월적협력이 필요하다. 미국 10~17세 청소년의 40%가 매주 한 번 이상 포트나이트에 접속해 전체 여가의 25%를 보내고 있으며, 만 9~12세 어린이의 2/3, 16세 이하 어린이·청소년의 1/3, 10대의 52%가 현실 친구보다 로블록스 내 관계에 더 많은 시간을 사용 중이다. 제페토는 구찌와 협력하여, 구찌 IP를 활용한 의상, 액세서리, 3D 월드맵 등을 출시하였다.

이제는 기존 기업의 SW·Contents One Source Multi Use, N-Screen 전략을 메타버스 시대에 맞추어 재해석하고 진화시켜 나가야 한다. 또한 기존 전략과 함께, One Source Multi Avatar, N-Space 전략을 구상하고 이를 활용한 생산성과 고객 혁신 방안을 모색해야 한다.

정부는 '메타버스 정부(Metaverse Government)'를 구상하고 공공·사회를 혁신하는 방안을 검토해 볼 필요가 있다. 예를 들면, 교육 측면에서 기존의 오프라인 대학, 사이버 대학에서 진화한 메타버스 대학등, 미래 지향적 교육 방안을 모색해야 한다. 이와 더불어 기존 오프라인 대학에 메타버스 기술을 활용하여 교육 생산성을 높이거나, 모든대학 생활이 메타버스에서 이루어지는 '메타버스 대학' 설립을 구상하는 것도 한 가지 방안이 될 수 있다. 행정 측면에서는 기존 2D 기반의'전자정부'를 3D 기반 '가상정부'로 진화시켜 누구나 쉽게 가상에서도실제와 같은 행정서비스를 받을 수 있도록 하고, 단순 반복 업무는 가상 아바타를 활용하는 방안도 고려해 볼 수 있다.

콘텐츠, 가상융합경제의
혈액이 되다

김정수 명지대학교 교수

콘텐츠 산업, 비등점에 도달하다

"Video killed the radio star(비디오가 라디오 스타를 죽였어요)."
"Pictures came and broke your heart(영상이 나오고 당신 마음을 아
프게 했죠)." 1979년 싱글 발매된 Buggles의 "Video killed the Radio
star"라는 노래가사 중 일부이다. 그동안의 주력 미디어였던 라디오가
비디오로 급격히 바뀌어 가는 과정에서 라디오 기반 스타들이 쇠락해
가는 아쉬움을 표현한 노래인데, 뮤직 비디오 채널인 MTV가 개국할
때, 맨 처음 전파를 탄 뮤직 비디오이기도 하다.

공중파 TV를 중심으로 케이블 TV가 보완재 역할을 하며 콘텐츠 산
업의 주류로서 방송 콘텐츠가 대세를 이루던 시대 또한 지나가 버리
고, 이제는 인터넷망 기반의 스트리밍 미디어가 대중화되면서, 역으로
TV가 유튜브 등의 OTT 플랫폼에 밀려 점차 구시대의 유물이 되어가
고 있으니 시대의 아이러니가 아닐 수 없다.

콘텐츠 산업의 변화의 속도가 빛의 속도로 빠르게 변화되고 있다. 초기의 대중적 정보전달의 출발점은 인쇄매체였다. 신문과 잡지, 다양한 텍스트북을 통해 지식과 정보가 공유되고 전달되며 콘텐츠의 가치를 만들어 냈다. 이후, 전파와 방송기술의 개발로 한 번에 다수의 수신자에게 정보를 송출하는 라디오와 TV를 통해 오디오 및 비디오 콘텐츠들이 한 방향으로 제공되고 대량으로 소비되는 브로드캐스팅과 매스미디어의 시대가 열렸다.

인터넷과 모바일 기기의 등장은 콘텐츠 소비의 개인화를 가능하게 함은 물론이고, 콘텐츠 소비의 과정을 추적하고 분석하고 예측할 수 있는 역량을 제공함으로써 새로운 형태의 혁신적 비즈니스 모델들을 만들어 내고 있다. 최근에는 초연결성, 초지능화, 초융합성을 표방하는 4차 산업혁명 기술이 대거 등장했으며, 코로나19의 영향으로 산업과 경제 전반의 비대면화, 가상화 현상이 콘텐츠 산업의 경계와 한계에 대해 예측할 수 없을 정도로 급격한 변화를 몰아오고 있다.

100℃가 물의 비등점(沸騰點, Boiling Point)이다. 이는 물이 끓기 시작하면서 온도는 더 이상 올라가지 않고 수증기로 기화되면서 상(Phase)의 변화가 일어나는 지점을 뜻한다. 우리가 알고 있던 '콘텐츠 산업'은 현재 새로운 영역으로의 확장을 위한 비등점에 있다.

일상화될 삶의 변화

2023년 10월 20일 금요일 오전 6시 30분. 재즈풍 카페 음악이 잔잔히 흐르는 가운데 기분 좋은 침대의 진동과 함께 한은지 씨의 아침이 시작된다. 그녀는 데이터분석 컨설턴트로 일하는 전문직 34세 미혼 여성이다.

'굿모닝 제니, 아침뉴스 부탁해.' 형체는 없지만 늘 곁에 있는 인공지능 비서 제니가 브리핑해 주는 오늘 아침의 중요 뉴스들을 들으며 그녀는 욕실로 들어선다. 스마트오디오 기능으로 거실의 스피커 소리가 욕실로 자연스럽게 따라온다. 거울 앞에 서서 칫솔을 잡으면 스마트미러를 통해 실시간 생체상태 점검 데이터가 표시된다. 거울 한쪽에는 오늘 날씨와 일정이 나타나면서 일정표에 포함된 방문 지역으로까지의 차량 이동 예상시간이 나타난다.

방 한편에 마련된 스마트옷장 앞에 서서, 오늘 날씨에 맞추어 추천된 옷 구성을 AR미러를 통해 피팅해 보고, 최종적으로 인공지능 어시스턴트가 추천해 주는 가을과 어울리는 색감의 캐주얼 정장과 얇은 트렌치코트를 선택한다.

오전 7시 30분. 아침은 언제나와 같이 우유 한잔과 필수영양소 캡슐 섭취로 대신한다. 현관을 나서면 제니가 집 앞 동선을 예상하여 미리 호출해 놓은 자율운행 택시 우버가 대기 중이다. 자율운행 택시는 안전 문제로 아직은 강남 내 정해진 구간에서만 운행이 가능하다. 차량 문에 달린 지문인식 센서를 터치하면 차량 문이 열리고 승객과 목적지를 확인하는 안내 방송이 흘러나온다. "한은지 고객님, 좋은 아침입니다. 목적지인 강남구 영동대로 511 무역센터빌딩 정문으로 이동하겠습니다. 예상 도착시간은 오전 8시 5분입니다." 탑승자의 확인 답변과 동시에 차량 문이 닫히고, 자동주행모드로 운행이 시작된다.

오전 9시부터 시작될 주간전략회의에서는 고객사 컨설팅 서비스 제안을 위한 은지의 PT 리허설이 예정되어 있다. 차량으로 이동하는 35

분간은 미리 만들어놓은 자료를 최종 검토하고 PT 준비를 할 수 있는 시간이다. 모든 자율운행 택시는 광대역 와이파이 서비스를 제공하므로, 회사의 프라이빗 클라우드에 손쉽게 접속해 자료들을 확인할 수 있다. 물론, 기업 고객의 경우 VPN을 통해 네트워크 통신 중인 내용에 대한 보안조치가 완벽하게 제공된다.

사무실에서의 오전 일정을 끝내고 친한 동료 수연과 같이 점심식사를 위해 건물 지하의 코엑스몰로 향한다. 대기 예약과 음식 주문이 모두 앱에서 처리되므로, 식당 앞에서 줄서서 기다리는 일은 없다. 점심 예약은 오후 12시 25분이기에, 남는 20분의 자투리 시간은 수연과 함께 동대문시장 패션투어를 하기로 한다. 코엑스몰에 설치된 가상쇼핑 키오스크를 이용하면, XR 체험을 통해 동대문시장 한가운데를 실제로 돌아다니며 쇼핑하는 것 같은 실감을 하게 된다. 편리하면서도 생생한 쇼핑 경험이 충동구매욕을 자극해 얼떨결에 신상 청자켓 하나를 덜컥 구매해 버렸다.

오후 2시와 4시의 고객사 방문 일정을 위해 택시를 탄다. 타인 접촉이 없는 자율주행 택시를 선호하지만 아직은 운행구간이 제한적이어서 이번 가을에는 자차를 마련할 생각이다. 어떤 차가 좋을지 몰라, 퇴근 후 차량업체에서 제공하는 버츄얼드라이빙 체험으로 제주도 해변을 달려볼 계획이다. VR 기기와 햅틱장비를 활용하여 시청각은 물론 촉각까지 체감할 수 있다 보니 이제는 차량구매 전 필수 과정이라 볼 수 있다. 최근에는 차량 구입 대신 벤츠나 테슬라 같은 수입차를 3~6개월 단위로 구독 변경하며 사용할 수 있는 단기소유 서비스도 인기가 많다. 여러 가지 모델을 누려볼 수 있는 장점이 있으니 조금 비싸지만 매력적인 옵션이다.

4시에 만난 고객은 발전소 사업을 영위하는 공기업이었다. 발전사업의 특성상 거대한 발전 설비의 사전적 위험 예측, 신속한 고장 수리 등이 매우 중요한 부분인데 현재의 데이터 분석 시스템은 직관적이지 못하고 효율적인 실시간 반영이 어려워, 작년 초부터 실제 발전설비와 동일한 디지털 트윈(Digital Twin)을 서울 본사에 구축하는 디지털 전환 프로젝트를 시작했다.

오늘 방문에서는 조금 다른 측면의 논의도 포함되었다. 장치산업 중심인 딱딱한 공기업의 이미지를 벗어나 젊은 인재들에게 매력적인 직장으로 인식되었으면 하는 경영진의 요청이 있었다. 최근 젊은 세대들이 주로 사용하는 메타버스 플랫폼 안에서 기업주관의 이벤트나 프로모션을 진행하고, 신입사원 채용을 진행하는 등의 새로운 시도를 해보는 방안에 대해 좀 더 논의하기로 하고 미팅을 마무리한다.

이제 한 주간의 업무가 마무리되는 금요일 저녁이다. 금요일 퇴근길은 교통체증이 늘 당연한 것이었는데, 언제부턴가 교통상황이 눈에 띄게 원활해진 것이 느껴진다. 빅데이터 분석 기반의 과거 및 현재 교통 데이터들이 M2M기술을 통해 차량끼리 상호 공유·조정되고 HUD(Head Up Display)나 AR글래스 등 가상 정보창을 통해 다양한 포맷의 정보 콘텐츠로 실시간 변환되어 운전자 및 해당 차량에 제공되기 때문에 만성적인 교통체증이 상당 부분 해소된 것이다.

예전 같으면 불금을 즐기러 홍대입구로 달려가 친구들과 밤새 떠들어대며 시간을 보냈겠지만, 2020년부터 전 세계를 휩쓸고 있는 코로나19의 영향이 삶의 방식을 아예 바꾸어 놓았다. 사람들과의 접촉이 부담스러워진 만큼, 혼자만의 시간이 오히려 편해졌다. 반대로 실시간 화상채팅을 통해 정기적인 모임이 생겨나니 오히려 그동안 자주 못 보던 친구들과의 모임이 온라인에서 더 활발해진 듯하다.

은지는 자신만의 공간에서 맛있는 요리를 하나 배달시켜 놓고, 와인을 한잔하면서 자신의 부캐가 한참 인기를 얻고 있는 메타버스 공간으로 들어간다. 메타버스 안에서의 은지는 잘나가는 퐁퐁클럽 DJ인 '인어공주'이다. 인어공주 아바타의 인스타 계정 팔로워가 벌써 3,500명이나 되니 이 정도면 꽤나 잘나간다 할 수 있겠다. 은지는 이참에 본캐를 버리고 부캐로 전직을 해 볼까 하는 생각도 해 본다.

가상융합경제의 시대, 서비스로서의 콘텐츠

이러한 가상 시나리오는 이미 현재 진행형이다. 법제도적 경계선에 걸려 아직 실현되지 못하는 것들도 있지만, 대부분 1~2년 이내에 보편화될 수 있는 것들이다. 가상 시나리오에서 볼 수 있듯이, 콘텐츠의 개념은 넓은 범위의 서비스 프레임과 융합되면서 다양한 영역으로 발전, 확장되어 가고 있다.

음악, 영상, 게임 등의 엔터테인먼트 콘텐츠나 뉴스, 광고, 커뮤니케이션 등의 정보 콘텐츠, 교육, 훈련, 지식 제공 등의 교육 콘텐츠 등 독립적인 콘텍스트를 가진 원형 콘텐츠를 만들고, 유통하고, 소비하는 것이 전통적인 콘텐츠 산업의 영역으로 이해되고 있었다면, 앞으로의 콘텐츠 영역은 현실과 가상, 온라인과 오프라인, 데이터와 경험, 생산과 소비를 넘나드는 다양한 연결성을 제공하는 융합된 서비스의 개념(CaaS,[189] Contents as a Service)으로 확장되는 것이다.

데이터와 정보를 원료로 하는 다양한 산업적 적용물들이 생산되고 서비스되면서, 콘텐츠 산업의 경계가 확장되고 있다. 특히 코로나 19를 계기로 주요 산업분야에서 가속화되기 시작한 디지털 전환(DT, Digital Transformation)의 핵심적 기술요소로써, 가상융합기술(XR, eXtended Reality)이 제시되었고, 이러한 XR기술은 현실과 가상세계를 연계하는 인터페이스로 현실의 물리적 한계를 해소시킴으로서 경제 전반에 새로운 부가가치를 창출하는 가상융합경제[190]가 급부상하게 되었다.

2022년은 '메타버스 현상'을 중심으로 한 가상융합경제가 본격화되는 시기이다. 이러한 시기에 '콘텐츠'는 '디지털화 포맷'을 기반으로 '서비스'의 그릇에 담겨져 다양한 영역의 경계를 관통하며 가상융합경제가 돌아가도록 만드는 혈액과 같은 역할을 하게 될 것이다. 이러한 시점에서 콘텐츠 산업이 마주하고 있는 몇 가지 이슈를 생각해 보자.

새로운 콘텐츠 IP들의 등장 가능성

가상융합경제의 본격적인 도래로 인해, 경제활동 무대가 현실에서 가상융합공간까지 급속도로 확장될 것으로 예상되므로 가상융합기술(XR) 중심의 콘텐츠 기술 및 이를 활용한 콘텐츠의 개발은 새로운 경험과 경제적 가치[191]를 만들어 낼 것으로 일반적으로 예상되고 있다.

그러나 콘텐츠 산업은 전통적으로 신규 IP의 발굴 육성을 위한 초기투자 리스크가 큰 반면, 성공적 IP의 가치 레버리지 효과는 높은 산업으로 볼 수 있다. 따라서 이미 성공적 IP(Super IP)를 보유한 메이저 사업자는 IP의 파생버전을 활용한 수익 창출에 집중하는 경향이 크다

(Super IP 사례 : 리니지1, 리니지2, 리니지1M, 리니지2M 등).

Super IP 이슈는 콘텐츠 산업의 중요한 특성 중 하나로써, 콘텐츠가 주는 응집력(Stickiness) 및 전환비용(Switching Cost)을 포함한 브랜드 효과로 생각할 수 있다. 그러나 이러한 Super IP 중심의 콘텐츠 산업생태계는 소비자의 다양한 콘텐츠 선택 기회를 제한함으로써 소비자의 경제적 효용을 감소시킨다.

한편, 콘텐츠 산업에서의 고객경험(CX, Customer eXperience)의 중요성 증대는 다양한 상호작용 기법[192]을 활용하여 고객의 콘텐츠 가치사슬 참여가 적극 장려되고, 이를 통한 고객의 만족과 충성도가 높아지는 선순환 효과를 생성한다. 특히 가상융합경제로의 진입은 새로운 플레이그라운드의 등장과 경기규칙의 제시를 통해 다양한 고객경험이 가능하게 되고 이를 통한 창의적 신규 IP의 발굴과 성장 기회를 만들 수 있다.

예를 들면 메타버스 서비스인 제페토 내에 YG엔터테인먼트가 만들어 놓은 '블핑월드'는 블랙핑크 팬들의 성지가 되어 방문인증 및 공유를 통한 2차 콘텐츠 생성에 기여하고 있으며 제페토 캐릭터를 활용한 댄스 퍼포먼스 뮤직비디오는 한 달 만에 유튜브 7,200만 뷰를 돌파하는 결과를 보였다. 이러한 가상융합경제 내에서의 아바타 콘텐츠, 보정 콘텐츠, 장소 콘텐츠, 퍼포먼스동영상 콘텐츠 등 새로운 포맷의 콘텐츠 발굴 가능성은 전통적 콘텐츠 IP를 대체할 수 있는 다양한 콘텐츠 IP들의 등장을 기대할 수도 있다.

지배적 디자인¹⁹³을 위한 각축

XR 기술 구현을 위한 하드웨어, 소프트웨어 기술에 대한 표준선점의 경쟁이 치열하다. 2020년 10월, 애플은 AR기능을 지원하는 라이다 센서를 탑재한 아이폰12 프로를 출시하며 마이크로소프트와 구글 등 AR 선두주자를 따라잡겠다는 의욕을 보이고 있으며 2022년경에는 AR글래스 출시를 계획하고 있다. 페이스북은 2020년 9월 오큘러스퀘스트2를 공개하면서 VR시장의 선두주자로 달려 나가고 있고, 소니는 2022년 공개 예정인 PSVR 헤드셋2 개발에 마지막 박차를 가하고 있다. 그밖에 삼성전자, 엔비디아 등 IT 하드웨어 기업은 물론 로블록스, 에픽게임스, 텐센트 등 소프트웨어 및 콘텐츠 기업들이 분야별 표준선점을 위해 뛰고 있다.

가상융합경제에서의 콘텐츠산업 활성화를 위해서는 필수기술에 대한 신속한 지배적 디자인 확정이 필요하다. 새로운 분야에 대한 기술들이 시장에 도입되면 이 기술들은 각자의 기술을 옹호하는 그룹으로 나뉘어 일정시간 동안 시장표준(De Facto Standard)이 되기 위한 경쟁을 진행하게 된다. 이것은 기술의 우열로 결정되기도 하지만 시장에서 사용자가 많은 기술이 대개 기술표준이 되며, 이 표준은 또 다른 기술의 도입 니즈가 생기기 전까지는 한참 동안 시장표준으로서의 지위를 유지하게 된다. 그러나 이러한 지배적 디자인에 의한 시장표준이 자리 잡히기 전까지는 상당한 사회경제적 비용이 발생하게 되며 그것이 산업의 성장을 저해하거나 지연시키는 요소로 작용하게 된다.

2002~2008년 사이에 소니의 블루레이 디스크와 도시바의 HD-DVD 기술진영 간에 진행되었던 차세대 DVD 표준전쟁이 좋은 사례

이다. 양 진영 간의 표준화 협상이 결렬되면서, 가정용 홈비디오 콘텐츠의 주요 공급자였던 영화사들은, 양쪽의 기술 포맷을 적용하기 위한 콘텐츠 중복 출시 및 소비자들의 보유기기 확보 혼란으로 인해 콘텐츠 출시와 유통에 불필요한 비용을 감수해야만 했다.

가상융합경제에서의 기술표준 미확정으로 인한 얼마간의 사회적, 경제적 비용 발생은 피할 수 없는 과정으로 보이며, 주요기술의 지배적 디자인의 정착은 향후 3년 이상 중기적 조정을 거치며 점진적으로 이루어질 것으로 예상된다.

콘텐츠 기술의 기간산업 접목

서비스를 포함한 콘텐츠의 영역 개념을 확장하게 되면서 그동안 B2C용 콘텐츠 제작 및 운용을 위해 개발되었던 콘텐츠 기술들이 가상융합기술(XR)로 발전되어 다양한 산업분야에서 활용되기 시작했다. 특히 인공지능, 데이터, 5G를 근간으로 하는 국가적인 DNA 경쟁력 확보를 바탕으로 산업 전반에 XR을 접목·활용할 경우 산업의 부가가치를 높여서 경제성장의 새로운 성장 모멘텀으로 작용할 수 있을 것으로 예상한다. KPMG 자료(2020. 6.)에 의하면 2025년 제조, 유통 등 국내 6대 산업의 XR 활용 부가가치 창출액은 26조 원에 달할 것으로 전망되며, 그중 제조업 분야의 부가가치 창출이 전체의 50%를 넘는 13.8조 원 수준으로 예상된다.

XR 기반의 콘텐츠 기술은 실제 공정에 대한 접근이 쉽지 않고 지속적인 위험 관리와 원격 유지보수 등이 필수적인 자동차, 화학, 철강 등의 제조현장을 디지털 트윈으로 구현하여, 실제 가동환경을 실시간 센싱하고 이를 통한 현장 설계, 이상 모니터링, 가상 시뮬레이션을 통한 위험관리 등을 처리할 수 있도록 활용될 것이다. 또한 고위험도 의료 처치, 복합테러 대응, 전투상황 지휘통제 등의 실제 상황 훈련이 어려운 분야들은 가상융합기술을 적용하여 반복 훈련, 교육이 가능하도록 활용할 수 있다. 특히 콘텐츠 서비스를 위한 블루오션 플랫폼으로 주목받는 자율주행 자동차의 실제 주행 시뮬레이션을 위해 3D 공간 정보의 구축 및 차량흐름 정보, 신호 및 도로 정보 등에 XR 기술을 접목한 효율적이고 안전한 가상훈련방식이 주목받고 있다.

성공사례의 산업적 영향력이 큰 분야이므로 선도사례 확보를 통한 글로벌경쟁력 선점을 위해 민관협력의 입체적인 전략과 정책추진이 필요한 부분이다.

가상세계의 새로운 규칙

그동안 게임에서 주로 제공되던 가상세계 인터랙션들이 최근 이러한 경험에 익숙한 MZ세대[194]를 중심으로 게임을 넘어서는 새로운 가상사회(메타버스) 공동체의 활성화를 급속히 만들어 내고 있다. 현실세계에서 대면으로 친구를 만나거나 업무를 수행하고 콘서트에 참여하는 것보다 가상세계에서 이러한 욕구를 해결하는 것을 훨씬 편하게 여기는 얼리어답터들이 미래사회의 변화를 주도할 것이다. 이들의 적극적인 가상세계 참여 및 활동들을 통해 그동안 현실세계 중심으로 생성되고 사용되던 콘텐츠들이 가상세계의 다양한 상황에 따른 상호작용 콘텐츠의 생산과 소비로 확장될 것이다. 현실세계와는 달리 중앙적 통제가 효과적으로 작동하기 쉽지 않은 가상융합경제에서 새로운 기준과 질서가 어떻게 만들어지고 어떻게 통제될 것인지가 중요한 이슈이다.

가상세계에서의 개인 인권 침해나 성적인 일탈, 경제적 범죄행위 등을 방지하기 위한 규율들이 현실세계의 가치관을 기준으로 제시될 수는 있으나 전혀 다른 세계관과 경제관을 가진 영역 간의 가치충돌은 명약관화하다. 이미 기존의 중앙집권적 의사결정 및 통제방식에 거부감을 느끼는 탈중앙화 의식들이 모여서 블록체인 기술 기반의 금융, 인증, 유통 등 다양한 비즈니스 모델들을 당연한 변화로 받아들이기 시작하였다. '디지털 콘텐츠'로 대표되는 가상세계 자산의 가치입증을 위한 NFT기술 적용이 사회적 인정을 얻게 되고, 이를 통한 소유권 입증이 유효하게 인정되면서, 일부 영역에서는 현재의 규범과 미래의 가치가 충돌하는 상황[195]들이 발생하기 시작하고 있다. 가상융합경제의 성장 발전을 위해 필요한 적정 수준의 자율과 통제에 대한 사회적인 합의가 이루어져야 할 부분이다.

미래사회의 혈관, 콘텐츠를 재정의해야 할 때

하버드경영대학원의 바라트 아난드 교수는 그의 저서 『콘텐츠의 미래』(2017)에서 "콘텐츠 자체에 집중하는 함정에서 벗어날 것. 대신 연결관계를 키워나갈 것"이라 설파했다. 개별적인 콘텐츠의 힘보다는 연결(Connection)의 힘을 중요하게 생각해야 한다는 것이다. 머릿속에 떠오르는 전통적 콘텐츠(예를 들어 퀸의 보헤미안 랩소디 음반 콘텐츠나, EA의 피파온라인 게임 콘텐츠 등) 개념이 급격히 확장·변화되고 있다. 이제는 전통적인 콘텐츠뿐만 아니라 수많은 데이터와 정보, 이를 기반으로 하는 2차 서비스 결과물까지도 콘텐츠의 영역에서 이해하는 것이 타당하다(SKT에서 교통데이터를 기반으로 생성, 제공하는 티맵 앱은 서비스로서의 콘텐츠(CaaS)의 대표적인 사례이다).

한편 이러한 콘텐츠 개념의 확장은 콘텐츠 기술의 발전에 힘입어 빠르게 다가오고 있는 '가상융합경제'를 움직이는 핵심 동력원(가상융합 기술, XR) 역할로 연결되고 있다. 이를 통해 메타버스가 만들어 내는 새로운 가상세계에서 다양한 상호작용에 의해 생성되는 무수한 포맷의 새로운 콘텐츠들을 머지않은 미래에 일상적으로 만나게 될 것이다.

바야흐로 '콘텐츠 산업'에 대한 재정의가 시작되는 때이다. 삶의 곳곳에 보이지 않게 스며들어 사회와 경제 전반의 활력을 만들어 내는 혈액 역할과도 같은 콘텐츠. 그 진화의 방향과 속도를 관심 있게 지켜보자.

3 **DIGITAL POWER**
2022

글로벌 경쟁 속에서의
국내 OTT 플랫폼 생태계 진화

손민정 소프트웨어정책연구소 선임연구원

다가온 OTT 플랫폼 전쟁 시대

언제부터인지 남녀노소를 불문하고 현대인의 삶 상당 부분에 핸드폰
과 OTT(Over The ToP) 서비스, 온라인 영상 콘텐츠가 자리를 잡고
있다. OTT 전쟁 시대라고 해도 과언이 아닐 정도로 국내외에서 무수
히 많은 OTT 플랫폼이 생겨나고 경쟁을 하고 있다. 하지만 국내 OTT
시장의 선두는 넷플릭스와 유튜브이며, 국내 토종 OTT 플랫폼은 그
뒤에 언급되는 것이 현실이다. 글로벌 OTT 플랫폼의 경우 이미 검증
된 우수한 기술, 콘텐츠, 막강한 자본으로 시장을 독점하고 있다. 이들
의 국내 진출이 소비자는 만족시키고 있을지 모르지만 국내 시장과 국
내 산업에 미치는 영향은 어떤지, 그들의 진출 및 확산이 독이 되는지
아니면 반대로 득이 되고 있는지 살펴보고자 한다. 글로벌 OTT 플랫
폼 진출에 따른 국내 OTT 플랫폼 시장 및 관련 산업의 현황을 점검하
고, 이에 더해 전략적 대응 및 정책적 시사점을 도출하고자 한다.

국내외 시장에서의 OTT 플랫폼의 성장

현대인의 인사말 중에서 "요즘 뭐가 재미있어?"라는 말을 심심찮게 들을 수 있다. 이 말에는 '어떤 플랫폼을 이용하는가?', '어떤 콘텐츠가 재미있는가?'라는 의미가 내포되어 있다. 2010년을 전후로 스마트폰 시대가 본격화됨에 따라 다양한 모바일 서비스가 확대되었고, 지난 몇년 사이 OTT 서비스가 중요한 부분으로 성장하였다. OTT가 전 세계적으로 관심을 받고 성장할 수 있었던 배경에는 미국 시장의 넷플릭스와 유튜브라는 혁신기업이 있었다. 미국 TV 시장은 전통적으로 수백 개의 지상파 케이블TV 간에 경쟁이 치열한 곳이었다. 하지만 2013년 넷플릭스 OTT 서비스 가입자 수가 기존 케이블 가입자 수를 넘어서고, 2005년 개시된 유튜브가 구글에 인수됨으로써 2010년 이후 전 세계적으로 OTT 서비스가 급성장하기 시작하였다.

OTT 서비스는 기존의 TV 서비스가 셋톱박스와 같은 단말기를 통해서만 가능했던 한계를 벗어나 인터넷을 통해 다양한 영상 콘텐츠를 서비스할 수 있도록 진화된 형태이다. OTT는 VOD(Video On Demand, 주문형 비디오) 서비스를 제공하는 하나의 형태이다. VOD는 자신이 보고자 하는 콘텐츠를 주문해서 볼 수 있는 서비스로 IPTV, 케이블TV, 위성TV, 인터넷 포털 사이트, OTT 등을 이용하여 서비스를 활용할 수 있다. 그중에서도 개방형 인터넷을 통해 실시간으로 서비스를 이용할 수 있는 OTT 플랫폼은 현재 가장 각광받고 있다. 이와 같은 서비스가 가능하게 된 배경에는 무선 네트워크 발전 및 스마트폰 보급이 있으며, 사용자들이 시공간적 제약을 뛰어넘어 언제 어디서나 서비스를 이용할 수 있다는 점 역시 높은 평가를 받고 있다.

국내 OTT 플랫폼의 역사를 살펴보면, 글로벌 시장에 버금가는 변화와 발전이 있었다. 국내 OTT 플랫폼은 2004년 세계 최초 동영상 사이트라고 불리는 판도라TV 서비스에서 시작되었다. 판도라TV는 UCC(User Created Contents, 사용자 제작 콘텐츠) 제작물을 만들어서 공유하고 판매까지 할 수 있는 서비스로 시작했다. 이는 글로벌 동영상 서비스 열풍이 불기 전부터 국내에서 서비스가 시작되었다는 점에 주목할 필요가 있다. 또한 개인 방송이 중심이 된 아프리카TV, 곰 TV도 전 세계적으로 비추어 봤을 때 이른 시기에 서비스가 시작되었다. 하지만 국내 OTT 플랫폼의 시장 진출이 빨랐음에도 불구하고, 소비자들에게 선택받지 못하고 특정 마니아층에서만 인정받음에 따라 대중화되지 못했다.

반면 유튜브는 2006년 구글에 인수된 시점을 시작으로 글로벌 플랫폼으로 성장하기 시작했으며, 2008년 국내 시장에 진출하여 OTT 서비스의 영향력을 확대했다. 이후 국내 OTT 시장에는 통신사, 방송사, 영화사, 포털 사업자, 테크기업, 글로벌 기업 등이 앞다투어 진출하기 시작하였다. 기존 VOD 서비스를 OTT 플랫폼에 맞춰 확대해 나갔으며, 2016년 넷플릭스가 국내에 진출해 영향력을 확대함에 따라 국내 OTT 시장의 경쟁이 가열되기 시작했다. 기존의 수많은 OTT 플랫폼들이 합병·재편되었고, 더불어 새로운 OTT 플랫폼이 등장하기 시작했다.

이에 따라 국내 OTT 플랫폼 시장은 국내외 많은 기업들이 참여하고, 소비자들에게는 선택폭이 늘어나는 등 시장 자유경쟁이 가능해졌다는 점에서 긍정적인 측면이 있다. 하지만 소비자들의 선택이 글로벌 OTT 플랫폼 사업자에 집중되어 있다는 점, 더불어 글로벌 OTT 플랫폼은 국내 시장에서 네트워크 사용료, 세금 등을 내지 않음에 따라 국내 관련 산업생태계에 부정적인 영향을 끼친다는 점도 간과할 수 없는 부분이다. 따라서 국내 OTT 플랫폼 시장에 크나큰 영향을 미치고 있는 글로벌 OTT 플랫폼이 실제적으로 어떤 영향을 미치고 있는지 알아보고, 이들이 국내 산업생태계를 활성화시키는 기폭제가 되는지 아니면 파괴자가 되는지 살펴보고자 한다.

〈국내 OTT 플랫폼의 흐름〉

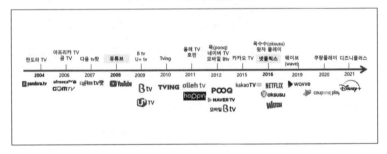

국내 OTT 플랫폼 시장의 효율성 분석

유튜브와 넷플릭스의 등장이 전 세계 소비자들의 환호를 받고 있는 반면, 영상 콘텐츠를 생산하고 유통해 오던 기존의 사업자들에게는 두려움의 대상이 되고 있다. 특정 산업 내 파괴적 창조자(Destructive Creator)로서 혁신기업(Innovator)의 등장은 기존 환경에 긍정적인 영향과 함께 부정적인 영향을 동시에 미친다고 할 수 있다.[196] 파괴적 혁신기업의 등장은 산업의 패러다임을 바꾸고, 나아가 관련 시장을 잠식하는 정도로 인정을 받는 경우이다. 하지만 이들의 부정적인 면은 우수한 기술 및 콘텐츠, 막강한 자본력과 파급력을 가진 이들이 기존 시장을 단시간 내에 독점하는 경우이다.[197] 유튜브와 넷플릭스 역시, 전 세계적으로 높은 점유율을 차지하고 있으며 기존 각국의 사업자들은 그들의 독주를 막기에 역부족인 상황이다. 더욱이 이들 글로벌 플랫폼 기업들은 각국의 소비자들로부터 막대한 수익을 창출하는 반면, 매출에 대한 정확한 신고가 없으며 그에 따른 세금 문제와 함께 국가별 규제를 회피하거나, 통신망 사용료 등을 지불하지 않는 등 문제가 지속적으로 제기되어 왔다.[198]

유튜브와 넷플릭스의 서비스는 서로 다른 특성을 가지고 있다. 유튜브의 경우, 일반 소비자들이 생산한 콘텐츠로부터 시작해서 전문 방송 프로그램까지 제작하는 형태로 발전해 왔다. 유튜브를 통해 다중 채널 네트워크(MCN, Multi-Channel Network)[199] 기업이 생성되는 등 유튜브는 보텀업(Bottom-Up) 방식으로 콘텐츠 제작 분야가 성장할 수 있는 환경을 제공하고 있다.

반면 넷플릭스의 경우, 가입자 기반의 서비스로 TV 프로그램, 영화 등의 전문 콘텐츠만을 제공한다. 콘텐츠 제작기업과 합작하거나, 콘텐츠 기업으로부터 콘텐츠를 구입해서 배포하는 등 전문 콘텐츠 제작 및 확보에 많은 투자를 기울이고 있다. 최근에는 넷플릭스가 자체적으로 콘텐츠를 제작하는 비중이 늘고 있는 추세이다. 이처럼 서로 다른 성향의 플랫폼인 유튜브와 넷플릭스가 글로벌 시장에서 각각 높은 점유율을 유지하고 있다는 점에서, 영상 콘텐츠 산업에 미치는 영향과 그에 따른 효율성 등의 차이가 존재할 것이라고 보았다.[200]

또한 글로벌 OTT 플랫폼의 진입이 각 국가별 고유 영상 콘텐츠 산업에 미치는 영향이 긍정적인지, 부정적인지에 대해서는 의견이 갈리는 것을 확인할 수 있다. 기존 연구들을 살펴보면 글로벌 OTT 플랫폼의 등장이 새로운 유통채널을 생성하고, 관련 콘텐츠 산업을 활성화하며 해외 국가의 문화를 전파함에 따라 긍정적인 역할을 한다고 보는 입장이 있다. 글로벌 OTT 플랫폼 진출이 모방을 통한 국내 OTT 플랫폼이 성장할 수 있는 환경을 만들고, 소비자의 경험을 쌓게 해줄 수 있었다고 보았으며,[201] 그로 인해 OTT 플랫폼을 움직이는 주요 자원인 영상 콘텐츠 관련 기업들이 성장할 수 있는 계기가 되었다고 보았다.[202]

이러한 OTT 플랫폼의 등장으로 소비자 입장에서는 개인의 욕구를 충족시켜줄 수 있는 다양한 비디오 콘텐츠의 소비가 가능하게 되었다.[203] 동시에 경쟁력 있는 콘텐츠 기업들은 해외 시장에 손쉽게 진출할 수 있는 계기가 되었다.[204] 콘텐츠는 다양한 플랫폼을 통해 유통될 수 있는 OSMU(One-Source Multi-Use) 효과를 가지기에 콘텐츠 기업들은 글로벌 OTT 플랫폼을 통해 효율성을 극대화시킬 수 있으며, 콘텐츠 산업을 더욱 성장시킬 수 있는 창구로 이용할 수 있다.[205]

반면 글로벌 OTT 플랫폼이 진출한 국가의 콘텐츠 산업이 경쟁력을 갖추지 못한 경우라면, 이는 글로벌 OTT 플랫폼을 통해 유통되는 해외 콘텐츠에 잠식될 것이며, 해외 선진국의 콘텐츠 확산이 각 국가의 고유 콘텐츠 산업을 쇠퇴하게 할 수도 있다.[206]

글로벌 OTT 플랫폼의 국내 관련 생태계에 미친 영향

OTT 플랫폼을 주축으로 구성되는 생태계에는 플랫폼 운영자, 콘텐츠 제작자, 콘텐츠 제작 관련 서비스업, 콘텐츠 배급업으로 관련 산업을 분류할 수 있다. 한국표준산업분류코드(KSIC, Korean Strandard Industrial Classfication)에 따르면, '영화, 비디오물, 방송프로그램 제작 및 배급업(59100)' 산업이 존재하며 방송, 영화, OTT 플랫폼과 같이 다양한 채널 을 통해 유통되는 콘텐츠들을 제작·배급해주는 산업으로 정의한다. 국내 OTT 플랫폼의 연대기를 보면 순수 국내 OTT 플랫폼만 존재했던 시기(2005~2007년, Period 1)와 유튜브 진출 이후 시기(2008~2015년, Period 2), 넷플릭스 진출 이후 시기(2016~2019년, Period 3)으로 구분했다. 각 시기별로 '영화, 비디오물, 방송프로그램 제작 및 배급업'의 세부 산업별 효율성을 분석하고 변화의 차이를 살펴봄으로써 글로벌 OTT 플랫폼의 진출이 국내 '영화, 비디오물, 방송프로그램 제작 및 배급업' 산업에 미친 영향을 살펴보고자 하였다.

'영화, 비디오물, 방송프로그램 제작 및 배급업(59100)' 세부 산업으로는 ①'영화, 비디오물 및 방송프로그램 제작업'(59110), ②'영화, 비디오물 및 방송프로그램 제작 관련 서비스업'(59120), ③'영화, 비디오물 및 방송프로그램 배급업'(59130)으로 나뉘며, 이 중에서 제작업과 배급업을 연구 대상으로 좁혔다.

제작 관련 서비스업의 경우, 산업으로 분류하기엔 기업들의 업무 형태가 번역, 자막, 복사 등의 제작업을 지원해 주는 정도로 발전하지 못하였으며, 연구 기간(2005~2019년) 동안 해당되는 기업 열 개 중, 다섯 개가 폐업하고, 관련 재무정보가 제대로 신고되지 않아 연구대상에서 제외시켰다. 데이터는 KISVALUE에서 기본적으로 관련 코드 산업군을 추출하였고, KISLINE을 참고해서 데이터를 보강하였다.

수집된 데이터를 바탕으로 공급자가 주어진 투입량에서 최대의 산출량을 생산하는 능력인 기술적 효율성(TE, Technical Efficiency)을 도출하여 시기별 산업의 효율성 변화를 살펴보았다. 이때 한 기업의 기술적 효율성이란 일정한 기술 수준을 전제로 투입 대비 최대가능 산출과 실제 산출의 차이로 나타내며, 해당 기업의 기술 수준이 상대적으로 어느 위치에 있는가를 나타낸다. 여기서 해당 기업의 기술 수준이 생산함수로부터 멀리 떨어져 있을수록 해당 기업은 낮은 수준의 효율성을 보이고 있음을 의미한다.

또한 특정 분야에서 활동하는 기업들의 기술 효율성은 다른 분야에서 다른 기술을 가지고 활동하는 기업과 비교하기 어렵기 때문에 서로 다른 그룹 간의 기술 효율성에 대한 비교를 위해 추가 분석이 필요하였다. 다른 기술 조건에서 운영되는 그룹 간의 효율성 수준을 비교하기 위해 모든 그룹의 생산함수를 감싸는 전체 생산함수(메타프론티어)를 도출하였고, 이를 통해 서로 다른 산업군의 기업 효율성을 분석하고자 하였다.

분석 결과로 각 시기별 세부 산업인 제작업, 배급업의 기술 효율성을 우선적으로 도출하였다. 국내 영화, 비디오물 및 방송프로그램 제작업의 경우 국내 OTT 플랫폼이 시작된 시점부터 지속적으로 효율성이 증가하였음을 알 수 있으며, 배급업의 경우는 글로벌 OTT 플랫폼이 진출한 이후로 효율성이 떨어졌음을 알 수 있다. 배급업은 영화, 비디오물 및 방송프로그램의 배급권을 획득하고 영화관, 방송사 및 기타 상영자(일반 소비자 제외)에게 배급하는 산업활동으로 전문 콘텐츠 배급을 담당하는 OTT의 등장은 막강한 경쟁자의 등장으로 볼 수 있으며, 배급업의 기술 효율성이 크게 떨어졌음을 알 수 있다.

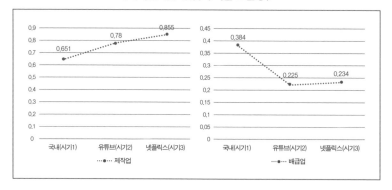

〈시기별 세부 산업의 기술 효율성〉

　　서로 다른 산업 간 기술 효율성 분석을 위해 도출된 전체 생산함수에서 제조업, 배급업의 각 그룹별 생산함수 간 거리를 살펴봄으로써 기술적 격차를 확인할 수 있다. 이는 전체 생산함수에서 멀리 떨어질수록 기술격차가 크고 가까울수록 기술격차가 낮음을 나타낸다. 실제 기술격차 수치상에서는 수치가 높을수록 기술격차가 낮으며, 수치가 낮을수록 기술격차가 높다.

　　표를 보면 제작업의 경우 국내 OTT 플랫폼만 존재했을 때 기술적 격차가 가장 낮았고, 글로벌 OTT 플랫폼이 국내에 진출한 이후로는 기술적 격차가 높아졌음을 알 수 있다. 이는 상대적으로 기술 혁신이 높았다고 평가되는 시기가 국내 OTT 플랫폼만이 존재했을 때이며, 많은 경쟁자들이 진출한 이후로는 기술 혁신이 낮게 평가됨을 알 수 있다. 반면 배급업의 경우는 유튜브 진출 전후에 기술 혁신이 높았으며, 넷플릭스 전후에 기술 혁신이 조금 떨어졌음을 알 수 있다.

〈전체 생산함수 대비 기술적 격차율〉

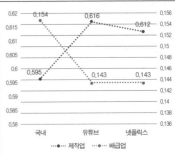

〈전체 생산함수 대비 기술적 효율성〉

　최종적으로 다른 그룹 간의 전체 생산함수 대비 기술적 효율성을 비교한 결과, 제작업의 경우 국내 OTT 플랫폼만 있던 시기와 비교해서 유튜브와 넷플릭스가 진출한 이후에 기술적 효율성이 높아졌음을 알 수 있다. 이는 배급업과 비교해서 상대적으로 기술적 혁신은 감소했지만, 제조업 산업의 전체 기술적 효율성은 증가했음을 알 수 있다. 더불어 제작업의 경우 배급업 대비 기술적 효율성이 월등히 높음을 알 수 있다.

　반면 배급업의 경우는 글로벌 OTT 플랫폼 진출 이후, 기술적 혁신이 있었지만 기술적 효율성은 떨어지고 있음을 알 수 있다. 궁극적으로 글로벌 OTT 플랫폼 진출은 국내 제작업 생태계의 성장에 긍정적인 영향을 미쳤다고 볼 수 있다. 국내 배급업의 경우는 글로벌 OTT 플랫폼 진출로 인해 기술적 효율성이 감소하면서 경쟁력이 떨어지고 있음을 알 수 있다. 배급업은 상대적으로 새로운 OTT 플랫폼의 등장 전후로 기술적 효율성에 큰 변화가 없고 다소 감소하는 경향을 보인다. 그러나 큰 기술적 격차와 기술 혁신을 바탕으로 앞으로의 성장 추세를 예상할 수 있을 것으로 보인다.

국내 OTT 플랫폼 발전 방향 시사점

OTT 플랫폼의 등장은 전 세계의 통신, 방송, 미디어 산업 등의 흐름을 바꾸어 놓았다. 글로벌 OTT 플랫폼의 진출 역시 국내 시장에 양날의 검으로써 긍정적인 면과 부정적인 면을 모두 가지고 있다고 할 수 있다. OTT 플랫폼과 밀접한 관계를 가지는 국내 콘텐츠 제작업의 경우, 글로벌 경쟁을 할 수 있고 혁신할 수 있는 환경을 구축했으며, 성장하고 있음을 수치로 확인할 수 있었다. 하지만 콘텐츠 배급업의 경우는 글로벌 OTT 진출로 인해 상대적으로 효율성이 떨어지고 있음을 확인할 수 있었다.

최근 넷플릭스를 통해 전 세계적으로 주목을 받고 있는 오징어 게임, 킹덤, 스위트 홈 등의 국내 콘텐츠들이 등장은 현실을 가장 잘 보여주고 있다. 글로벌 OTT 플랫폼의 등장이 글로벌 유통 채널뿐만 아니라 안정적인 제작 환경을 지원해 줌으로써 국내 콘텐츠 제작업은 혁신적인 성장을 하고 있는 것이 사실이다. 하지만 그 내면에는 제작비 투자에 대한 수익 배분이 넷플릭스에 유리하게 작용하는 점과 국내 관련 생태계에서는 성장, 혁신에 궁극적인 한계가 존재한다는 점에서 여전히 풀어야 할 문제로 남아 있는 상태이다.

혁신의 결과물로써 글로벌 OTT 플랫폼의 성장 및 확산은 국내 관련 산업도 성장할 수 있는 자극제가 될 수 있는 반면, 그렇지 못한 분야는 자연스럽게 도태될 수 있다는 점을 확인할 수 있었다. 글로벌 OTT 플랫폼의 안정적인 콘텐츠 투자 지원은 국내 콘텐츠 제작업의 생태계 활성화에 기여하였고, 글로벌 진출 가능성을 확인해주었다. 앞으로는 국내 OTT 플랫폼 생태계 스스로가 자생적 투자생태계를 형성할 수 있도

록 펀드, 세제혜택 등의 지원체계를 마련해야 할 것이며, 글로벌 경쟁
력을 가질 수 있는 차별화, 다각화할 수 있는 환경을 마련해줘야 할 것
이다. 한편 정부 입장에서도 글로벌 OTT 플랫폼의 진출 및 성장이 국
내 산업 성장의 방해가 되거나 문제가 되는 부분은 없는지, 국내와 비
교하여 불공평한 규제가 있는지 등의 방안 마련이 필요하다. 이들을
통해 글로벌 환경에서도 경쟁할 수 있는 국내 OTT 플랫폼의 등장, 글
로벌 OTT 플랫폼과 차별화되는 국내 콘텐츠 투자·제작, 유통이 가능
한 능동적인 OTT 플랫폼 생태계로의 성장을 기대한다.

4

블록체인이 만드는
새로운 산업

박수용 서강대학교 교수

블록체인이란 무엇인가

블록체인은 P2P 네트워크, 비대칭키, 해싱, 합의 알고리즘 등 다양한 기술들이 융합되어 만들어진 기술이다. 그렇기 때문에 블록체인 기술에 대해서 자세히 설명하고자 한다면 끝없이 설명할 수 있다. 하지만 어려운 기술적인 개념들을 다 덜어내고 블록체인을 한마디로 표현한다면 '신뢰를 주는 기술'이라고 표현할 수 있다. 블록체인 기술이 가지고 있는 투명성과 무결성은 중앙화된 기관 없이도 개인 간의 신뢰 있는 거래를 가능하게 해 준다. 오늘날까지 우리는 토지 거래를 할 땐 부동산을 통해서 거래를 진행하였고, 돈을 송금할 땐 은행을 통해서 거래하며, 특정 기관을 통해서 상호 간에 거래를 위한 신뢰를 구축해 왔다. 하지만 블록체인이 세상에 등장함으로써, 특정 기관을 통해 쌓던 신뢰를 블록체인을 통해서 직접적으로 사람 사이에서 구축할 수 있게 된 것이다.

블록체인을 이용한 대표적인 활용 사례는 비트코인과 이더리움이다. 비트코인과 이더리움은 블록체인을 대표하는 플랫폼으로서 비트코인은 개인 간의 거래를 목적으로 만들어진 블록체인이고, 이더리움은 블록체인 기반으로 다양한 서비스 제공을 목적으로 만들어진 블록체인이다. 비트코인은 처음 세상에 나타난 블록체인으로서 존재 자체만으로도 큰 의미가 있다. 현재 많은 블록체인 플랫폼들이 비트코인을 참고해 개발되고 있다.

비트코인은 개인 간의 거래에 초점을 두어 개발되었기 때문에 1세대 블록체인이라 불리고 있다. 이더리움은 2세대 블록체인으로 표현되고 있으며, 기존 비트코인이 지원하던 개인 간의 거래뿐만 아니라 스마트 콘트랙트를 통해 다양한 블록체인 서비스를 가능하도록 지원하고 있다. 스마트 콘트랙트란 계약서처럼 사전에 협의한 내용을 블록체인에 저장하고, 계약 조건이 충족되면 자동으로 계약 내용이 실행되도록 하는 것이다. 현재 이더리움의 스마트 콘트랙트를 통해서 다양한 서비스들이 생성되고 있고, 앞으로 이를 통한 블록체인 기반의 서비스들이 개발되어 우리 앞에 나타날 것이다.

블록체인의 기존 산업

블록체인은 탈중앙화된 지불결제 시스템을 만들고자 한 것이고 이를 가능하게 한 것이 암호화폐이다. 블록체인을 통해 발행되는 암호화폐는 블록체인이 가지고 있는 투명성과 신뢰성을 바탕으로 다양한 곳에서 활용할 수 있을 것으로 예상되고, 앞으로 실물 화폐의 가치를 대체할 자산으로 떠오르고 있다. 'Coin Market Cap'이라는 암호화폐 거래소에 의하면 현재 등록된 암호화폐의 종류는 11,185개 이상으로 파악된다. 이러한 다양한 암호화폐는 사용 목적에 따라 분류될 수 있다.

암호화폐는 크게 코인 혹은 토큰으로 분류가 가능하다. 코인은 다른 플랫폼에 종속되지 않고 자체적인 블록체인 네트워크를 가지고 있으며, 이를 바탕으로 독립적인 생태계를 구성하고 있는 비트코인, 이더리움과 같은 암호화폐를 이야기한다. 예를 들어 비트코인 네트워크에서는 다른 플랫폼에서 발행하는 이더리움이나 이오스와 같은 암호화폐는 사용하지 못하고 비트코인만을 통한 거래만 가능하고 기록된다. 반면에 토큰은 독자적인 플랫폼이 없고 다른 플랫폼 위에서 특정 용도로 사용하기 위해 개발된 암호화폐이다. 예를 들어 이더리움 기반의 대표적인 분산형 애플리케이션인 '크립토키티'에서 사용되는 암호화폐가 대표적인 토큰이라고 할 수 있다.

블록체인을 무역 및 SCM 분야에 적용할 경우 해당 분야의 프로세스를 간소화할 수 있다. 무역 및 유통 분야에는 다양한 이해관계자들이 존재한다. 유통 분야만 해도 제조업자, 도매상, 중간 도매상, 소매상, 소비자에 해당하는 이해관계자들이 존재하고, 무역 분야는 이보다 더 복잡한 이해관계자들이 존재한다. 하지만 블록체인을 적용할 경우, 불필요한 절차를 생략할 수 있다는 이점이 생긴다. 예를 들어 각 이해관계자들끼리 서류를 주고받을 때 특정한 공증이 필요한 상황이라면, 블록체인에 해당 서류를 저장하여 공증 없이 곧장 서류를 처리할 수 있다.

또한 블록체인을 사용하는 경우 사건, 사고를 쉽게 수습하고 대처할 수 있다. 예를 들어 온라인 쇼핑몰을 통해서 물건을 받았는데 물건이 손상되어 왔을 때 택배사에 연락해야 할지, 온라인 쇼핑몰에 연락해야 할지, 판매자에게 연락해야 할지 고민할 수 있다. 이러한 상황에서 블록체인이 있다면, 블록체인 내에 저장되어 있는 기록을 보고 물건이 어디서 손상이 되었고 왜 손상이 되었는지 손쉽게 파악할 수 있다.

블록체인을 유통 및 무역 분야에 적용하기 위한 움직임은 블록체인이 막 탄생했을 때부터 있었다. 오늘날에는 IBM, 월마트, 머스크, 테슬라와 같은 글로벌 기업들이 무역 및 SCM을 위해 블록체인을 적용하고 시범사업을 진행하고 있다. 한 물류매거진의 조사에 따르면, 블록체인으로 인해 글로벌 공급체인이 유례없는 수준의 안전한 투명성을 갖출 수 있을 것이며, 전 세계 GDP가 5%, 총 교역량이 15% 증가할 것으로 예상했다.

새로운 산업 창출

앞서 간략하게 블록체인이 기존 산업에 어떻게 융합되었는지를 암호화폐와 무역 및 SCM 분야를 예로 들어 설명했다. 이번에는 블록체인을 통해 새롭게 생성된, 혹은 생성될 수 있는 산업들에 대해서 알아보자.

디파이란 탈중앙화 금융(Decentralized Finance)의 약자로서 중개기관 없이 블록체인 기술을 기반으로 암호화폐를 활용한 금융 거래를 의미한다. 기존 금융 거래는 증권사, 은행과 같은 중개기관을 통해서 이루어졌는데, 디파이에서는 블록체인 시스템과 스마트 콘트랙트 알고리즘을 통해서 금융 거래가 이루어진다. 기존 금융과 비교했을 때, 디파이는 특정 중개자 없이 전 세계 모든 사람이 네트워크를 통해 거래할 수 있으며, 여기서 발생하는 데이터는 수천 대의 컴퓨터에 동시 보관된다는 특징이 있다.

디파이 시장에서 가장 활발하게 움직이고 있는 분야는 암호화폐 대출 시장이다. 기존의 금융 시장에서 자산을 대출받기 위해서는 금융기관을 통해서만 대출을 받을 수 있었다. 하지만 디파이를 통한 암호화폐 대출은 개인 간 대출이 가능하다. 암호화폐를 대출해 주고 이자를 통해서 수익을 내고 싶은 사람은 스마트 콘트랙트에 본인의 암호화폐를 거치하여 수익을 낼 수 있다. 암호화폐를 대출받고 싶은 사람도 기존 금융기관에 지불하던 금액보다 싸게 암호화폐를 대출받을 수 있다.

디파이의 가장 큰 장점은 금융 거래에서 발생할 수 있는 모든 위협을 블록체인과 스마트 콘트랙트를 통해서 사전에 방지할 수 있고, 금융 시스템을 이용하는 데 있어서 국경이나 위치에 구애받지 않는다는

〈디파이 시장 규모〉

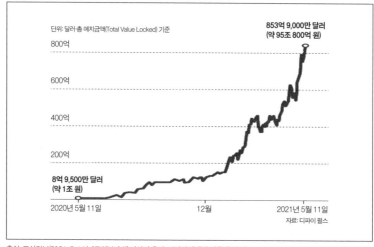

출처: 조선일보(2021. 5. 14.), "코인보다 센 녀석이 온다… '디파이' 금융상품 주의보"

것이다. 오늘날 디파이 분야는 대출 분야로 한정되어 있지만, 앞으로 탈중앙화된 암호화폐 거래소, 자산관리, 파생상품 등 실제 금융이 제공하는 모든 기능을 할 수 있을 것으로 기대된다. 이러한 기대를 가지고 있는 디파이 시장의 규모는 2020년 8억 9,500만 달러에서 2021년 853억 9,000만 달러 규모로 빠르게 성장하고 있다.

일반적인 암호화폐는 누구나 사용할 수 있고 통용할 수 있게 만들어진 것과 달리, NFT는 하나하나에 고유한 인식 값을 가지고 있다. 즉 NFT는 특정 물건에 1대1로 매칭되는 하나의 보증서 혹은 인증서라고 할 수 있다. 현실 세계에서는 토지 및 명품과 같이 특별한 가치를 가진 물건의 소유권은 특정 기관 등을 통해서 가치를 인정받거나 소유권을 인정받을 수 있다. 하지만 게임 아이템 혹은 디지털 아트와 같이 컴퓨터 세상에서 만들어진 물건들에 대한 가치나 소유권은 기존의 방식으로는 인정받기 힘들다.

NFT는 이러한 디지털 자산에 대한 가치 및 소유권을 인정해 주는 암호화폐의 한 종류이다. NFT는 이더리움 블록체인에서 스마트 콘트랙트를 활용한 ERC-721이라는 규정을 토대로 생성되며, 생성된 NFT는 각기 다른 디지털 물건과 매칭되고 각기 다른 가격을 가지게 된다. NFT의 장점은 크게 두 가지로 표현할 수 있다. ①NFT는 특정 물건과 1대1로 매칭이 되기 때문에 NFT가 존재하는 물건의 경우 복제가 어렵고, 위조품으로 인해 가치가 무너지지 않는다(위조 불가능성). ②블록체인의 데이터는 공개적이고 투명하기 때문에 NFT의 출처, 발행 시간, 소유자 내역 등의 기록을 전부 확인할 수 있다(추적성).

현재 다양한 디지털 작품들이 고유의 NFT를 부여받아 판매되고 있다. 몇 가지 사례를 소개하자면, 테슬라 일론 머스크의 아내인 그라임스가 본인의 디지털 작품에 NFT를 부여하여, 20분 만에 65억 원을 벌었다. 또한 피자헛도 디지털 피자 조각을 만들어서 약 1,030만 원에 판매했고, 우리나라의 국보 훈민정음 해례본 또한 디지털화되어 NFT를 부여받아 판매되었다. NFT 시장은 주로 게임과 예술품을 바탕으로 빠르게 성장하고 있다. 2017년 시장 규모는 3,000만 달러였는데, 2019년 시장 규모는 2억 1,000만 달러로, 2년 만에 약 7배 상승했다. 이렇듯 앞으로 NFT의 활용 가능성은 무한하다고 볼 수 있다.

메타버스에서는 단순히 다른 사람들과 만나는 것을 넘어, 메타버스 속에서 경제 활동도 가능하다. 예를 들면, 제페토에서는 본인이 옷을 직접 만들고 그 옷을 다른 사람들에게 팔 수 있다. 하지만 현재의 메타버스는 물건을 사고파는 정도의 단순한 경제 활동만 가능하다. 메타버스가 진정한 현실 세계와 같은 사회적·경제적 활동이 통용되는 3차원 가상공간으로 거듭나기 위해서는 부동산 거래, 집 거래, 명품 거래 등과 같이 더 다양하고 복잡한 경제 활동을 지원할 필요성이 있다.

메타버스에서 이러한 복잡한 경제 활동을 할 수 있으려면 블록체인 기술이 필요하다. 블록체인을 활용하면 메타버스에서도 신뢰가 형성되어 정교한 경제 시스템이 구축될 수 있다. 블록체인 기술을 통해 메타버스 속 자산에 대한 소유권을 증명할 수도 있고, 해당 자산에 대한 위·변조도 방지할 수 있다. 또한 블록체인의 암호화폐를 사용하여 게임 속 돈을 밖으로 꺼내는 경제 활동을 통해 블록체인이 가상공간과 현실 세계를 연결해 주는 다리 역할도 수행할 수 있게 된다.

메타버스에서 암호화폐의 활용성은 무궁무진할 것으로 예상되는 가운데, 특히 NFT를 활용한 메타버스에 대한 관심도가 가장 높다. NFT가 메타버스 속에서 구현됨으로써, 메타버스 속 사용자는 본인이 제작한 물건들에 NFT를 붙여 프리미엄을 부여할 수 있다. 예를 들면 가수 BTS 멤버들이 제작한 옷에 NFT를 통해 프리미엄을 부여할 수 있게 되는 식이다. 이미 구찌, 나이키와 같은 글로벌 기업들이 제페토에서 본인들의 회사 제품을 팔고 있는 것처럼 NFT가 메타버스 속에 구현되어 물건에 대한 인증이 보장된다면, 수많은 의류 및 명품 회사들이 물건을 팔기 위한 새로운 시장으로서 메타버스 시장에 뛰어들 수도 있다. 다양한 기업들이 자사의 제품을 팔기 위해 메타버스에 투자한다는 것은 결국 메타버스의 엄청난 성장을 가져오게 될 것이다.

이러한 메타버스와 블록체인의 동반 성장 가능성을 알아차리고 블록체인 기반의 가상세계를 구축하고 있는 'Decentraland', 'Cryptovoxel'과 같은 프로젝트들이 이미 존재한다. 이외에도 블록체인 기반의 메타버스를 만들기 위한 수많은 프로젝트들이 존재하고, 앞으로도 계속 생길 것이다. 앞으로 변화할 세상 속에 블록체인과 메타버스는 어떤 모습과 역할을 하고 있을지 기대되며, 미래에는 Zoom을 통해서 수업하는 게 아니라 메타버스 속에서 수업하는 세상이 올 수도 있을 것으로 생각된다.

신재생 에너지와 블록체인

블록체인의 암호화폐 채굴로 발생하는 전력량이 환경오염의 주범이라는 인식이 있다. 하지만 채굴로 인해 전력 소모가 발생하는 경우는 특정 몇몇 블록체인 플랫폼에 불과하다. 또한 채굴로 전력을 가장 많이 소모한다고 알려진 비트코인의 경우, 연간 130Twh를 소모하는 데 비해 유튜브 시청은 연간 600Twh를 사용하는 것으로 알려져 있다. 모든 데이터가 투명하게 공개되는 블록체인의 투명성이 가장 돋보일 수 있는 분야가 에너지 분야이다. 에너지를 어떻게 생산하고 생성된 에너지를 어떻게 활용하는지 블록체인에 기록하면 현재 재생에너지 사업이 활력을 얻을 수 있을 것이다.

국내에서는 SK그룹이 국내 최초로 RE100 가입을 선언했다. 재생에너지(Renewable Energy) 100%를 의미하는 RE100은 기업이 사용하는 전기의 100%를 재생에너지로 조달하겠다는 자발적인 캠페인이다. 미국, 유럽, 일본 등에서 점차 확산되어 현재 총 264개의 기업이 RE100에 참가 의사를 밝혔다. 구글, 애플을 비롯해 마이크로소프트, GM, BMW, 소니, 나이키 등 잘 알려진 글로벌 기업들은 납품사에도 재생에너지 사용을 요구하고 있다. 이러한 기후변화에 대처하는 시대적인 흐름 속에서 블록체인은 각 기업 간에 RE100을 잘 지키고 있는지 상호 신뢰를 연결해 주는 매개체가 될 수 있을 것이다.

또한 블록체인은 탄소배출권 거래를 위해 사용할 수 있다. 세계은행은 2020년 이후부터 전 세계 197개국이 의무적으로 이행해야 하는 탄소 배출권 시장이 약 4,000조 원 시장으로 커질 것으로 예상했다. 탄소배출권은 기후변화협약에 의해 할당받은 각 국가별, 기업별 온실가스 감축의무와 배출 허용량을 말한다. 할당량 미만으로 온실가스를 배출할 경우 그 여유분을 다른 국가나 기업에 팔 수 있고, 그 반대로 온실가스의 배출이 할당량을 초과할 경우에는 다른 국가나 기업에서 배출권을 살 수 있다. 이러한 탄소배출권에서 가장 중요한 것은 탄소를 얼마나 배출했는지 측정 및 기록하는 작업이다. 블록체인을 활용하여 탄소배출권 국제 거래 플랫폼을 만든다면, 각 기업이나 국가들은 각자 탄소를 얼마나 배출했는지 블록체인에 기록하여 신뢰를 기반으로 탄소 배출권을 사고팔 수 있을 것이다.

블록체인의 미래와 2030년 변화상

블록체인 세계 시장은 2018년 5억 5,000만 달러였던 규모가 2022년에는 37억 4,000만 달러까지 성장할 것으로 예상된다. 또한 세계적인 흐름에 맞춰 국내 블록체인 시장의 규모도 계속해서 성장할 것으로 예측된다.

우리가 사는 세상에는 서로를 믿지 못하게 만드는 일들이 너무 많다. 그러다 보니 인류는 중앙화되고 믿을 만한 기관을 만들어 해당 기관을 통해 서로 거래하고 여러 가지 일을 처리한다. 하지만 그렇다고 해서 중앙화된 기관이 우리가 제공하는 데이터를 마음대로 다루지 않을 것이라는 확신을 주지는 않는다. 또한 오늘날과 같이 인터넷이 활

〈블록체인 시장 전망〉

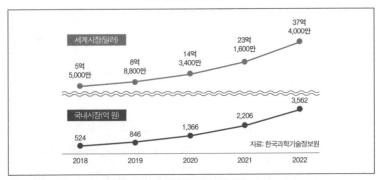

출처: 이데일리(2019. 11. 19.), "'블록체인 시장 선점' 발빠르게 움직이는 국내 기업"

발한 시대에 살면서 인터넷상에서 주고받는 정보들이 신뢰할 수 있는 정보인가에 대한 확신도 부족한 세상이다.

즉 우리는 오염된 물인지 깨끗한 물인지도 모르는 정보의 바닷속에서 헤엄을 치고 있는 것이다. 이러한 혼란 속에서 블록체인은 사람 간의 신뢰 혹은 사람과 기관 사이에서의 신뢰, 그리고 인터넷상에서의 신뢰를 보장해 줄 수 있는 기술이 되어 준다. 기존의 인터넷이 정보의 인터넷(Internet of Information)이었다면, 이제 곧 블록체인을 통해 모두의 신뢰가 보장되는 가치의 인터넷(Internet of Value) 시대가 열릴 것이다.

EU 스타트업 전문 미디어 'EU 스타트업(EU-Startups)'은 2030년 미래에 가지게 될 블록체인의 다섯 가지 가치에 대해 발표했다. ①재정적 포괄성을 위한 도구, ②가치 창출 자산의 분산화를 위한 도구, ③보편적 자기 주권 신원을 위한 도구, ④정부의 가상화폐 도입을 위한 도구, ⑤글로벌 분산 경제 구축을 위한 도구가 그것이다. 이에 관한 내용을 좀 더 자세히 살펴보자.

전 세계적으로 약 20억 명가량이 은행을 이용하지 못하고, 금융 서비스에서 소외되고 있다. 미래에 블록체인은 일부 국가와 계층의 재정적 포괄성 문제를 해소하는 핵심 도구 역할을 담당할 것이다. 블록체인의 재정적 포괄성은 중앙은행의 관리 은행 계좌 개설, 서비스 이용 권한 부여와 같은 복잡한 과정 없이, 전 세계 소외 계층에 금융 서비스를 제공할 수 있을 것이다.

기존 블록체인이 없는 세상에서는 거대 자산에 대한 투자는 재력과 정보를 보유한 자산가들이 독점해 왔다. 하지만 블록체인을 통해 모든 자산의 디지털화가 이루어질 수 있다. 이는 모든 사람이 거대 자산에 대해 투자할 수 있게 된다는 것을 의미한다. 예를 들어 기존에는 특급호텔 등 거대 자산을 구매하기 위해서는 금융기관으로부터 막대한 자금을 빌려야 했다. 하지만 특급호텔의 가치를 블록체인에 저장하고 이것을 사용자들에게 누구나 투자할 수 있도록 보장한다면 누구나 호텔의 일부 소유주가 될 수 있다.

SSI(Self-Sovereign Identity)는 본인의 신원을 인증하기 위해서 서비스 제공 기관 혹은 서비스 인증 기관에 의존하지 않고, 사용자 스스로 신원을 관리할 수 있는 디지털 신원 확장 방식이다. 블록체인 기반의 SSI는 디지털 세상 변화와 요구에 적합한 새로운 인증 모델로 평가받고 있다. SSI는 상용자가 특정 기관에 의존하지 않고 자신 스스로 신원을 생성하고 관리할 수 있기 때문에 다양한 규제환경에서도 사용이 가능하다.

현재 EU 각국 정부는 비트코인 등 암호화폐 채택을 위한 움직임을 보이고 있다. 어떤 형태로든 디지털 암호화폐를 발행하고 보급할 수 있는 방법이 필요하고, 이를 통해 경제 성장을 이끌어야 하는 상황에 마주쳤다. 디지털 시대 진입으로 '중앙은행 디지털 화폐(CBDC)' 등 디지털 통화 도입은 더 이상 피할 수 없는 시대의 흐름이 되었고, 블록체인은 이러한 디지털 통화 도입을 위한 도구로써 가치를 가지게 될 것이다.

블록체인은 이미 글로벌 공급망에서 비즈니스 가치를 증명했다. 최근 들어서는 의약품, 의료기기 등의 분야에서 위조 및 가짜 의약품에 의한 사고 등을 막기 위해 널리 활용하고 있다. 가까운 미래에 대부분의 세계 무역이 블록체인 기술을 활용해 이루어질 것으로 전망되고, 이를 통해 블록체인이 글로벌 분산 경제 구축을 위한 도구로써의 가치를 가지게 될 것이다.

'EU 스타트업'이 예측한 것과 같이 블록체인은 미래 디지털 사회에서 다양한 가치를 부여받게 될 것이다. 블록체인의 가치가 훼손되지 않고 올바른 방향으로 발전할 수 있도록 세계 각국에서도 다양한 노력을 하며 블록체인 사업 육성에 힘쓰고 있다. 2021년 7월 19일 금융 시장 관련 미국 대통령 워킹크룹(PWG) 회의에 여러 미국 관료들이 참석하여 스테이블 코인의 다양한 잠재력을 긍정적으로 평가했다. 또한 스테이블 코인 소액 결제 지원을 위한 다양한 보호 장치가 필요하다고 발표했다.

뉴욕시의 경우 토지 매매증서에 사기 방지를 위해 블록체인 기술을 적용하겠다고 발표했다. 뉴욕시는 약 50만 건의 기록에 기술을 적용하기 위해 개발에 착수했으며, 거래 투명성 확보와 부정행위 차단을 목적으로 한다고 발표했다. 캐나다 중앙은행은 CBDC가 결제 분야에서 효율적 정책 도구로 활용이 가능하다고 평가하고, 경쟁과 혁신 관점에서 CBDC 도입이 필요하다는 보고서를 발표했다. 이외에도 암호화폐에 대한 각국의 규제 및 과세 정책들도 같이 발표되고 있다. 이러한 각국의 보고서 및 정책 발표는 블록체인에 대한 가치를 인정하는 것처럼 여겨지나, 과도한 정책 및 규제로 인해 블록체인 산업이 위축될 수도 있다는 우려를 낳을 수 있다.

1) Messerlin, P., & Shin, W.(2017), "The K-pop Success: How Big and Why So Fast?", Asian Journal of Social Sciences, 45(4-5), 409-439.

2) 헤럴드경제(2021. 9. 16.), "美 FTC '5大 빅테크 10년간 600여 개 회사 인수'…수직합병 지침 철회"

3) 아마존의 반독점 역설(Amazon's Antitrust Paradox)은 미국 연방거래위원장(한국의 공정위원회 격) 리나 칸의 박사학위 논문으로 소비자의 후생을 높이는 기업이라도 사회에 악영향을 미칠 수 있다는 내용이다.

4) 개정된 타다 금지법에서 헤이딜러 같은 전자거래 사이트도 3300㎡(약 998평)의 물리적인 주차장을 보유해야 한다고 정하면서 헤이딜러는 폐업하게 되었음

5) 온라인 플랫폼 공정화법은 표준계약서 작성을 의무화해 플랫폼 입점 업체를 보호하고자 제6조에서 표준계약서에 서비스 내용, 서비스 변경 사항, 상품 노출 순서, 손해분담 기준 등을 반드시 기재하도록 하고 있다. 플랫폼 기업들은 사업 자율성이 크게 침해될 것으로 우려하고 있으며, 특히 6조 5항에 거래되는 재화 또는 용역이 온라인 플랫폼에 노출되는 순서, 형태 및 기준 등에 관한 사항을 기재토록 한 부분에 대해서는 플랫폼 경쟁력의 핵심인 주요 알고리즘 구동 방식이 유출될 수 있다는 지적이 있다.

6) 전자상거래법 25조의 '온라인 플랫폼 운영사업자의 외관책임 강화' 조항에 대해서는 입점 업체와의 거래 과정에서 소비자 피해가 발생하면 플랫폼도 연대 책임을 지도록 한 부분에 대해 과하다는 우려가 존재한다.

7) 전혜숙 의원 발의(2021. 12. 11.), "온라인 플랫폼 이용자 보호에 관한 법률('플랫폼 이용자 보호법')"과 "전기통신사업법 일부개정 법률안" 등 2건의 통신사업자에 관한 법률 대표 발의

8) 정희용 의원 발의(2021. 12. 15), 온라인 플랫폼 기업이 부가통신사업 또는 사업자를 인수합병(M&A) 할 때 과학기술통신부 장관 인가를 받도록 하는 "전기통신사업법" 일부 개정 법률안을 발의

9) 변재일 의원 발의, 이용자 수, 매출액, 제공 서비스 등이 일정 기준에 해당하는 전기통신사업자의 경우 보유한 특정 데이터에 대한 이용자 및 사업자의 접근을 의무적으로 허용하도록 하는 전기통신사업법' 개정안을 발의

10) Cremer, Montjoye, and Schweitzer(2019)는 그들의 연구에서 기존 독점기업이 경쟁자 제거를 위한 인수("Killer Acquisition")를 하게 되면 소비자 후생은 감소한다는 것을 밝혔다.

11) Alex Moazed(2016. 6. 2.), "Why Modern Monopolies Are Good", INC.Com

12) 독점이 강화될수록 소비자는 오히려 좋아진다는 역설(Paradox). 그래서 아마존의 독점은 자연독점(Natural Monopoly)이라는 주장도 있다.

13) 이에 대해서는 리나 칸의 주장에 대해 경제 효과를 실증하지 않고 사회 정의를 추구하는 것이 부적절하다는 의미로 반독점 힙스터(Hipster Antitrust)라는 지적을 하기도 한다.

14) Ciriani, S., & Lebourges, M.(2018), "The market dominance of US digital platforms: antitrust implications for the European Union", Available at SSRN 2977933

15) KDI(2021. 8. 12.), "미국의 플랫폼 반독점법안 도입과 시사점"

16) American Choice and Innovation Online Act

17) Ending Platform Monopolies Act

18) Augmenting Compatibility and Competition by Enabling Service Switching Act

19) Platform Competition and Opportunity Act

20) Merger Filing Fee Modernization Act

21) 이 법을 요약하면 미국 온라인 시장 선택과 혁신 법률은 빅테크가 자사 상품을 우대하는 차별행위를 통제한다. 플랫폼 독점 종식 법률은 잘못된 행위를 애초부터 발생하지 않도록 하는 취지다. 서비스 전환 활성화를 통한 경쟁과 호환성 증진 법률은 플랫폼 간 데이터의 원활한 이동을 보장한다. 플랫폼 경쟁과 기회 법률은 거대 플랫폼에 의한 인수합병을 견제해 혁신과 경쟁제한을 막는다.

22) 플랫폼 기업은 소비자에게는 공짜 서비스를 제공하거나 할인쿠폰을 주면서 마이너스 가격을 받고, 대신 판매업체로부터 수수료를 받는다. 소비자가 늘면 판매업체들은 저절로 증가한다. 무료라서 소비자에게 혜택을 주는 것처럼 보이기 때문에 규제하기 어렵다. 그러나 아마존은 이 방식으로 경쟁업체를 따돌리고 소비자로부터는 데이터 등을 착취하기 때문에 문제이고 독점은 강화된다는 것이 리나 칸 2017년 논문의 핵심이다.

23) Khan, L. M. (2016), "Amazon's antitrust paradox", Yale IJ, 126, 710.

24) 예산관리처(OMB: The Office of Management and Budget)와 FTC가 전문기구는 아니지만 개인정보 보호기구로서의 역할을 담당하고는 있다.

25) Stigler Center(2019. 9. 16.), "Stigler Committee on Digital Platforms: Final Report"

26) 中国政府网, 国家市场监督管理总局,《2020年度平台经济领域反垄断事件盘点》, 刘晓春,王敏昊,天风证券研究所整理

27) TF Securities(2021. 4. 16.), "互联网平台反垄断专题研究"

28) 求是(2021. 5. 24.), "中国加强平台经济反垄断监管, 阿里巴巴首当其冲", 关志雄

29) 求是(2021. 6. 7.), "强化平台经济反垄断的经济学思考"

30) 디지털시장법은 최소 3개국 이상 EU 회원국에서 월 이용자 수 4,500만 명 초과 등 기준을 바탕으로 온라인서비스 관문 역할을 하는 '게이트키퍼' 사업자를 규제 대상으로 지정한다. 사실상 GAFA가 규제 대상이다. 게이트키퍼 사업자에는 자사 서비스 우대 행위 금지, 타 서비스 전환 방해를 위한 기술적 제한 금지, 플랫폼 이용기업에서 취득한 데이터로 경쟁하는 행위 금지 등 의무를 부과된다. 한편 디지털서비스법은 온라인 플랫폼 사업자에 불법콘텐츠 신고 메커니즘을 구축하도록 하고 판매자 신원확인, 이용자 의무 고지 등을 강화하는 게 골자다. 타깃 광고와 추천시스템 주요 기준을 공개하도록 했다. EU는 기존 관련업무를 담당하며 전문성을 보유한 정보통신총국에 규제 권한을 부여했다. 유럽전자통신규제청(BEREC)과 같은 모델로 회원국 간 정책 일관성을 담보하도록 한 것도 특징이다. 이 법들은 모두 2021년 12월 15일 발표 예정이다.

31) 매일경제(2017. 6. 27.), "EU, 구글에 '24억 유로' 역대최대 과징금"

32) 파이낸셜뉴스(2018. 7. 19.), "'구글 제국' 때린 EU 채찍… 시장은 회의적"

33) 위클리비즈(2020. 3. 20.), "美·日·獨·EU의 빅테크 규제"

34) GAIA-X 프로젝트는 독일과 유럽의 데이터 주권 및 관련 기업의 경쟁력 확보 그리고 고용 확대를 목적으로 데이터 인프라 구축 및 데이터 생태계 조성을 위해 독일이 최초로 제안을 했다([GAIA-X의 목표] 참조).

35) 자사 우대란 플랫폼 사업자가 자사 플랫폼을 통해 영업하는 이용사업자과 함께 경쟁하면서 자신의 서비스 운영과정이나 노출 등에서 유리하게 만드는 행위를 의미한다. 예컨대 쿠팡이 특정 상품 검색 결과를 보여주는 자기 서비스 공간에서, 자신들의 운영하는 PB상품 브랜드를 집중적으로 노출하는 행위가 이에 해당한다.

36) KDI(2021. 8. 12.), "미국의 플랫폼 반독점법안 도입과 시사점" 발췌

37) 뉴스핌(2021. 9. 23.) 온플법·전상법에 기업결합·심사지침까지…공정위 전방위 규제 '고삐'

38) 2013년부터 2015년까지 투자유치에 성공한 국내 기업을 2019년 5월까지 추적한 결과이며 상세 내용은 한국무역협회(2019.5.9.), 한·미·중 스타트업 투자 생태계 비교 참조

39) 홍대식, 정성무, 관련시장 획정에 있어서의 주요 쟁점 검토, 『경쟁법연구』 제23권, 한국경쟁법학회, 2011. 5, 302-337면

40) 2020년 기준 주요국 소프트웨어 시장 규모: 미국 6,648억 달러, 중국 557억 달러로 약 12배 크기 (SPRi 통계지표)

41) 2010년에 Android와 iOS의 합한 시장 점유율은 40% 미만이었고 노키아, 마이크로소프트, 블랙베리 등이 나머지 시장을 공유했으나, 2020년 안드로이드와 iOS가 모바일 OS 시장을 양분(출처: IDC)

42) "1985년부터 2020년까지 중국의 현재 가격으로 국내총생산(GDP)을 2026년까지 예측", statista, https://www.statista.com/statistics/263770/gross-domestic-product-gdp-of-china/

43) "2020年12月份社会消费品零售总额增长4.6%", http://www.gov.cn/shuju/2021-01/18/content_5580657.htm(검색일: 2021. 9. 27.)

44) 第47次中国互联网络发展情况统计报告, http://www.cnnic.net.cn/hlwfzyj/hlwxzbg/dzswbg/201606/P020160721526975632273.pdf(검색일: 2021. 9. 27.)

45) 조은교, 김계환(2021), "중국의 디지털 실크로드(DSR) 전략과 시사점", KIET, 산업 경제 분석, p. 63

46) 김영선(2021), "중국의 온라인 플랫폼 업계 규제 동향과 시사점", KIEP 세계경제포커스, p. 3

47) 국내 대순환을 주체로 하여 국내-국제 대순환을 상호 촉진하려는 것으로, 국내 내수와 국제 무역을 동시에 발전하겠다는 전략이다.

48) 이 같은 상황에서 시나닷컴이 BTS와 EXO 등 광적인 팬덤 사이트에 대해 웨이보 계정을 제재하는 일이 벌어졌고 일부 한국 언론은 이를 한류에 대한 제재 문제로 보도하기도 했다.

49) "国家广播电视总局办公厅关于进一步加强文艺节目及其人员管理的通知", http://www.nrta.gov.cn/art/2021/9/2/art_113_57756.html (검색일: 2021. 9. 27.)

50) "중국, IT·사교육 이어 게임산업 때리나⋯텐센트 집중 강타", https://www.yna.co.kr/view/AKR20210803127400074 (검색일: 2021. 9. 27.)

51) "또 매맞는 中 빅테크⋯檢까지 텐센트 압박", https://www.hankyung.com/finance/article/2021080892261 (검색일: 2021. 9. 27.)

52) 한국콘텐츠진흥원 중국(북경)비즈니스센터(2021), "중국 콘텐츠 산업 동향", p. 4

53) ECONOMYChosun(2021), "GLOBAL BRIEFING", p. 48 http://economychosun.com/query/upload/407/economychosun407.pdf (검색일: 2021. 9. 27.) "사교육까지 때린 시진핑⋯ 중국 증시 2% 주저앉았다", https://www.chosun.com/economy/stock-finance/2021/07/27/R7SJPU7YYBGANKT3M57C4P7NRQ/(검색일: 2021. 9. 27.)

54) KOTRA 해외시장뉴스, "美 하원, 온라인 플랫폼 규제 법안 5개 발의", https://news.kotra.or.kr/user/globalBbs/kotranews/5/globalBbsDataView.do?setIdx=244&dataIdx=189301 (검색일: 2021. 9. 27.)

55) Executive Order on Promoting Competition in the American Economy, https://www.whitehouse.gov/briefing-room/presidential-actions/2021/07/09/executive-order-on-promoting-competition-in-the-american-economy/ (검색일: 2021. 9. 27.)

56) 민·관 협력 기반 데이터 플랫폼 발전전략(2021), "제23차 4차산업혁명위원회보고 안건 제1호", p. 10

57) 市场监管总局依法对阿里巴巴集团控股有限公司在中国境内网络零售平台服务市场实施"二选一"垄断行为作出行政处罚,http://www.samr.gov.cn/xw/zj/202104/t20210410_327702.html (검색일: 2021. 9. 30.)

58) 2021世界互联网大会乌镇峰会开幕 阿里张勇透露"助力共同富裕"新行动, http://www.chinanews.com/business/2021/09-26/9574138.shtml (검색일: 2021. 9. 30.)

59) 원문에서는 물질이 아닌 원자(Atom)로 표현하였으나, 의미를 살려 물질로 표현

60) 세계경제포럼(2020)

61) 김승현 외(2020), "전환시대 지역혁신생태계에서 선도기업의 역할과 기여", 과학기술정책연구원

62) 김승현 외(2020), "전환시대 지역혁신생태계에서 선도기업의 역할과 기여", 과학기술정책연구원

63) 김승현 외(2020), "전환시대 지역혁신생태계에서 선도기업의 역할과 기여", 과학기술정책연구원

64) WEF(2020), "Digital Transformation: Powering the Great Reset", World Economic Forum

65) Rogers(2016), "The Digital Transformation Playbook_ Rethink Your Business for the Digital Age", Columbia Business School

66) DC, Microsoft(2018), "Unlocking the Economic Impact of Digital Transformation in Asia Pacific", Microsoft Asia Digital Transformation Study 2018 발표자료

67) OECD(2019), "Productivity Growth in the Digital Age"

68) 강재원 외(2019), "중소기업 디지털 전환을 통한 경쟁력 제고", 중소기업연구원

69) 한국산업기술진흥협회(2020), "기업의 디지털 트랜스포메이션(DT) 실태조사", 보도자료

70) 김승현 외(2020), "전환시대 지역혁신생태계에서 선도기업의 역할과 기여", 과학기술정책연구원

71) OECD(2021), "Inclusive Growth Review of Korea: Creating Opportunities for All"

72) 김승현(2021), "혁신성장을 위한 전제조건, 기업의 회복탄력성을 높이자", STEPI Outlook 2021

73) Helfat, C. E.(2007), "Stylized facts, empirical research and theory development in management", Strategic Organization 5(2), pp.185-192

74) 정미애 외(2021), "디지털 전환기 기업혁신활동 변화와 대응전략", 과학기술정책연구원

75) Dawkins, R.(2006), "The God Delusion", UK: Bantam Press

76) Eisenhardt, K., & Sull, D. (2015), "Simple rules: How to thrive in a complex world", Hachette UK

77) Uber.com에 따르면 390만 명의 드라이버가 활동 중이다.

78) Kretschmer, T., Leiponen, A., Schilling, M., & Vasudeva, G.(2020), "Platform ecosystems as meta-organizations: Implications for platform strategies", Strategic Management Journal, in-press

79) 조선일보(2021. 7. 22.), "공정위, 쿠팡 갑질의 상징 '아이템 위너제' 시정"

80) SBS(2018. 10. 25.), "카카오 허점 파고든 매크로…'장거리 손님'만 낚아챈다"

81) Rushe, D.(2019. 5. 30.), "Uber loses more than $1billion in first quarterly report since IPO", The Guardian

82) Cennamo, C., Ozalp, H., & Kretschmer, T.(2018), "Platform architecture and quality tradeoffs of multihoming complements. Information Systems Research", 29(2), 461-478

83) 아이티투데이(2015. 6. 19), "'국내 콘텐츠의 힘?' 네이버TV 체류시간은 유튜브 앞질러"

84) 방송통신위원회가 2021년 2월 발표한 '2020년 방송매체 이용행태조사' 결과에 따르면 유튜브의 2020년 국내 OTT 시장 점유율은 62.3%였다. 다음은 넷플릭스(16.3%), 페이스북(8.6%), 네이버TV(4.8%), 아프리카TV(2.6%) 등의 순이었다.

85) 국민일보(2021. 9. 23), "문명사적 전환 몰고온 플랫폼 기업, 혁신의 길 여는 규제를"

86) 본고는 지면 제약으로 인해 최소한의 분량으로 함축적으로 작성되었음. 전체 내용은 아래 문헌을 참고 바람:
- 박희석, 김은(2020. 3. 4.), "독일의 제조분야 디지털 트랜스포메이션 26부", 독일의 Smart Service Welt 추진 현황, https://zdnet.co.kr/view/?no=20200304102625
- 박희석, 김은(2020. 3. 18.), "독일의 제조분야 디지털 트랜스포메이션 28부", 독일의 스마트 서비스 벨트 안내서, https://zdnet.co.kr/view/?no=20200318153748

87) Acatech(2015. 3.), "Smart Service Welt Working Group/acatech (Eds.): Smart Service Welt - Recommendations for the Strategic Initiative Web-based Services for Businesses", Final Report, Berlin

88) Allmendiger & Lombreglia(2005. 10.), "Four Strategies for the Age of Smart Services", HBR

89) Acatech(2015. 3.), "Smart Service Welt Working Group/acatech (Eds.): Smart Service Welt - Recommendations for the Strategic Initiative Web-based Services for Businesses", Final Report, Berlin

90) Porter, Michael E. & Heppelmann, James E.(2014. 11.), "How Smart Connected Products are Transforming Competition", HBR

91) Acatech(2015. 3.), "Smart Service Welt Working Group/acatech (Eds.): Smart Service Welt - Recommendations for the Strategic Initiative Web-based Services for Businesses", Final Report, Berlin; Acatech(2017), "Wegweiser Smart Service Welt - Smart Services im digitalen Wertschöpfungsnetz" (스마트 서비스 벨트 안내서 - 디지털 가치창출 네트워크에서의 스마트 서비스)

92) Acatech(2015. 3.), "Smart Service Welt Working Group/acatech (Eds.): Smart Service Welt - Recommendations for the Strategic Initiative Web-based Services for Businesses", Final Report, Berlin

93) 김용진(2020), "온디맨드 비즈니스혁명: 오직 한사람에게로"

94) 김용진(2020), "온디맨드 비즈니스혁명: 오직 한사람에게로"

95) Acatech, "Wegweiser Smart Service Welt - Smart Services im digitalen Wertschöpfungsnetz" (스마트 서비스 벨트 안내서 - 디지털 가치창출 네트워크에서의 스마트 서비스), P. 6

96) Acatech(2015. 3.), "Smart Service Welt Working Group/acatech (Eds.): Smart Service Welt - Recommendations for the Strategic Initiative Web-based Services for Businesses", Final Report, Berlin; Henning Kagermann(2016. 9. 21.), "The Road Ahead, IIC/Plattform Industrie 4.0-Meeting Walldorf"를 기반으로 수정됨

97) Acatech, "Wegweiser Smart Service Welt - Smart Services im digitalen Wertschöpfungsnetz" (스마트 서비스 벨트 안내서 - 디지털 가치창출 네트워크에서의 스마트 서비스)

98) Broady & Booth-Bell & Coupet, J.(2021. 2.), "Race and Jobs at Risk of Being Automated in the age of Covid-19, The Hamilton Project"

99) Frey & Osborne(2017), "The future of employment: How susceptible are jobs to computerisation?", Technological Forecasting and Social Change, Vol. 114, pp. 254-280; Brynjolfsson & McAfee(2011), "Race against the machine : how the digital revolution is accelerating innovation, driving productivity, and irreversibly transforming employment and the economy, Digital Frontier Press"

100) Acemoglu & Restrepo(2018), "Artificial Intelligence, Automation and Work", No. 24196, National Bureau of Economic Research, Cambridge, MA, http://www.nber.org/papers/w24196

101) Autor & Salomons(2018), "Is automation labor-displacing? Productivity growth, employment, and the labor share. Brooking Paper on Economic Activity"

102) OECD(2019), "OECD Employment Outlook 2019", p. 44

103) OECD(2020), "OECD Employment Outlook 2020", p. 244

104) 일본노동정책연구연수기구(2020), "デジタル技術の進展に対応したものづくり人材の確保·育成に関する調査"

105) 박양신, 지민웅(2020), "국내 중소·중견기업의 스마트제조 구축 실태와 성과 : 정부의 스마트공장사업 참여기업을 중심으로", I-Kiet, 산업경제이슈 제81호

106) ILO(2021), "World Employment and Social Outlook: The The role of digital labour platforms in transforming the world of work"

107) Eurofound(2020), "Living, working and COVID-19"

108) Mandle & Irene(2021. 3.), "Working remotely: An overview of trends, opportunities, challenges and risks, Eurofound"

109) Tworld(2021. 4. 14.), "원격근무자 65%, 하이브리드 근무 환경이 가장 이상적인 모델" 줌 발표, https://www.itworld.co.kr/news/190193

110) 플랫폼 노동자들은 때로는 시간제로 혹은 간헐적으로 일하는 경우도 많고 소득이 적은 경우가 많아서 세금납부 목적의 소득신고, 사회보험료를 납부하지 않아 비공식 고용에 머물러 있는 비율이 높다.

111) 본고는 필자의 "생존권 건 싸움 되어가는 디지털 사회갈등", 여시재 인사이트(2020); "소득보험 전환이 K-뉴딜이다", 한겨레(2020); "디지털 시대의 뉴딜, 소득보험", 아시아경제(2021)를 참고하여 작성하였음

112) 기계가 틀에 박힌 업무를 손쉽게 수행할 수 있게 됨에 따라 인간에게 쉬운 것은 컴퓨터에게 어렵고, 인간에게 어려운 것은 컴퓨터에게 쉽다는 의미

113) 다트머스 홈페이지 https://250.dartmouth.edu/highlights/artificial-intelligence-ai-coined-dartmouth

114) Richard E. Bellman(1978), "An Introduction to Artificial Intelligence: Can Computers Think?", Boyd & Fraser Publishing Company

115) Hauben, M. & Hartford, C. G.(2021), "Artificial intelligence in pharmacovigilance: scoping points to consider", Clinical Therapeutics, 43(2), 372-379

116) Taumar, S.(2021), "Artificial Intelligence: Revolution, Definitions, Ethics, and Foundation. In Artificial Intelligence and Global Society", Chapman and Hall/CRC, pp. 1-13

117) BBC News interview(2014. 12. 2.), "Stephen Hawking warns artificial intelligence could end mankind", https://www.bbc.com/news/technology-30290540

118) 오승환 외(2020), "인공지능 기술 활용 강국을 향한 과학기술정책 제고 전략", 과학기술정책연구원

119) 김태호(2021), "인공지능과 헬스케어 산업 혁신", 소프트웨어정책연구소

120) 보건복지부 보도자료(2020. 11. 6.), "인공지능 및 비데이터 플랫폼에서 정밀의학까지"

121) 한국소비자원(2017), "인공지능(AI) 가전제품 문제점 및 개선방안"

122) 나중규, 김종달(2017), "4차 산업혁명 논의의 비판적 고찰: 루이스 멈포드의 제도론의 관점에서", 사회과학연구, 56(2), 389-419

123) KIAT(2019), "유럽 인공지능 기술 및 정책동향", 산업통상자원부

124) 오승환 외(2020), "인공지능 기술 활용 강국을 향한 과학기술정책 제고 전략", 과학기술정책연구원

125) 박진호(2017), "인공지능 시대의 도래에 따른 문제점 및 노동법적 쟁점 연구", 법조, 66(3), 236-285

126) 과학기술정보통신부 보도자료(2020. 12. 23.), "인공지능 윤리 기준 마련"

127) 이순기(2020), "인공지능의 윤리적 사용을 위한 개선과제", 국회입법조사처

128) 과학기술정보통신부 보도자료(2020. 12. 23.), "인공지능 윤리 기준 마련"

129) 유기윤, 김정옥, 김지영(2017), 『미래사회보고서: 당신의 미래를 지배할 것들』 라온북

130) 이금노(2018), "인공지능 알고리즘 기반 경제에서의 소비자문제 연구", 한국소비자원

131) Jacob Snow(2018. 7. 26.), "Amazon's Face Recognition Falsely Matched 28 Members of Congress With Mugshots", American Civil Liberties Union(ACLU), https://www.aclu.org/blog/privacy-technology/surveillance-technologies/amazons-face-recognition-falsely-matched-28

132) KIAT(2019), "유럽 인공지능 기술 및 정책동향", 산업통상자원부

133) BBC NEWS(2018. 10. 18.), "Amazon scrapped 'sexist AI' tool", https://www.bbc.com/news/technology-45809919

134) KIAT(2019), "유럽 인공지능 기술 및 정책동향", 산업통상자원부

135) 개인정보보호위원회 보도자료(2021. 4. 29.), "개인정보위, '이루다'개발사 ㈜스캐터랩에 과징금·과태료 등 제재 처분"

136) ZDNET(2021. 5. 27.), "Lemonade Insurance faces backlash for claiming AI system could automatically deny claims"

137) NIST(2019. 12. 19.), "Face Recognition Vendor Test Part 3: Demographic Effects"

138) ZDNET(2021. 7. 15.), "Backlash to retail use of facial recognition grows after Michigan teen unfairly kicked out of skating rink"

139) AI타임즈(2021. 6. 18.), "'스마~일' 중국 캐논, 웃어야만 입장 가능한 안면 인식 카메라 도입... MS·아마존도 직원감시 논란"

140) 지디넷코리아(2021. 8. 1.), "전 세계 수백 개 AI 모델 코로나에 무용지물"

141) Federal Trade Commission(2020. 4. 8.), "Using Artificial Intelligence and Algorithms"

142) U.S. Government Accountability Office(2021. 6. 30.), "Artificial Intelligence: An Accountability Framework for Federal Agencies and Other Entities"

143) National Institute of Standards and Technology(2021. 6.), "A Proposal for Identifying and Managing Bias in Artificial Intelligence"

144) https://www.nist.gov/news-events/news/2021/07/nist-requests-information-help-develop-ai-risk-management-framework

145) OECD(2020. 11. 24.), "A first look at the OECD's Framework for the Classification of AI Systems, designed to give policymakers clarity"

146) 관계부처합동(2021. 5. 13.), "사람이 중심이 되는 인공지능을 위한 신뢰할 수 있는 인공지능 실현 전략(안)"

147) 환경(Environment), 사회(Social), 거버넌스(Governance)의 약자로 기업의 지속가능성을 위해 재무적 요소뿐만 아니라 비재무적 성과도 관리해야 한다는 경영 패러다임이다. 2025년부터 자산 2조 원 이상의 유가증권시장 상장사는 ESG 관련 지속가능경영보고서를 공시해야 하며 2030년부터 모든 KOSPI 상장사에게 적용된다.

148) https://www.theatlantic.com/magazine/archive/2018/06/henry-kissinger-ai-could-mean-the-end-of-human-history/559124/

149) McKinsey Global Institute(2019. 7. 11.), "The future of work in America: People and places, today and tomorrow"

150) 인공지능 시대, 디지털 제국을 꿈꾸는 초대형 플랫폼 기업, 삼성증권 김중환

151) 매일경제(2021. 7. 30.), "'흙수저' 김범수 한국 최고부자 됐다" https://www.mk.co.kr/news/stock/view/2021/07/739185/

152) 김자미(2020), "'AI 교육', 고려사이버대학교 교육콘텐츠 자료" 수정·보완

153) KERIS(2021), "2020년 12월 기준 정보교사 현황"

154) KERIS(2021), "2020년 초·중등학교 교육정보화 실태 조사 분석"

155) 사람마다 다양하게 정의되는 개념이지만 이 글에서는 인공지능 기술 사용이 보편화되는 사회, 인공지능 기술이 모든 산업 분야는 물론 인간의 삶 자체에 스며들어 인간과 인공지능이 공존하는 사회를 말한다.

156) 유치원부터 고등학교까지를 의미한다.

157) Taneja, H. & Maney, K.(2019), 『언스케일드: 앞으로 100년을 지배할 탈 규모의 경제학』, 청림출판, 김태훈 역

158) 경영, 마케팅에서 파이프라인은 기업의 영업 과정을 여러 단계로 나눠서 관리하는 방법론이다. 다른 용어로 퍼널관리(Funnel Management)라고도 하는데, 간략하게 파이프라인 모양으로 기업의 영업 과정을 여러 단계로 나눠서 관리한다. 비록 기업의 영업을 위해 사용되는 용어이지만 교육 부문에도 운영을 위해 짜인 단계와 시스템이 있기에 이 개념을 적용할 수 있다.

159) Andrew Ng(2019), "Machine Learning CS229 Lecture Notes", Stanford University

160) NVIDIA KOREA(2016)

161) 최병삼·김창욱·조원영(2014), 『플랫폼, 경영을 바꾸다』, 삼성경제연구소

162) 김기찬·송창석·임일(2015), 『플랫폼의 눈으로 세상을 보라』, BM성안북스

163) 이현경 역(2018), 『플랫폼 레볼루션』, 부키

164) Taneja, H. & Maney, K.(2019), 『언스케일드: 앞으로 100년을 지배할 탈규모의 경제학』, 청림출판, 김태훈 역

165) 한국소프트웨어산업협회 조준희 회장(2021. 8. 12.), "SW·AI시대, 미래세대를 위한 교육과정 개편을 촉구한다", 과총·3대 한림원 합동 토론회 https://youtu.be/PUkFLxeOnyw?t=2814

166) 『빅 스위치(Big Switch)』는 니콜라스 카의 2008년 저작으로 클라우드와 SaaS(Software As A Service)로 혁신을 일으키는 디지털 환경에 대해서 그려내고 있다.

167) 붉은 여왕 효과(Red queen effect)는 루이스 캐럴의 소설 『거울 나라의 앨리스』에서 유래했다. 주변 환경이나 경쟁자가 빠른 속도로 변화하려 하기 때문에 변화의 속도가 느리면 상대적으로 뒤처지는 현상을 말한다.

168) 알렉스(ALEKS, Assessment and LEarning in Knowledge Spaces)는 지식 공간 내 평가 및 학습에 인공지능을 활용하는 적응형 학습 서비스이다.

169) https://degreed.com/

170) 공유가능 콘텐츠 객체 참조 모델 스콤(SCORM, Sharable, Content Object Reference Model)은 웹기반 전자교육에 대한 표준 규격의 하나로서 교육용 콘텐츠의 교환, 공유, 결합, 재사용을 쉽게 하려는 목적에서 만들어졌다.

171) 학습이력 저장소 LRS(Learning Record Store)는 학습 활동이 수행되는 연결된 시스템에서 수집된 학습 이력을 저장하는 데이터 저장소 시스템이다.

172) 상호 운용성(Interoperability)이란 특정 체계의 기술적 특성으로 인한 차이에 관계없이 2개 이상의 서로 다른 시스템 간 서비스를 자유롭게 공유함으로써 통합된 시스템의 능력을 제공하는 것이다.

173) IT조선(2020. 2. 13.), "4050 재교육 활용하라" http://it.chosun.com/site/data/html_dir/2020/02/12/2020021201806.html

174) 중앙일보(2021. 9. 21.), "곧 서른 맞는 수능, 일타강사는 왜 '수능붕괴'를 말했나" https://www.joongang.co.kr/article/25008564#home

175) 과학기술정보통신부 임혜숙 장관(2021. 8. 12.), "SW·AI시대, 미래세대를 위한 교육과정 개편을 촉구한다", 과총·3대 한림원 합동 토론회 https://youtu.be/PUkFLxeOnyw?t=1552

176) 한국소프트웨어산업협회 조준희 회장 발표(https://youtu.be/PUkFLxeOnyw?t=2816)

177) https://edflex.com/

178) mint(2021. 9. 14.), "Edtech firm Hero Vired starts new business vertical for corporate training" https://www.livemint.com/companies/news/edtech-firm-hero-vired-starts-new-business-vertical-for-corporate-training-11631612558939.html

179) K-Edtech 산업 컨퍼런스 AES china 애순관 의장(https://youtu.be/ursO6CULK-k?t=5689)

180) 매킨지&컴퍼니(2021. 6. 25.), "Defining the skills citizens will need in the future world of work" https://www.mckinsey.com/industries/public-and-social-sector/our-insights/defining-the-skills-citizens-will-need-in-the-future-world-of-work

181) [HTHT 2021] Session 22 "Implementing Mass Personalization in College Algebra" 데일 존스 / 애리조나주립대 디지털 혁신 연구소장(https://youtu.be/SBbf3MZ3rug?t=386)

182) 한국대학신문(2018. 11. 19.), "맞춤형학습(adaptive learning)도입 이후 수학 Fail 비율 42%→22%로 감소" https://news.unn.net/news/articleView.html?idxno=202782

183) 코호트(Cohort)는 라틴어로 '울타리'를 뜻하는 cohortem에서 나온 말인데 중세 프랑스어로 군대의 '소대'를 뜻하는 cohorte를 거쳐 지금은 '공통 특성을 가진 사람들의 집단'을 뜻하는 cohort가 되었다.

184) businesswire(2021. 8. 30.), "Udemy Acquires CorpU to Expand Immersive Leadership Development Capabilities" https://www.businesswire.com/news/home/20210830005205/en/Udemy-Acquires-CorpU-to-Expand-Immersive-Leadership-Development-Capabilities

185) How ASU is Improving Learner Outcomes with an Active Adaptive Approach(https://youtu.be/ASekB3jEIBs?t=989)

186) 마블러스 메타버스로 가는 MOON(http://metamoon.ai/)

187) K-Edtech 산업 컨퍼런스 청주대학교 이호건 교수 발표(https://youtu.be/ursO6CULK-k?t=1833)

188) [과총·3대 한림원 합동 토론회] SW·AI시대, 미래세대를 위한 교육과정 개편을 촉구한다. 고려대학교 김현철 교수(https://youtu.be/PUkFLxeOnyw?t=3833)

189) 현재 사용되는 'CaaS'의 개념은 콘텐츠 관리 편의성을 위한 포맷 및 확장 API에 대한 기술적 기준을 설명하는 협의의 개념이다. 이 글에서는 콘텐츠를 서비스의 개념으로 확장, 정의할 것을 제안한다.

190) 관계부처합동(2020. 12.), "가상융합경제 발전전략" 참조

191) PWC(2019. 11.), 2025년 XR로 인한 글로벌 경제파급효과는 4,764억 달러로 전망된다.

192) 영화 〈밴더스내치〉는 시청자에게 인터렉티브 선택권을 제공하여 최종적 결말을 다르게 제시한다.

193) Utterback and Abernathy(1975), "Dominant Design"

194) 통계청(2021. 7.), "20세에서 40세 사이의 밀레니얼세대, Z세대를 통칭한 개념. 전체 인구의 26%에 해당"

195) 게임 아이템의 NFT화는 게임법상 사행성 행위로 간주되어 해당 게임들에 대한 등급분류는 거절된다.

196) Acquier et al.(2017)

197) Newman, N.(1997), "From Microsoft Word to Microsoft World: how Microsoft is building a global monopoly", A NetAction White Paper, http://www. netaction. org/msoft/world/ MSWord2World. html; Moazed, A. & Johnson, N. L.(2016), "Modern monopolies: what it takes to dominate the 21st century economy", St. Martin's Press

198) Bourreau, M. & Caillaud, B. & De Nijs, R.(2018), "Taxation of a digital monopoly platform", Journal of Public Economic Theory, 20(1), 40-51; Bacache-Beauvallet, Bloch(2018), "Special issue on taxation in the digital economy", Journal of Public Economic Theory, 20(1), 5-8

199) 여러 개의 유튜브 채널과 제휴한 조직으로서 제품, 프로그래밍, 자금 지원, 교차 프로모션, 파트너 관리, 디지털 저작권 관리, 수익 창출·판매, 잠재고객 확보와 같은 다양한 분야에서 도움 제공(출처: 유튜브)

200) Chalaby, J. K.(2003), "Television for a new global order: Transnational television networks and the formation of global systems", Gazette (Leiden, Netherlands), 65(6), 457-472; Steemers, J.(2014), "Selling television: addressing transformations in the international distribution of television content", Media Industries Journal, 1(1)

201) Shankar, V. & Carpenter, G. S. & Krishnamurthi, L.(1998), "Late mover advantage: How innovative late entrants outsell pioneers", Journal of Marketing research, 35(1), 54-70; Zhang, S. & Markman, A. B.(1998), "Overcoming the early entrant advantage: The role of alignable and nonalignable differences", Journal of Marketing Research, 35(4), 413-426; Bass, F. M.(2004), "Comments on 'a new product growth for model consumer durables the bass model'", Management science, 50(12_supplement), 1833-1840; Bondad-Brown, B. A. & Rice, R. E. & Pearce, K. E.(2012), "Influences on TV viewing and online user-shared video use: Demographics, generations, contextual age, media use, motivations, and audience activity", Journal of Broadcasting & Electronic Media, 56(4), 471-493

202) Picard, R. G &, Davis, C. H. & Papandrea, F. & Park S.(2016), "Platform proliferation and its implications for domestic content policies", Telematics and Informatics, 33(2), 683-692; J. J. Ganuza, M. F. Viecens(2013), "Exclusive contents and next generation networks" Information Economics and Policy, 25(3), 154-170

203) Jeffres, L. W. & Atkin, D. J. & Neuendorf, K. A. & Lin, C. A.(2004), "The influence of expanding media menus on audience content selection", Telematics and Informatics, 21(4), 317-334; Perse, E. M.(1990), "Audience selectivity and involvement in the newer media environment", Communication Research, 17(5), 675-697

204) Picard, R. G. & Davis, C. H. & Papandrea, F. & Park, S.(2016), "Platform proliferation and its implications for domestic content policies", Telematics and Informatics, 33(2), 683-692; Ganuza, J. J. & Viecens, M. F.(2013), "Exclusive contents and next generation networks" Information Economics and Policy, 25(3), 154-170

205) Kim, J. H. & Hong, J. Y.(2013), "Analysis of trans-media storytelling strategies", International Journal of Multimedia & Ubiquitous Engineering, 8(3), 123-128; Yang, B. & Zisiadis, M.(2014), "Transmedia marketing: strengthening multiplatform user participation through storytelling"

206) Kim, E. M.(2004), "Market competition and cultural tensions between Hollywood and the Korean film industry", International Journal on Media Management, 6(3-4), 207-216; Wildman, S. S.(1995), "Trade liberalization and policy for media industries: A theoretical examination of media flows", Canadian Journal of Communication, 20(3); Wildman, S. S. & Siwek, S. E.(1988), "International trade in films and television programs", Ballinger Publishing Company